基金风云录③

“蓝海密剑”中国对冲基金经理公开赛优秀选手访谈录

王亮亮　沈 良　刘健伟◎主编

东航金融&七禾网www.7hcn.com 出品

中国经济出版社
CHINA ECONOMIC PUBLISHING HOUSE
北 京

图书在版编目（CIP）数据

基金风云录．3，“蓝海密剑”中国对冲基金经理公开赛优秀选手访谈录／王亮亮，沈良，刘健伟主编．--北京：中国经济出版社，2023．3

ISBN 978-7-5136-7243-6

Ⅰ．①基… Ⅱ．①王… ②沈… ③刘… Ⅲ．①对冲基金-投资-经验-中国 Ⅳ．①F832．48

中国国家版本馆 CIP 数据核字（2023）第 032802 号

责任编辑　叶亲忠　罗　茜
责任印制　马小宾
封面设计　久品轩

出版发行　中国经济出版社
印 刷 者　北京艾普海德印刷有限公司
经 销 者　各地新华书店
开　　本　710mm×1000mm　1/16
印　　张　16．75
字　　数　240 千字
版　　次　2023 年 3 月第 1 版
印　　次　2023 年 3 月第 1 次
定　　价　58．00 元
广告经营许可证　京西工商广字第 8179 号

中国经济出版社 **网址** www．economyph．com **社址** 北京市东城区安定门外大街 58 号 **邮编** 100011
本版图书如存在印装质量问题，请与本社销售中心联系调换（联系电话：010-57512564）

《基金风云录3》编委会

运筹多空策略

捍卫金融疆土

一场没有硝烟的战争已经打响！

谁将成为最后的王者？

谁能捍卫中国的金融疆土？

序 言

2022 年是非常不平凡的一年，国内外整体政治经济形势都经历了非常严峻的考验。首先是突然而至的俄乌冲突掀起了国际金融市场动荡局势，股市、黄金、原油及相关大宗商品产生了巨大的波动，大宗商品之王原油甚至一度数月涨幅翻倍，获得了史诗级上涨；欧美在严重通胀预期之下步入了加息通道，美联储一口气连续加息七次，累计加息 425 个基点，联邦基金利率区间由此上调至 4.25%~4.50%，达到 2007 年 12 月以后的最高值，受此影响，美国证券市场率先深度调整，继而给全球股市造成了巨大压力；中国在 2022 年迎来了抗疫最为艰巨的一年，上海四月、五月的连续封城，以及各地的防疫攻坚，给中国经济发展造成了巨大压力，虽然在年底国家放开管控，但短期迎来的疫情集中暴发仍旧给各方面带来不小的冲击。

当然，2022 年也是我国完成第一个百年奋斗目标、全面建成小康社会、迈向第二个百年新征程的第一年。复杂的国际形势及持续的新冠疫情虽然给我国国民经济发展带来了前所未有的挑战，但是，在科学统筹和“双循环”发展战略下，经济总体保持恢复态势，金融衍生品行业经受住了新冠疫情和复杂外部环境等多重冲击考验，整体发展稳中有进。期货市场继续扩容，保证金规模峰值一度达到 1.5 万亿元左右，创中国期货发展史上的新高；场内期货期权品种日趋丰富，已经有 110 个左右交易标的，基本实现了农产品、有色、黑色、能源、化工、金融等大宗商品和金融领域的全覆盖；《期货和衍生品法》正式颁布，为整个金融衍生品市场规范发展提供了法律保障，对未来发展也具有里程碑意义；广州期货交易所作为国务院批准成立的第六家期货交易所，于2022年12月22日正式挂牌工业硅期货上市交易，标志着期货交易所在中国区域发展更加平衡，期货、期权品种将进一步扩充。总体来说，金融衍生品市场的发展还是朝着不断丰富、不断规范、不断国际化的方向持续良性发展的。

“蓝海密剑”中国对冲基金经理公开赛作为东航金融的重要品牌之一，已经连续举办了十四届，是历时最长的中国金融衍生品赛事。在这十四年期间，参赛选手一起见证了金融衍生品市场的持续发展，也涌现出一大批成功的交易员和基金经理，有些甚至成为中国金融衍生品市场标杆式人物，这些成绩都是靠所有参与者的不懈努力取得的，是可喜可贺的！2022年这届比赛涌现出几位对国内外宏观脉络梳理得比较透彻，同时和交易实践有效匹配的参赛选手，他们取得了非常优秀的成绩。相比过去三年，CTA策略在经历了两轮过山车式的行情下，因为宽幅震荡行情反而表现平平；期权组里面也出现了不少小资金高收益率的选手，把期权衍生品的特性发挥到了极致，当然还有很多其他比赛亮点，这里就不多做赘述了。

《基金风云录3》收录了“蓝海密剑”大赛中的“蓝海英雄”和行业内优秀的金融衍生机构，他们都无私分享了在金融衍生品市场征战多年的经验、心得和感悟。作为一名金融衍生品市场从业十几年的老人，我仔细阅读之后仍旧觉得醍醐灌顶、颇受启发。期待这本书能够给更多的投资者带来帮助，期待“蓝海英雄”们能够在金融衍生品市场继续砥砺前行！“长风破浪会有时，直挂云帆济沧海”，也期待中国的金融衍生品军团能够走出中国，面向世界，为提高中国在国际金融衍生品市场的综合竞争力而奋斗终身！

东航期货副总经理、资产管理研究院院长　曹润生

2023年1月

“蓝海密剑”中国对冲基金经理公开赛 历年元帅寄语

杭州山量投资　徐佳佳

入行前几年，读过很多交易类的书籍，高手访谈录始终是我最喜欢的一类，我从中汲取了不少营养。一晃十几年过去了，今天的市场已经远比之前更为复杂，参与者也更为专业化，但重读一些经典的交易高手访谈录，依然使我受益匪浅；很多片段在实战多年之后再读，还能生出更深一层的感悟。

“蓝海密剑”是国内持续时间最长、赛制最为完备的实盘大赛之一。《基金风云录》作为这项王牌赛事的获奖选手访谈系列，与国内外同类书籍相比，内容更新更快，更贴近国内的市场现实，更靠近交易策略的进化前沿。它不仅能给我们带来各种流派顶尖交易者最新的真知灼见，拓宽我们的交易视野，激发我们对交易策略、交易心理，以及交易决策流程的深层次思考，还能够让我们直击交易高手的内心世界，体味各式各样跌宕起伏的交易人生。书中所蕴含的成功交易者的精神力量，更是让我们即使被市场狠狠打击，也能够重新咬牙站起来。

洼盈投资　周　伟

2022 年是跌宕起伏的一年。海外高通胀背景下，美联储快速开启货币紧缩的进程，美元退潮导致全球大类资产显著下挫，股票、债券、商品同步呈现了高波动和低回报。从金融环境看，我们度过了 2008 年次贷危机后颇为波折的一年。无论对于投资者、交易者，还是广大的金融市场从业者，2022年无疑是一块试金石，要求更深刻的宏观理解、更敏锐的市场嗅觉和更高超的风控艺术。CTA策略天然具备了多空双向的获利属性，在严苛的市场环境下规避系统性风险，更体现了主动管理所带来的投资回报。在起伏的宏观环境中，其配置属性、对冲属性和回报属性越发凸显。

2023年正值癸卯兔年，天干癸水即是十干之终，既是终结，也是开端。在海外面临高息背景的衰退压力时，国内人们则看到了市场以及消费复苏的转折。曲则全，枉则直；洼则盈，弊则新。在宏观往复、内外交错的大环境下，市场将迎来更为显著的投资机遇，只有恪守本心，才能穿越牛熊，在更长的时间尺度下评判投资价值。社会在前进，经济在发展，日渐增长的财富管理需求是私募行业发展的内生动力，风云际会的大资管，依旧处于朝阳的赛道，这是时代给予我们最佳的馈赠。

老火鸡

交易中最困难的莫过于面临着太多的抉择。很快接受亏损的事实很难，波澜不惊地进行小额交易很难，认清人性很难。不要草率做出决定，因为这样的决定往往是错误的。与任何故事一样，我们的交易也经历了开始、进行中和结束。一开始，踌躇满志地想赚大钱；在进行过程中，为了成功而历经艰难困苦；最后，仍然无可奈何地要品味失败的痛苦。

但是，有小部分人脱颖而出，对于这小部分人而言，他们的结局是获得了财务的独立，为自己进行交易，无须为任何人负责。沉住气，开发一套简单、客观和独立的方法，结合谨慎保守的资金管理策略，只有当万事俱备、爆仓风险降至零的时候才可以开始交易，在此之前万万不可轻举妄动。开始交易以后，一定要善于输，长于赢。果断止损，放长线钓大鱼。不要忘记交易的本质是：输得起，才能赢。

小丹尼（善行投资）

（1）一年来的交易感悟

时光荏苒，又是一年。用没有最难只有更难来形容2022年丝毫不过分。2022年是我的本命年，也是近几年来个人交易净值波动最大的一年，蓦然回首，感慨至深，非常值得回味、总结。

我的交易理念一直是：市场是大象，我是盲人。对新冠这个前所未有的怪物，人类又何尝不是盲人呢？故步自封，墨守成规，或者人云亦云，最终都要付出沉重的代价。在不确定的市场之中，我们永远是学生，要坚持谦虚和试错的态度，实事求是，在执行既定方案的同时，居安思危，未雨绸缪，防患于未然。因为市场的突然转向，往往是不以任何人的意愿为转移的，如果平时没有做好风险储备和应急预案，那么关键时刻，必然惊慌失措，混乱不堪。交易与人生，何其相似！经历了一场劫难，我们才明白，自己是健康的第一责任人，这不仅适用于身体健康，同样也适用于财务健康。

（2）对期货市场变化的认识

2022年期货市场的变化，随着市场规模的发展、市场参与主体的专业化和机构化的趋势越发明显。未来市场，仍然会是百花齐放、百家争鸣的格局，但是机构投资者，包括各类CTA产品和资产管理计划，相比个人投资者而言，会有越来越大的优势。至于2023年的市场趋势，最大的矛盾仍然是国内外经济周期的不同步，除非出现较大的突发事件，商品与股市维持大区间震荡的概率较大。

（3）对“蓝海密剑”大赛（创富榜）举办以来的期盼

“蓝海密剑”大赛已成功举行十四届，在期货行业内专业性和权威性有口皆碑，衷心期望将来越办越好，推动广大期货交易爱好者取长补短，共同提高。

（4）对《基金风云录3》的寄语

长江后浪推前浪，祝贺不断涌现的新秀们，你们为交易行业书写了新的传奇，也希望老将们不忘初心、再创辉煌！

东航私募基金管理有限公司组合投资部负责人　王　倩

2022年是金融市场波动率加大的一年，宏观事件主导市场方向，国际政治局势紧张引发商品价格快速上涨，美联储超预期加息导致权益市场不断下跌，7月份商品交易经济衰退预期又大幅下跌，之后进入一个长期震荡态势。我司管理的CTA基金采取的是CTA多策略组合投资方式，基金产品净值7月份创新高后不断震荡调整，其中基本面策略下半年盈利回落，量化趋势策略大幅震荡回吐部分利润，宏观策略表现优异，对冲套利策略相对稳健。

展望2023年，国内外宏观因素影响仍然巨大，尤其是上半年，在国内经济复苏预期和国外经济衰退预期的相互掣肘下，大宗商品大范围的趋势性行情概率不大，更多的可能是基于产业背景的结构性行情。在这种环境下，我们更看好优秀的基本面策略、对冲套利策略和宏观策略。长期来看，CTA多策略组合在面对复杂金融市场时都表现出了较好的应对能力，CTA多策略基金净值也呈现出波动中向上的特征。CTA策略确实会在经济周期中碰到一定的低潮期，但是随着经济周期的运转，各类优秀策略的舞台总会相继归来。

近年来，私募行业发展迅速，产品规模不断增长，逐渐成长为金融市场重要的机构投资者，对市场定价起到了重要的作用。在这个背景下，东航期货创办了"蓝海密剑"大赛（创富榜），为私募基金产品提供了一个展示业绩的舞台。自"蓝海密剑"大赛（创富榜）举办以来，国内现有六百多只私募基金参加比赛，涵盖股票策略、对冲策略、CTA及衍生品策略等多类策略。创富榜是"蓝海密剑"中国对冲基金经理公开赛的一个延伸平台，更加全面地展现了国内私募基金产品的运行情况。

祝"蓝海密剑"大赛越办越好，《基金风云录3》记录我们投资历程中的每一个闪亮时刻！

目 录

（按访谈时间顺序排序，排名不分先后）

卓惟投资：

要做到稳定盈利，最重要的是有成熟的交易系统

（傅旭鹏访谈整理）

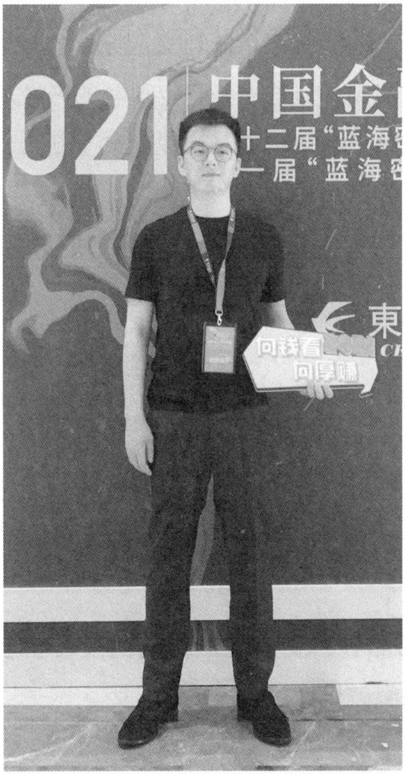

卢恒骁

2017年开始接触期货交易，主要交易模式为技术分析结合市场情绪。2020年10月至今，七禾网实盘账户累计净值5.5。现任杭州卓惟投资基金经理。

精彩观点

要做到稳定盈利，最重要的是有成熟的交易系统。

我最突出的能力是及时止损，这在我从事期货交易之初就做得比较好，另外一个就是做对的单子我比较拿得住，不会因为波动错失机会。

读了《海龟交易法则》《期货市场技术分析》《华尔街幽灵》，对交易系统有了全面的认知，逐步就把系统建立起来了。建立系统的过程挺痛苦的，要把盘感归纳成规则，但这也是稳定盈利的必经之路。

我做得最多的就是平台突破，其次是反转突破，这两种手法的本质就是找到那个变盘的临界点。

开平仓都以日K线为主，复盘时会结合周线和月线去找共振的机会。

从不同的角度去观察市场情绪，反情绪去交易。物极必反，一致的情绪预示着反转。

市场迷茫的时候敢于试错，修复的时候上仓位，狂热的时候减仓，崩溃的时候空仓，良性循环。

我是以损定量的，每一笔出手的最大风险都不会超过1%，然后根据品种的波动率去开仓。波动大的出手会轻一些，波动小的出手会重一些。

情绪比较极端的品种，我会关注它们的反转机会；盘整比较久的品种，我会关注它们的突破机会。

问题1：卢先生，您好！感谢您和东航金融＆七禾网进行深入对话。我们了解到，您于2017年进入期货市场，在这之前做过两年多股票。请问您当时是在怎样的机缘巧合下进入股票市场的？为何在做了两年股票后转而做期货？

卢恒骁：2014年下半年股市氛围很好，身边有同学做股票赚到钱了，我做服装也积累了一些资金，就跟他一起做股票了。之后认识了几个做期货的朋友，他们交易都做得不错，在2016年的黑色系行情中收获颇丰。受他们的带动，加上2017年上半年股票投机氛围比较差，2017年7月，我抱着试一试的心态，开始交易期货。

接触期货以后，发现期货更高效，交易机制更适合我，十分符合我的风格。刚接触期货时起起伏伏，直到2018年七八月，做到了PTA的行情，算是赚到了期货的第一桶金。从那之后我开始专职从事期货交易。

问题2：从您的展示账户来看，从2020年后，您的期货业绩就已经相对比较稳定了。请问您能在进入期货交易领域较短的时间内，做到比较稳定盈利的主要原因是什么？您认为主要是自身哪些方面做得比较好？

卢恒骁：我觉得**要做到稳定盈利，最重要的是有成熟的交易系统。**2019年之前我没有建立交易系统，操作比较乱，净值波动比较大。之后通过摸索建立了比较成熟的交易系统，净值也渐渐稳定了。

我认为**我最突出的能力是及时止损，这在我从事期货交易之初就做得比较好，另外一个就是做对的单子我比较拿得住，不会因为波动错失机会。**

问题3：在您做期货的5年时间中，交易的方法和理念经历了怎样的变化？

卢恒骁：我的交易手法没有大的变化，核心模式一直都是做趋势交易，所以我认为最重要的就是走对一条稳定盈利的路，有一个正确的盈利模式。当然，交易细节肯定要根据市场不断变化，比如止盈止损的方式、幅度等。

2019年我读了傅海棠的《一个农民的亿万传奇》，理解了物极必反这个概念。这本书给我的启发很大，之前没有从物极必反这个角度去思考过问题，操作上往往是一个方向做到底，这本书带给我新的思维方式。之后慢慢摸索出了高潮或低迷后反转突破的手法，丰富了自己的交易模式。

还有就是2019年初认识了“小丹尼”，他对我的影响挺大的。认识他之前我没有交易系统的概念，交易做得很粗糙，除了止损坚决，其他基本都是凭感觉。后来，在他的推荐下**读了《海龟交易法则》《期货市场技术分析》《华尔街幽灵》，对交易系统有了全面的认知，逐步就把系统建立起来了。建立系统的过程挺痛苦的，要把盘感归纳成规则，但这也是稳定盈利的必经之路。**

问题4：我们发现，2022年1月中旬以来，盈利较快增长，请问您最近主要是抓住了哪些品种的交易机会?

卢恒骁：主要是铁矿、纯碱、菜粕、沪锡、棕榈、原油这些品种。

问题5：据您介绍，您的交易方法是技术分析结合市场情绪，请问您主要用哪些技术分析方法、看哪些指标或者形态、关注多大的K线周期?

卢恒骁：我做得最多的就是平台突破，其次是反转突破，这两种手法的本质就是找到那个变盘的临界点。

主要就是看K线，偶尔看持仓量，其他指标很少去看。**开平仓都以日K线为主，复盘时会结合周线和月线去找共振的机会。**

问题6：请问您是如何判断市场情绪的，主要关注哪些方面?

卢恒骁：从不同的角度去观察市场情绪，反情绪去交易。物极必反，一致的情绪预示着反转。

比如观察同类策略的顶尖选手的净值。当他们发生极端回撤的时候，往往市场里的同类策略的其他选手亏得更惨、更迷茫、更缺信心，这个时候是试错性价比很高的时候。反之，净值快速上扬的时候，谨慎出手或者降低仓位更具性价比。

另外，跟同行的交流、极端行情下的朋友圈刷屏、其他行业朋友对市场突然地关注、对自身情绪的复盘总结等，都能得到市场情绪的反馈。

问题7：请您具体谈一谈，是如何将技术分析和市场情绪结合起来运用在交易中的？

卢恒骁：行业有周期，涨跌有周期，情绪也有周期，崩溃—迷茫—修复—狂热—崩溃。**市场迷茫的时候敢于试错，修复的时候上仓位，狂热的时候减仓，崩溃的时候空仓，良性循环**。如果是顺着情绪交易，就是迷茫的时候不敢试错，修复了只买一点点，狂热了重仓，崩溃了死扛，恶性循环。

技术分析是手法，而对市场情绪的理解是心法，让我知道在不同的阶段更应该做什么。

问题8：我们分析发现，您的账户主要利润来源于纯碱和锡。锡是一个相对不太活跃的品种，请问您是通过哪些方面的判断，将锡选入交易标的的？

卢恒骁：我对品种没有什么偏见，只要流动性支持开仓，都会去参与一下，也没有特别的筛选方法。沪锡可能是疫情发生到现在最流畅的品种之一，从2020年开始的每一次突破我都去参与了。

问题9：请问您选择交易品种的标准和依据是什么？

卢恒骁：流动性。流动性支持我交易的，我都会去做。像早稻、粳米、纤板等这类没有流动性的我不会去参与，LU、豆一等这类滑点会比较大，出手会轻一些。还有如LPG、PVC、双硅、锌、铅、EB、PP、尿素、白糖等这些比较容易被洗的，出手也会轻一些。细节上每个人都不一样的，还是要通过实践去总结，适合我的不一定适合别人。

问题10：您一般同时做多少个品种？每个品种的仓位和整体的账户仓位是如何控制的？

卢恒骁：这个不绝对，行情清淡的时候可能三四个单子，也可能没有。像2020年、2021年这种群体性行情，趋势来的时候持仓会比较多，最多的时候有20个左右。

我是以损定量的，每一笔出手的最大风险都不会超过1%，然后根

据品种的波动率去开仓。波动大的出手会轻一些，波动小的出手会重一些。

整体仓位我没有刻意去控制，没趋势仓位就很轻，趋势来了仓位自然就上去了。

问题11：近期受到国际局势等方面的影响，行情波动非常大。请问在这样的行情中，您是否会考虑主动减仓，以降低隔夜跳空的不确定性？

卢恒骁：不会，还是会按照交易系统去处理手里的持仓。

问题12：您以人工主观的方式同时关注这么多品种，有时是否存在精力不足的问题？您用技术分析的方式做交易，是否会考虑把您的这套交易系统编成程序化策略，用程序化的方式自动交易？

卢恒骁：目前不存在精力不足的问题。开仓计划都是在复盘的时候完成的，并且在盘前挂好条件单。平仓是临近收盘去处理。如果单子多，会把处理的时间提前一些，单子少，就尽量接近收盘价处理。

不考虑。我觉得程序化对大多数交易者来说最大的优势是执行。我的开平仓有明确的规则，执行方面跟程序化交易很接近了。学习编程，开发程序、优化程序，都需要投入很多精力，对我来说能提升的效率并不是很多，我觉得划不来。如果说做程序化交易的出发点是开发出一套一劳永逸的策略，那我觉得我没有办法做到。在我的认知里，不断学习优化是策略持续盈利的根本。

问题13：在您的交易体系中，一笔交易入场后如果出现亏损，您是如何止损的？如果出现浮盈，您又是如何止盈的？

卢恒骁：“幅度+时间”止损。开仓的同时就设定止损，如果临近收盘持仓是亏损的但没有打止损，就主动平仓。

底仓不主动止盈，加仓部分会结合市场情绪做一些左侧止盈。

问题14：您表示：在行情主升阶段看盘时间会多一些，加仓会积极一些。请问您加仓的标准和规则是怎样的？

卢恒骁：加仓主要围绕品种前期的重要高低点。如果确认了品种的强势，也会做一些主动的分级加仓或者小级别突破加仓。每一笔加仓都独立止损，并且仓位比底仓小一些。

问题15：据您介绍，您的利润有超过80%来自做多。请问您偏向于做多的主要原因是什么？

卢恒骁：我倒没有偏向于做多，我对多空没有偏见。从我2017年入市以来，多头行情远多于空头行情，这是客观存在的，主要利润来自做多很正常。

从这几年多空行情的特性来说，多头行情行程较长，行情会有一个从迷茫到信心修复到主升到狂热的过程，交易员能有足够的时间去接受行情的演变，开仓、加仓都会从容一些。

这几年的空头行情几乎都是多头过热之后的突然崩溃，对交易员的反应和经验要求高一些。很多时候不是形态看不懂，而是行情反转的时候还没有做好心理准备，来不及反应。2011年到2015年那种长熊行情我也没有经历过，也需要学习。

问题16：您表示：高位震荡到情绪崩溃进入主跌的转变会很突然，行程较短，不是那么好把握。请问2022年3月10日—3月15日的这波短暂下跌行情，您是否有参与？

卢恒骁：没有，这几天我在逐步处理我的多头持仓。这波下跌没有日线级别的反复和确认，不在我的认知之内。2021年10月下旬到11月上旬的全面下跌，在我的认知之内，我参与了。

问题17：您有这样一个观点：开仓跟平仓级别要对得上。小级别开仓、大级别平仓，就容易拿过头；大级别开仓、小级别平仓，就容易平太早。请问您通常是如何根据行情，来选择开平仓的级别的？

卢恒骁：我设定了开仓级别的下限，超过这个下限的级别都会去参与。级别大的机会在复盘的时候会重视一些，防止自己错过，操作上还是用一套标准去执行。

问题18：据您介绍，盘中现在不怎么看盘，盘前做好交易计划，想清楚可能会出现的情况，做好应对预案，然后去执行。大多数的开仓都是用条件单，平仓是临近收盘去处理。近期行情波动非常大，盘中的反转行情也比较多，您是否会考虑适当地把交易周期缩短，盘中去处理一些单子？

卢恒骁：不会。对事件的分析不是我的强项，灵活处理不一定能获得正收益。另外，我相信价格包容一切，所有对事件的预期最终都会落地到走势上。

问题19：据您介绍，您之前做过两年多股票，以打板为主，请问这个交易方式，目前在股票上还适用吗？

卢恒骁：适用，打板的核心就是对情绪周期的理解。现在淘股吧还有很多活跃的打板选手，业绩也很优秀。

问题20：就您看来，近期有哪些期货品种会有比较好的投资机会？

卢恒骁：我很少预测品种的走势。**情绪比较极端的品种，我会关注它们的反转机会；盘整比较久的品种，我会关注它们的突破机会。**

问题21：请谈谈您未来的投资规划。

卢恒骁：近期我增加了股票的比重。商品在最近两个多月经历了一轮幅度不小的快速上涨，股市反之，我觉得这个时候增加配置股票有性价比。如果股票走出一轮快速上涨的行情，我可能会把股市资金转出来，在商品低迷的时候加回去。

2021年我买房也是差不多的思路，10月商品超预期大涨，而二手房的成交数据、房东信心则都很低迷，议价空间比较大，再加上我本身有自住需求，对我来说，在那个时候出金买房是有性价比的。

德贝投资：

咬定 CTA 不放松

（翁建平访谈整理）

马俊

上海德贝合伙人，投研总监。英国剑桥大学数学学士、金融学硕士、计量经济学博士、CFA。10余年国内外金融市场从业经验，累计管理百余个私募产品，资金规模超百亿元。

精彩观点

我们选择咬定CTA这个方向不放松，只交易商品期货，做到单点突破。

期货市场是一个博弈的市场，所以策略也需要跟随整个市场的变化而变化。

从历史来看，趋势类策略是收益效果最好的一类CTA策略。

2022年是比较分化的年份，2021年和2022年都是相对比较难做的年份，传统的基本面策略在2021年会比较好一些。

在一个非常成熟的市场上，不可能有一招鲜的策略从头吃到尾。

我们所有策略的配置逻辑是依据风险评价来配置。

我觉得未来整个波动率会上扬，可能商品市场会结束过去三个月的横盘状态，重新运动起来。

在期货市场这么高波动的行情下，只有做好风控，才能够保证你依然存活在这个市场中，才有机会去获取未来的收益。

问题1：马总，您好！感谢您在百忙之中和东航金融&七禾网进行深入对话。德贝投资虽然成立时间只有两年，但是管理规模却做到了20亿元。您觉得公司跟其他私募相比有哪些优势？

马俊：第一，我们的优势是把所有的精力、时间都花在把一件事做到极限上，不会左顾右盼，永远追求卓越。不像头部量化私募，股指期货、商品期货、国债期货，甚至期权、股票都会涉及。作为一家处于发展阶段的量化私募，**我们选择咬定CTA这个方向不放松，只交易商品期货，做**

到单点突破。因为，多策略布局意味着核心服务器的运算任务、计算资源的分散、研究精力的分散。德贝研究和交易标的只涉及标的商品期货（金融期货或期权也不涉及）。公司上下将所有研发精力和计算资源集中于商品期货，这样更容易打造一个自有优势。其实，纵观国内量化十余年的发展，没有二级市场的全能选手。分散性研究只能徒劳无获，只有具有工匠精神才能做成一件事。在一个每日成交额万亿元的市场中，同时应对60多个交易标的复杂多变的行情，其实需要非常专注并且纵深钻研。

第二，从我自己本身的经历来讲，十余年的从业过程伴随着商品市场三次大的波动。回顾过去这七八年时间开发的策略，会发现自己早期写的很多策略都是站在一个研究员或基金经理的高度上去写的，并没有非常强的普适性。站在当时的时间节点，我对自己写的策略进行了重构，对策略做了非常大的一个迭代。其实整个市场的环境不停地在变，**期货市场是一个博弈的市场，所以策略也需要跟随整个市场的变化而变化。**

问题2：现在很多私募机构主要策略是以股票为主，期货策略只是辅助，那贵公司以后是否也会考虑做复合策略？

马俊：其实大部分私募都会有一个主抓点，比如说股票或者期货等，他们可能会有一些其他的策略，主要起到卫星策略的作用。

我们现在只会专注于做CTA，因为，如果分散精力在更多的资产标的上面，可能最后每一样都没做好。比如说，当参与者相对较少的时候，你可能会做到70分，也能够在行业内取得还不错的成绩。但是当整个行业平均水平都是70分的时候，你就需要追赶上大家的步伐，不可能把自己有限的精力分配在所有标的上面，我们更多的还是希望把现在有限的精力专注于做CTA，争取做到行业平均值或者略向上的一个水平。

问题3：那这样会不会影响公司的管理规模？规模大了会带来哪些影响，超额收益是否会下降？

马俊：受到市场流动性和部分品种交易限制，**CTA策略有一定容量上限，但是，期货市场也是一个成长的市场**。比如说，两年前全市场保证金在4000亿元左右，现在到1.5万亿元附近了，整个市场的扩容是非常快的。我们想做的还是把我们的策略打造成熟，未来再探讨其他方向的发展。

德贝团队拥有CTA大体量资管经验，因此在设计策略组合之初将吞吐量考虑在内，结合自主开发的交易算法，最大程度稳定能力边界内的容量范围，并坚持在能力圈内执行，求稳求真。

例如，策略体系拥有很强的拓展性。传统趋势策略是大部分管理人在做的一个策略，这是因为**从历史来看，趋势类策略是收益效果最好的一类CTA策略**。趋势策略并没有一个很高的门槛，其重点在于怎么样去止盈止损。

德贝的方法是利用多因子体系提高胜率，也就是说把所有的策略逻辑都用因子的方式标准化然后表现出来。作为国内最早一批将多因子体系带到期货市场的团队，我们一直在思考应该如何获取确定性更高、更稳健的低相关因子，**通过横向拓展提高策略吞吐量和稳定性**。

问题4：相对于主观CTA，量化CTA在宏观、基本面、产业方面的研究有劣势，德贝投资是怎么考虑的？

马俊：我们把策略分成两块：一块是**中短期的量价策略**，就是传统意义上的趋势策略；另一块是**基本面的多空策略**，它的核心就是站在研究的基础上，做量化的纵深拓展。传统主观研究已经有稳定的逻辑框架和数据采集来源，我们和主观研究员合作，在此基础上提炼出可量化的逻辑，做出基本面因子，同时结合量化分析客观、全面、风控严谨等优势，铸就目前的基本面量化策略。

量价策略更多的是人工写的指标和机器形成的一些指标，通过不同的指标、信号去把握不同维度下的趋势行情。这行情可能是分钟级别、小时级别或者日线级别，通过不同频率下的一个级别的把握，去捕获趋势行情或动量行情，这反而是主观不一定能够把握的。因为在做趋势行情的时候，更需要克服人性的弱点，我们把这两者有效地结合在一起，取长补短，彼此能够相互对冲，那么整个策略收益走势才能够比较稳定。

问题5：商品期货之间的驱动因素差别很大，不同板块和品种的流动性也有较大区别，德贝在策略的构建上主要关注哪些方面？

马俊：我们会将量价和基本面两个维度相结合，然后全盘考虑。因为短期商品可能会受价格包括消息因素的资金驱动，这个时候使用量价信息判断能更准确把握行情的波动。从中长期来讲，波动率会回落，商品的价格更多的是去反映或者跟随现货的波动，现货更多的是反映宏观的情况，包括供需平衡、库存等。

问题6：在众多策略中，2022年表现比较好的策略有哪些？贵公司整体业绩表现如何？

马俊：2022年是比较分化的年份，2021年和2022年都是相对比较难做的年份，传统的基本面策略在2021年会比较好一些。2022年1—3月，基本面策略和趋势策略表现差不多，但是6月以后出现一个大反转。商品市场因为交易衰退预期出现快速下跌，将近一个半月的时间出现巨幅下跌。在这样的大波动行情下，趋势策略表现非常好，但整个宏观并没有发生太多的变化，只是预期的变化，所以基本面策略并不会跟随行情有太多的方向上的改变。相当于整个6月以后，两者的表现差异比较大，趋势类策略有大幅收益，基本面策略有一定的回撤，但是在7月15日以后，市场是宽幅震荡的向上行情，两者的表现又有反转。从我们的角度上讲，这两个策略在6月10日以后，基本上是呈现冲销的情况，但是因为有一定的磨损，所以整体还是策略收益向下的情况。

问题7：您怎么看待CTA的大年和小年效应？

马俊：CTA做的也是量化策略的统计。量化胜率，包括期望收益，这可能是长期统计来的。比如你的胜率是50%，盈亏比是2∶1，这是长期的效应。统计了过去三四年的一个平均值，既然是平均值，肯定会有高于这个值和小于这个值的现象。

期货市场是一个杠杆市场，在出现波动的时候，很容易因为杠杆的原因造成波动的放大。当考虑平均值的时候，它的分布是不平均的，就非常容易造成期货市场的大小年。比如2020年是大年，各类型策略的表现收益都非常好，但是2020年的收益可能会远超过去几年的平均胜率，包括期望收益回报等。所以需要后面几年的相当于偏低收益的情况，去把整个收益率水平拉到一个平均值，这就形成了期货市场的大小年现象。滚动看三年，其实可能回报是一样，只是今年兑现了超额的年化回报，未来两年是低于超额回报，在数理统计上是比较常见的一个现象。

问题8：近年来，量化策略受到越来越多的关注，新的量化私募不断涌入，有时策略整体表现较好，就会有资金大量涌入，让赛道显得十分拥挤。就您看来，未来的量化私募拼什么？

马俊：从四个维度来看：

（1）大数据处理能力。团队与多个第三方数据供应商合作，不断优化数据的标签准确度。运用自然语言处理算法，对结构化和非结构化数据清洗分类，优化数据库质量。

（2）超强计算能力。超级计算器集群分布在多个IDC机房，每天进行超过1000个因子复盘和训练，训练的数据涵盖高维度数据。比如说算力是同行的10倍、20倍，那每天能够产生新的因子的数量就是10倍、20倍，假设产生一个因子的有效性是1%，那每天能够产生的数量会更多一些，这样也会丰富策略的广度。

（3）全频段预测能力。投研团队自主独立搭建深度学习的神经网络。通过训练多个网络，同时提取时序和截面信息的特征值，交易决策覆盖分钟至日线多个频段，胜率不断提升。

（4）投资经理的大数据处理经验。投资经理根据超过9年的商品期货市场理解和大数据处理的经验，对神经网络中的非线性算法选择不同的激活层函数和参数传输方向，避免了工程式递推模型的众多弊端，例如，过拟合、交叉熵误差收敛缓慢（模型畸变）、过度依赖模型结果等。

问题9：市场是变化的，所以经常听到一种声音，强调交易策略不能一成不变，而应该随市场而变，要不断根据市场行情对策略进行调整，不然就跟不上市场的节奏。您是否同意这样的观点？如果同意，一般是在什么情况下调整策略？

马俊：从我的交易逻辑来说，肯定是需要迭代的。**在一个非常成熟的市场上，不可能有一招鲜的策略从头吃到尾，**因为每个投资逻辑都是根据过去几年的市场行情去顺应产生的。从逻辑上讲，其实也会有一个大数定律，代表了未来投资逻辑可能会趋向于平均值，或者是中间值的范围。所以需要不间断地去迭代自己的策略，去顺应这个市场。我们面对的是期货市场，投资交易标的不断丰富，参与者也不断变化，不同的参与者进出就代表了整个运行节奏，包括运行的逻辑会有变化，那我们肯定需要把这些信息纳进来，对策略进行优化迭代。

问题10：策略的适用时间和广度，取决于策略的底层逻辑。只有找到扎实的底层逻辑，在这个逻辑之上构建的策略才能长期稳定有效。贵公司的底层逻辑是什么？

马俊：我们的底层逻辑，首先，去挖掘一些商品期货里面具备长期稳定的一些基础因子，类似于股票里面的市值、动量、流动性等因子。商品也是一样的，我们会寻找一些基础因子，这些基础因子具备一定稳定的量，能够对商品期货进行区分，然后针对这些基础去做不断的优化，去迭代自己的一些策略。

问题11：2022年商品市场整体呈现回落趋势，对于四季度的行情，德贝会配置什么样的策略？

马俊：**我们所有策略的配置逻辑是依据风险评价来配置。**长期来讲，我们策略的波动率不会有太大的变化，只有迭代了新的策略以后，波动率才会有比较大的变化。我们并不会主动地去调整策略的配置，比如，未来有趋势行情，我把所有的权重往趋势上动。我们做得更多的是不间断地去优化底层策略，使策略更稳定。

针对四季度的行情，整个市场的波动率会有一定的上升。因为2022年3月可能是相对的高点，3月之后逐步下滑，到6月以后基本上处于历史偏低的位置。7月底以后又是快速下滑，8月底一直到现在，基本处于低位水平，类似于2022年五六月份的位置。所以，**我觉得未来整个波动率会上扬，可能商品市场会结束过去三个月的横盘状态，重新运动起来。**

问题12：当下您对整个大宏观环境是怎么看的？

马俊：2022年整个商品市场一直处于强现实弱预期的环境中，本质上处于比较多空的状态。未来随着美联储加息逐渐进入尾声，整个市场容易走出一个方向。因为，现在商品市场也受制于宏观托底，处于矛盾中，如果有一个事件能够打破这个矛盾，就比较容易走出一轮行情。

问题 13： 风险控制是投资中的重中之重，也可能是难度最大的一部分。风控通常分事前风控和事后风控，德贝在事前和事后都会如何做好风控？

马俊： 我们认为事前风控包含交易，像基金合同，还有交易所的限制等，我们会把所有的基金合同中的要素，都做在事前风控中。所有的下单过程，我们都会先过自己的风控，当风控检验这笔交易没有问题后，才会报单报出去。同时，我们也会通过计算机和人工相结合去监控所有的指标，当有异常出现以后，优先通过计算机暂停交易，检验以后才会重新进行交易执行。

事后风控，我们觉得更多的是偏向于一个归因，我们会对所有的投资逻辑，包括因子、标的进行分析，分析所有标的的盈亏，包括针对大的因子去分析每一笔盈亏到底是因何而发生的，做一些偏社会的统计，做一个事后的风控体系。

问题 14： 德贝投资目前的人员配备是怎么样的情况，您能否简单介绍一下？您期望把它打造成一家什么样的公司？

马俊： 公司 60% 的人员为投研人员，剩余配置在市场运营、财务行政、风控合规部门。公司核心人员都有 5 年以上从业经验并且都能独当一面。

团队高效合作。团队的高效合作是策略创新的催化剂，我们摒弃了传统耗时的长会，而是不定期地进行小范围的讨论。有限的精力应该放在研发、交易上面，所以内部的合作与分工整体是非常高效、和谐的。

公司愿景。致力于期货策略领域技术的不断突破，风险管理机制的不断完善，与投资者共赢、互通模式的不断加深，成为一家能持续创造价值的资产管理机构。

问题 15： 量化私募特别重视人才，什么样的人才是你们需要的？就您看来，一个合格的投资经理需要具备哪些条件？

马俊：（1）敏锐的市场嗅觉和创新精神。需要有不间断的创新精神，会根据市场的变化，不间断地去迭代自己的模型。

（2）不断自我驱动的冲劲。因为这行很枯燥，每天就是面对数据不间断地去做策略，需要不间断地去突破自我，才能够打造一些更好的模型，往往需要进行自我的反省，看有哪些地方做得不好，要能够去提升。

（3）足够丰富的经验。有一定的经验，这个经验不一定是交易上的经验，也包括对市场的了解、整个行情标的的了解，可能更多地会体现在对整个市场的热情，因为我们觉得对这一行充满热情，才有工作激情，才能把这个工作做好。

（4）绝对过硬的人品。

问题16：最后，根据您多年的市场经验，您认为投资最重要的事情是什么？

马俊：每年期货市场都有机会、有波动，怎么样去获得收益，核心还是做好风控。**在期货市场这么高波动的行情下，只有做好风控，才能够保证你依然存活在这个市场中，才有机会去获取未来的收益，**所以，对我自己而言，最重要的事就是先守住风险，才去想收益。

水木长量资本：

跟踪市场主要指数，获取市场的长期收益

（张鹏访谈整理）

北京水木长量资本投资管理有限公司

北京水木长量资本是基金业协会备案的阳光私募（P1018313），在量化投资领域具有深厚的技术积累。目前管理的15只产品均稳定盈利，量化策略覆盖大宗商品CTA、A股指数增强、债券策略、中性策略等多市场。投研团队全部来自清华等一流高校的IT专业，并有多年金融量化交易经验。研发团队成员拥有扎实的数理统计、图像处理、模式识别、数据分析能力，卓越的计算机编程能力。水木长量资本的投资理念是通过金融量化的手段，为客户构建稳健的交易标的组合，实施最优量化交易策略，致力于成为业绩长青的中国量化基金公司。

精彩观点

在评估投资标的的方法上，主观投资通过财报分析、调研等方式对意向的目标行业和公司进行研究。

在投资决策上，主观投资可能更多根据研究结果和对未来市场的预判，由投资经理和团队主观选择投资标的；量化投资主要是通过选定的量化模型对股票池所有股票进行评估，选择排名相对靠前或者满足量化模型标准的一揽子股票，不受投资经理个人判断影响。

在持仓结构上，主观投资通常在投资经理的研究范围内比较集中持有相对少数的个股，行业上也相对集中；量化投资通常持有较多数量的一揽子股票组合，持仓一般比较分散，以便更好地匹配量化模型在统计意义上的概率优势。

目前市场风格变换比较频繁，单一投资风格难以获得风险和收益平衡的投资回报，这给主观投资和量化投资都带来了较大挑战。就量化投资而言，其核心要求是策略模型能够适应不断变化的市场。

我们认为量化投资将进一步朝大数据驱动、智能化与自适应化相结合的方向发展。

我们始终坚持量化投资、坚持稳健策略、坚持尊重市场。

人工智能的作用就是用来分析大量的市场数据，发现交易规律，并对当前市场进行分析评估，为交易决策提供依据。

我们如果拉长周期来看市场的主要指数，可以发现 A 股市场向上趋势是明显的。虽然由于阶段性泡沫，从指数上看波动比较大，但整个市场重心是不断提升的。因此从长期投资的角度看，跟踪市场主要指数，获取市场的长期收益可以作为我们投资的基础。

我们主要在两个方面对投资策略进行调整：首先，投研团队会持续优化现有策略，或者提出新的量化模型，在进行完善的回测分析、评估和实盘测试的基础上，选择符合风险与收益要求的策略加入策略库；其次，对已经投入使用的策略，我们会持续跟踪每个策略的实际表现，确保策略的风险收益水平控制在预期范围，我们的投资系统会对各个细分策略进行动态评估和调整。

普通投资者在筛选量化基金的时候，需要同时关注基金的收益能力和回撤大小，可以关注相对基准指数的超额收益的稳定性；基金规模也可以适当关注，规模过大的基金产品受市场流动性限制，可能会给收益水平和风险控制带来一些不利影响。

另外，投资者筛选基金的时候也需要避免类似股票投资的"追涨"心理，特别是在市场风格比较极端的情况下，如果基金收益是来自一些额外的风险暴露，在市场风格变化时可能会给相应的基金产品带来比较大的波动。对量化指数增强策略产品，从长期投资角度看，我们认为每次遇到市场明显调整的情况，都是比较好的投资机会。

问题1：王总，您好！您以前曾为摩托罗拉及爱立信工作，为什么后来又进入投资领域了呢，以往的工作经历对现在的工作有什么帮助吗？

水木长量：我在摩托罗拉和爱立信期间，一直从事软件开发和大数据管理相关的产品研发工作，因为工作关系，对大数据应用和人工智能相关技术有一定研究。其实在围棋领域的 Alpha Go 战胜人类最高水平棋手之前，机器学习和人工智能很多算法已经非常成熟，在大数据分析、语音识别、图像识别等领域得到了广泛应用。因为我个人对证券投资非常感兴趣，所以我一直在思考和尝试将人工智能技术应用到证券投资领域，在经过比较深入的分析之后，我相信人工智能技术在量化投资领域能够大展身手，所以决定进入量化投资领域。

除软件开发技术积累之外，摩托罗拉和爱立信作为成熟的跨国企业，公司内部严谨的工作态度、完善的研发流程管理和严格的产品质量要求，对我们现在的策略研究和投资管理都有很大的帮助。

问题2：可能大家对于主动管理型基金经理的日常比较熟悉，比如看财报、跑调研等。对于量化基金经理的一天，大家相对更为好奇，您能否给我们讲一下您的工作内容？

水木长量：我们的日常工作主要**分为三部分：一是投资策略的研究和优化**。和团队一起分析市场运行特征，提出研究策略和迭代方向，对完成回测分析的策略模型进行评估，选择符合基金产品需求的策略。**二是对管理的产品运行情况进行跟踪**，特别是其中量化策略的实盘表现情况，定期进行业绩归因分析和回顾总结，对可能的策略优化进行分析并提出计划。**三是我们也密切关注业界和学术界在量化研究和人工智能技术等方面的最新研究进展**，及时将新的技术发展融入我们的策略研发过程中。

问题3：近年来量化投资正在逐步兴起，为更多的投资者所知晓。那么与传统的主观投资相比，您认为量化投资有何不同之处？

水木长量：简单理解，我认为有三个方面的区别：

第一，在评估投资标的的方法上，主观投资通过财报分析、调研等方式对意向的目标行业和公司进行研究；量化投资一般关注范围比较广，通常是全市场或选定的指数成分股，通过数学方式对所有股票的不同数据进行量化分析，包括基本面数据和交易相关信息等。

第二，在投资决策上，主观投资可能更多根据研究结果和对未来市场的预判，由投资经理和团队主观选择投资标的；量化投资主要是通过选定的量化模型对股票池所有股票进行评估，选择排名相对靠前或者满足量化模型标准的一揽子股票，不受投资经理个人判断影响。

第三，在持仓结构上，主观投资通常在投资经理的研究范围内比较集中持有相对少数的个股，行业上也相对集中；量化投资通常持有较多数量的一揽子股票组合，持仓一般比较分散，以便更好地匹配量化模型在统计意义上的概率优势。

问题4：您怎么评价近两年来量化基金（行业及贵公司）的表现？量化投资将面临怎样的挑战？

水木长量：最近两年市场风格变化比较大，在2021年一季度风格转换以及2021年四季度以来的市场调整中，我们看到市场中部分基金波动比较大，但整体来说量化基金取得了挺不错的业绩，最近两年都有比较理想的收益。相对指数而言，也获得了较明显的超额收益；相对部分风格突出的主观投资基金来说，在市场震荡调整期间，量化基金的回撤相对较小。我们水木长量人工智能系列作为指数增强策略产品，最近两年能够很好地适应市场变化，超额收益稳定。在2021年一季度风格转换以及2022年的市场调整中，很好地通过超额收益降低了回撤，截至2022年10月底，2022年的产品回撤控制在个位数水平。

目前市场风格变换比较频繁，单一投资风格难以获得风险和收益平衡的投资回报，这给主观投资和量化投资都带来了较大挑战。就量化投资而言，其核心要求是策略模型能够适应不断变化的市场。

问题 5：量化投资领域未来的发展趋势是什么样的？

水木长量：整个社会发展进入数字化时代，为我们投资决策带来越来越多的信息输入。量化投资随着人工智能技术的引入已经进入智能化阶段，未来随着人工智能技术的发展、硬件算力的提高、社会的数字化演进，以及适应市场变化的内在投资需求，**我们认为量化投资将进一步朝大数据驱动、智能化与自适应化相结合的方向发展。**

问题 6：与其他量化投资机构相比，您觉得水木长量有何不同之处？

水木长量：各家量化机构各有特色，我们水木长量最主要的特点是追求稳健发展，这既体现在我们公司运营上，也体现在我们的投资策略的选择上。从公司角度看，我们坚持稳步发展，优先考虑现有投资人的利益，不盲目追求规模。在投资策略选择上，我们注重策略在不同市场环境下的风险与收益的平衡，确保长期收益稳定，不追求通过极端风格和风险暴露获取短期收益。我们的基金产品在过去几年多次市场风格转换中，均表现稳健，避免了不同市场环境下基金收益的大起大落。我们相信这样能够有助于基金投资者坚持长期投资理念，更好地获取长期收益回报。

问题 7：量化投资是一个非常严谨的系统工程，想问王总，您在团队方面是如何分工去做这么一个庞大工程的？

水木长量：是的，量化投资从策略开发、交易系统到风险控制等，都是一个非常严谨的系统工程。水木长量团队成员来自清华大学等一流高校的电子工程、计算机与通信等专业，拥有扎实的金融数理统计、图像处理、数据分析、软件开发能力。团队在 2010 年开始进入程序化交易领域，十多年来积累了丰富的策略、交易和风控等方面的经验，逐步建立了完备的量化投资架构和丰富稳健的多策略体系。团队目前专注于大数据、人工智能、模式识别和多因子量化等领域的研究。

问题 8：可以具体解释一下公司的投研理念吗？

水木长量：在水木长量的投研过程中，**我们始终坚持量化投资、坚持稳健策略、坚持尊重市场。**首先量化投资是我们公司的核心竞争力，我们坚持量化为本，充分挖掘价值，管控分散风险。公司所有投资决策都是在成熟的量化投资架构下，经过了充分研究评估和实盘验证。坚持稳健策略是指我们在基金运行过程中坚持选用长期表现稳健、风险收益稳定的策略；同时，证券市场是在不断发展变化的，我们在投研过程中注重市场的反馈与适应机制，充分考虑行为金融影响，坚决避免墨守成规和惯性思维模式。

问题9：公司的策略用到了人工智能，可以解释一下人工智能当前的作用是什么吗？您认为未来投资领域的人工智能可以发展成什么样呢？

水木长量：简单来说，**人工智能的作用就是用来分析大量的市场数据，发现交易规律，并对当前市场进行分析评估，为交易决策提供依据。**我们知道，市场参与者都是根据自身掌握的投资知识，结合自己获取的市场信息，来进行投资决策的。作为对比，我们可以理解投资领域的人工智能技术，是使用计算机系统通过数学的方式分析历史数据，获得市场运行方面的“知识”模型，然后根据当前获取的所有市场信息，使用知识模型进行评估决策的过程。有观点认为人工智能模型是一个黑箱，对输出结果无法直接理解，这其实是因为人工智能所使用的数学算法通常比较复杂，又分析了大量的数据，超出我们人工直接进行分析理解的能力，实际上人工智能模型的每个评估结论都是依据数据，通过严谨的数学计算分析得出的结果，而且这个结果不受任何个人偏好或主观情绪影响。当然人工智能主要是分析数据、跟踪市场，可以根据已有的市场规律去预判市场，但不是走在市场的前面。

我觉得未来在投资领域人工智能技术的发展和应用会越来越广泛。我们处在一个信息社会，每天会产生大量有关的市场信息，人工智能可以帮助我们有效收集、分析和使用这些信息。除了直接用于量化交易，人工智能也可以用于辅助主观交易者进行数据采集和分析、风险控制等。

问题10：您曾说想在获取市场指数长期收益的基础上，获得超越指数的阿尔法收益，您认为怎样才能办到呢？

水木长量：**我们如果拉长周期来看市场的主要指数，可以发现A股市场向上趋势是明显的。虽然由于阶段性泡沫，从指数上看波动比较大，但整个市场重心是不断提升的。因此从长期投资的角度看，跟踪市场主要指**

数，获取市场的长期收益可以作为我们投资的基础。

在这个基础上，我们经过充分回测、优化和验证，选择在不同市场行情下均表现稳健的人工智能量化模型，通过人工智能模型去分析市场，选取具有最大概率相对指数存在阿尔法收益表现的一揽子股票组合，并不断根据市场变化调整投资组合，从而获取相对稳定的超额收益。我们的人工智能1期基金自2019年4月成立以来，经历了多次市场风格转换，从价值白马行情，到赛道主导行情，再到2022年持续的市场全面调整，我们的基金超额收益一直很稳定，很好地验证了我们投资策略在不同市场环境下的表现。

问题11：多因子模型通常面临一个问题，历史收益未必代表未来，如何避免这种风险的发生？

水木长量：确实是这样，因为市场始终在不断变化，任何投资策略如果不能适应市场变化，就可能产生额外波动风险。传统多因子模型通过分析历史数据评估因子的风险和收益水平，并在此基础上构建框架，这样的方法在市场风格发生变化时容易产生模型失效的风险。要有效避免或降低这样的风险，我们所使用的模型必须能够有效跟踪和适应市场变化，特别是市场发生比较大的变化时，尽量缩短适应市场的时间。在这方面人工智能模型可以发挥非常好的作用，利用人工智能技术，将每天新的市场变化都作为新的增量信息加入模型进行分析，使模型能够及时反映市场变化。

问题12：目前用到哪些基本面因子对投资标的进行分析，可否举一些例子？您又是如何动态更新因子库的？

水木长量：从基本面分析的角度来看，我们的模型基本上覆盖可以获得的所有公开数据，比如行业情况、公司财务情况、经营情况等各个方面。但是基本面数据只是我们模型输入的一部分，我们不会仅仅根据基本面分析结果进行投资决策。

我们一般会通过将投研分析和数据挖掘相结合的方式对因子库进行不断优化更新。根据人工智能技术的特点，我们并不是去寻找历史收益率更高的单个因子，而是注重挖掘可以刻画市场特征的增量信息。

问题13：公司在什么情况下会对投资策略进行调整？

水木长量：我们主要在两个方面对投资策略进行调整：首先，投研团队会持续优化现有策略，或者提出新的量化模型，在进行完善的回测分析、评估和实盘测试的基础上，选择符合风险与收益要求的策略加入策略库；其次，对已经投入使用的策略，我们会持续跟踪每个策略的实际表现，确保策略的风险收益水平控制在预期范围，我们的投资系统会对各个细分策略进行动态评估和调整。

问题14：公司在CTA领域也非常成功，CTA春雷1号可谓业绩优异。那么针对2022年以及未来一段时间CTA的行情市场，您有什么看法呢？

水木长量：我们公司在CTA领域同样采用量化策略，也有丰富的投资经验。CTA和股票市场相关性小，对于对期货市场有一定了解的投资者来说，是分散配置的一个较好选择。我们认为受多重因素影响，期货市场保持比较活跃的交易，在未来一段时间仍然会有比较好的投资机会。

问题15：普通的投资者在筛选量化基金的时候，您觉得有哪些指标可供我们的投资者进行参考？

水木长量：普通投资者在筛选量化基金的时候，需要同时关注基金的收益能力和回撤大小，可以关注相对基准指数的超额收益的稳定性；基金规模也可以适当关注，规模过大的基金产品受市场流动性限制，可能会给收益水平和风险控制带来一些不利影响。

另外，投资者筛选基金的时候也需要避免类似股票投资的"追涨"心理，特别是在市场风格比较极端的情况下，如果基金收益是来自一些额外的风险暴露，在市场风格变化时可能会给相应的基金产品带来比较大的波动。对量化指数增强策略产品，从长期投资角度看，我们认为每次遇到市场明显调整的情况，都是比较好的投资机会。

问题16：对普通投资者来说，会面对挑选各种各样策略基金的烦恼，您觉得量化基金，包括量化里的各种细分策略，在各类基金里充当了哪种角色？它有着怎样不同于其他类型产品的配置价值呢？

水木长量：正如您提到的，量化基金有各种细分策略，我们针对比较常见的指数增强策略和中性策略，谈谈个人看法。

量化的指数增强策略是以某个指数为参考基准，通过量化模型选择一揽子股票组合，预期大概率上这个组合在一段时间内的表现强于基准指数，从而在指数收益的基础上同时获取超额收益，常见的参考指数有沪深300、中证500和中证1000指数等。比较好的指数增强策略基金可以让投资者把握市场的长期增长收益，同时，在此基础上通过超额收益提高综合收益水平，在市场下行波动时降低回撤。我们都知道个股波动较大，少数个股甚至有退市风险，特定行业也可能存在周期性起伏，有时可能面临超长周期的调整，但指数从长期来说向好的趋势非常明显。如果投资者可以坚持长期投资，对市场正常波动有一定承受能力，对基金行业风格没有特别偏好，那么配置量化指数增强的基金可能是比较好的选择。

量化中性策略可以理解为在上述增强策略基础上，同时持有对应指数的股指期货空头仓位，在付出一定对冲成本的同时，仅获取市场整体波动之外的阿尔法收益。如果投资者对市场下行波动比较敏感，对收益预期不高，配置量化对冲的中性策略产品也是可以考虑的。

问题17：对持有一揽子基金的普通投资者来说，是否需要盯着市场并及时地去做调整？

水木长量：我认为基金投资者重点在于根据自身的投资需求，比如收益预期、风险承受能力、投资期限等来选择适合自己的基金产品。因为基金管理人的投资团队已经根据市场变化对基金进行了专业的投资管理，基金投资者没有必要盯着市场频繁调整基金投资。当然如果发现自己持有的基金投资风格发生了预期之外的变化，或实际波动风险水平超出了自身承受能力，应当进行相应的调整。

问题18：在您的投资生涯中，有哪些让您记忆深刻的重大时刻，对您或团队产生了何种影响？

水木长量：我们使用量化策略，并不做主观的交易决策，记忆深刻的主要是市场变化给交易策略带来的影响。最近几年，市场风格比较极端，而且几度转换，从曾经在价值投资大旗下演绎极端的白马股行情，到热情高涨的赛道行情、不断变换的结构性行情等，单一的投资逻辑越来越难以适应不断变化的市场环境，我们也看到市场上有些基金不同时期业绩表现差别巨大。这也促使我们思考如何更好地完善投资策略，更好地适应市场变化。

问题 19：展望未来十几年乃至几十年，您能谈谈对自身或团队职业生涯的愿景以及对基金行业的愿景吗？

水木长量：水木长量的愿景是成为业绩长青的基金管理人，守护每位投资者的财富增长。对基金行业来说，随着我国经济发展和人们的财富增长，大家的投资需求不断增加，我们希望基金行业百花齐放，为每一位投资者提供值得信赖的多元化产品，通过市场力量为社会创造价值。

问题 20：当初为什么参加“蓝海密剑”的比赛？您觉得有什么收获？对大赛有什么建议或期许？

水木长量：“蓝海密剑”公开赛已成功举办 14 届，体现了主办方对行业发展的长期支持，为不同策略基金产品提供了一个非常好的展示和交流平台。对我们基金管理人而言，有一个长期稳定的展示交流平台非常重要，与我们投资理念中追求稳健的长期回报非常一致，水木长量连续多年参加“蓝海密剑”的比赛并多次获奖，对我们加深行业交流，进一步了解行业发展起到了非常好的促进作用。希望未来大赛会进一步扩大影响力。

燊叠资本：

投资，当先求胜而后求战！

（唐正璐访谈整理）

刘珅

青岛燊叠资本管理有限公司法人代表、执行董事、总经理、基金经理、合伙人。

毕业于中南大学，长期专注量化领域，有近15年投资经验，形成了完整有效的交易体系，具有丰富的量化研究、策略遴选、团队组建与管理经验，擅长数据挖掘。

精彩观点

投资，当先求胜而后求战！

计划自己的交易，是不厌其烦的准备；交易自己的计划，是义无反顾的执行。

技术面的一个重要的底层逻辑就是“基本面最终会反映到走势上”。

我们由衷希望世界和平，人类健康安乐，希望价格的波动更多来自生产力的提高和经济的健康发展。

我相信量化CTA行业能够在中国金融体系的不断完善和中国经济的蓬勃发展中发挥出更重要的作用。

我认为趋势策略的优点是容量较大且不容易失效，缺点可能是它是一种相对逆人性的投资方法。

投资不仅是比谁的方法好，更要比谁犯的错误少。

风险不会被消除，只能被分散。这也是我们做多策略、多品种、多周期的初衷。没有一种策略能适应所有行情，但是在一定的时期内也一定有一些品种在某个时间周期上产生行情。

我们将严控风险的理念深入公司的每个部门的每项工作中，因为“长期”“稳定”的收益率才有意义。

多品种、多周期、多策略依然是目前投资过程中正确的方向，其逻辑就是将单个的较大概率事件组合成一个更大概率甚至几乎确定的事件。

八年来，我们一直坚持量化路线，并且一直坚持“保住本金，控制回撤，时间复利”的理念。

我们相信，一个人可以走得很快，一群人可以走得很远。

这个市场是公平的，我们的优点、缺点在市场面前都无法遁形。我们努力了，市场会奖励我们；我们做错了，市场会教育我们。

期货市场并不缺少机会，少犯错误才能稳定长久生存，机会将属于稳健的资产管理团队。

投资也是一场马拉松，巴菲特、西蒙斯也并非一开始就是参天大树，在复利的加持下，活着是最重要的事，然后稳定就是暴利。

投资是一生的事业，我们希望能在这个市场中健康地活下去，对得起我们的投资者，我们不期望做明星，而期望踏实地做一个寿星。

问题1：刘总，您好！感谢您在百忙之中与东航金融 & 七禾网进行深度对话。您从最初进入投资领域，便开始计划自己的交易、交易自己的计划。这些年执行下来，您觉得自己最大的收获是什么？在投资路上的各个阶段，您又分别做过哪些计划？

刘珅：首先感谢东航金融 & 七禾网的关注与认可。

我在投资的道路上走了很多年，也学习了很多年，其间对投资的理解逐渐加深，掌握的策略慢慢丰富，交易的资金也不断增加。我现有的量化投资体系于2015年成型，然后在2016年实盘交易进入千万元级别。如今转眼又是几年过去了，回想起来，这一路艰难坎坷、紧张充实，要说最大的收获，那就是我认为：**投资，当先求胜而后求战**！

一套交易系统，在任何情况下，你应该知道如何买、如何卖，还要加上更加重要的资金管理。量化交易，则是在对历史数据进行科学的分析之后，在每一笔交易上取得概率优势，然后通过不断的重复将概率优势加以实现。在投资中，无论取得什么样的结果，其过程一定是艰难的，要做好充分的准备。所以不管在哪一个阶段，我们都有近期和远期的计划，将准备做得再充分一些，将风险控制得再低一些，将步伐走得再稳一些。

计划自己的交易，是不厌其烦的准备；交易自己的计划，是义无反顾的执行。

问题 2：桑叠资本长期专注于量化 CTA 投资，作为公司领头人，请您介绍一下贵公司的 CTA 策略及各自的特点。

刘珅：商品期货、期权由于其定价原理和交易规则，以及数据获取都非常适合量化分析和程序化交易，所以我们目前的主要产品以量化 CTA 为主。

我们主要做的是基于时间序列的趋势跟踪策略。目前的几套策略通过各自不同的方法捕捉趋势，在震荡或者趋势不明朗的时候通过相关性较低的正向策略组合，在不影响收益的情况下可以有效地降低回撤，或者在回撤不变的情况下提升收益，这也是我们多年来策略研发的重要方向。

问题 3：相对于主观 CTA，量化 CTA 在宏观、基本面、产业方面的研究有一定的劣势，桑叠资本是怎么考虑的？

刘珅：产业、基本面甚至宏观都是可以量化的，只不过由于宏观、基本面、产业方面的数据维度多、数据量庞大，受制于信息收集、信息时效、数据处理、权重配比、软件和硬件方面的限制，想完全量化有相当大的难度。

相对应地，**技术面的一个重要的底层逻辑就是“基本面最终会反映到走势上”**。所以，目前国内量化 CTA 以技术分析为主。

技术面可以重复历史，基本面可以预测未来。

我相信随着信息技术的不断进步、产业市场的越发公平透明、三方信息数据平台的蓬勃发展，技术面与基本面的量化结合终有一天会完美实现。

问题 4：就拿政策面来说，比如某个品种因为价格上涨过高、涨速过快，对经济造成巨大压力，被采取限制措施，行情趋势也随之扭转。桑叠资本在这方面也吃过亏，造成了较大的回撤。请您聊聊当时的情况，再遇到此类问题时，贵公司会如何规避政策对市场的扰动风险？

刘珅：政策也是市场的一部分。

2021 年 5 月的黑色系品种在前期积累了较大的涨幅后受到宏观政策的

影响，在5月12日后出现了一波快速下跌，这导致很多CTA管理人的产品都出现了较大回撤，有的甚至突破了历史最大回撤。我们的产品在当时也回吐了很多利润，究其原因在于量化策略的研发基于历史数据的分析，那么历史上较少甚至从未发生过的情况属于样本不足，一旦发生就容易造成量化策略的阶段性不适应。

2021年5月后我们对策略进行了研究升级，在不影响长期曲线的情况下针对这种突然转向的市场走势做了应对处理，经过测试后在8月正式上线更新。同年10月，市场再次发生非常相似的由政策干预引发的市场迅速转向，黑色系又一次快速大跌，甚至导致动力煤品种主力日成交量跌为个位数，在这一次行情中我们升级后的策略经受住了考验，仅发生了较小的回撤。

量化研究的一个基础理论是“历史可以重演，但又不会完全重演”。我们的投研团队在组建和研发的过程中，**相对策略本身而言，我们更关心的是投研人员对策略的研发和持续更新能力，这样才能在市场不断重复同时又进化的过程中，始终保持对市场有合理的理解和正确的应对，让我们的资金曲线“长期”“稳定”地运行下去。**

问题5：2022年以来，受海外地缘冲突、美联储加息、疫情反复等多重因素的影响，大宗商品波动加剧。在这样的背景下，桑叠资本2022年的整体表现怎么样？

刘珅：2022年我们的净值走势在预期的范围内。

商品市场每年都会有几波趋势，哪怕是在趋势不明朗的2017年，以及在2020年一波历史级别大趋势之后的2021年。

根据以往的经验，无论是地缘冲突还是防疫的政策走向，都会给市场带来大幅波动。只要有波动，市场就不缺少投资机会。2022年以来，国内外发生了很多影响力非常大的事件，导致大宗商品出现了大幅波动，并且有比较好的持续性，对于我们做趋势跟踪策略的比较适合。当然**我们由衷希望世界和平，人类健康安乐，希望价格的波动更多来自生产力的提高和经济的健康发展。**

问题6：近两三年 CTA 策略的收益相对来说均表现不俗。正因如此，国内 CTA 基金也迎来了历史性的发展机遇，尤其是量化 CTA 私募，无论是盈利还是规模都实现了较大的突破。刘总您长期专注于量化领域，请谈谈当前背景下量化 CTA 行业的现状和未来趋势。

刘珅：近年来，新品种不断上市、制度不断完善，很多机构和个人以及更多的现货公司也随之加入市场中，增加了市场的容量和流动性，使期货市场更能发挥价格发现和风险转移的功能。而随着越来越多的投资者进入，行为金融学因素导致的市场价格偏差会经常出现，给市场带来新的波动和投资机会。

中国资本市场在不断发展，投资标的也逐渐增多，从而带来了投资策略的愈加丰富。马科维茨说资产配置是在投资市场上唯一的免费午餐，丰富的策略提高了资产配置的有效性，尤其是低相关策略之间的组合可以有效提高收益风险比，从而在不减少收益的前提下，让资金曲线更加平滑。CTA 策略在与其他大类资产策略的比较中，往往表现出很大的低相关性，有时甚至是负相关，所以一直是资产配置当中非常重要的组成部分，而在一些极端事件发生后，CTA 的多空双向交易特征也使其能持续获得收益，从而实现组合风险的对冲。

我相信量化 CTA 行业能够在中国金融体系的不断完善和中国经济的蓬勃发展中发挥出更重要的作用。

问题7：除了 CTA 策略，贵公司还有哪些策略？

刘珅：**我们的核心投研团队于 2014 年底组建完成，2015 年开始运行，至今无一人流失。**我们是在 2020 年进行的基金业协会备案，在备案前的 5 年多时间里，我们几乎所有的时间都用来进行策略研发，所以策略储备比较丰富。很多策略的研发思路是相通的，同样的逻辑可以适用于不同的投资标的，所以我司形成了以量化 CTA 策略为主、其他策略为辅的策略框架。

由于我们申请备案的时间较晚，所以产品策略逐步上线需要一些时间。除目前运行的量化 CTA 趋势多策略外，一个高频量化选股策略已经完成小规模实盘测试，将于下个月正式上线。同时我们另一个量化高频可转债策略也进入了最后三个月的实盘测试期，预计在2023年一季度内上线。公司有一个策略上线时间表，整个2023年的上线策略都会按计划逐步实施。

问题8：桑叠资本以趋势跟踪策略为核心，趋势跟踪策略也是目前市场主流的交易策略，就您看来，趋势跟踪策略有哪些优缺点？虽然市场上不少人采用趋势跟踪的交易方法，但能成功运用并盈利的人并不多，您觉得出现这种情况的原因有哪些？

刘珅：趋势跟踪策略的典型特征是“亏小赚大”，它的盈利依赖市场的波动性，一旦市场出现大的方向性波动，策略收益会较高，但是当市场出现无序的低波动时，也会付出“试错”成本。**我认为趋势策略的优点是容量较大且不容易失效，缺点可能是它是一种相对逆人性的投资方法。**

投资是一个系统工程，数据清洗、策略逻辑、科学测试、交易环境、灾备系统等都是交易不可或缺的一部分，所以**投资不仅是比谁的方法好，更要比谁犯的错误少。**近八年的时间里，我们的投资团队对投资体系不断地进行强化、更新，使得我们的产品在市场当中有了比较稳定的表现。

问题9：做趋势策略要面临的一个挑战就是在行情没有大幅波动的时候进行风险控制，降低回撤。对此，桑叠资本是如何做的？也请您介绍一下桑叠资本的风控体系。

刘珅：风险不会被消除，只能被分散。这也是我们做多策略、多品种、多周期的初衷。没有一种策略能适应所有行情，但是在一定的时期内也一定有一些品种在某个时间周期上产生行情。

趋势跟踪策略也会有不适应的时候，不适应就是所谓震荡，就是假突破。但我认为没人能在趋势时用趋势策略，在震荡时用震荡策略，不然用不了多久全市场就都是他的了。

面对策略不适应的情况，我们能做的就是通过多品种和多策略来对冲这种震荡。在农产品亏损时，看看有色、能化或者股指等能不能帮忙平抑波动。当然，当绝大多数品种或板块都无序波动的时候，就是我们亏的比赚的多的时候，就是我们的回撤期。**回撤是我们为了赢取收益必须付出的代价，盈亏同源，不要收益就没有回撤。**如果只拿现金类产品，收益曲线肯定是直线上升且少有波动的，**但投资是要收益的，所以在实际操作中，我们整体呈现出的产品净值曲线本身也是一个权衡结果，对盈利和回撤的平衡、胜率和盈亏比之间的平衡、操作周期长短上的平衡、策略研发时过拟合和欠拟合的平衡，最终目标就是在承担一定风险的情况下，取得与风险相匹配的收益。**

公司的风控体系主要分为产品、策略、交易三个层面，每个层面分别在事前、事中、事后进行预防、监控、完善，确保策略表现符合设计要求。此外，公司还建立了交易环境危机处理预案，定义了危机事件的种类，明确了危机前的准备工作，并在日常管理中进行相关演练，以期在危机出现时，公司能够从容面对，保障公司产品、设备的正常运营，保障投资者权益。

新手关注收益，老手关注风险。

我们将严控风险的理念深入公司的每个部门的每项工作中，因为“长期”“稳定”的收益率才有意义。

问题10：在交易品种的选择上，除了上市时间较短或流动性不适合的品种外，桊叠资本基本做到了全市场覆盖。那么，对于不同的品种，贵公司的资金和仓位是如何分配的？是否会根据品种行情波动的大小来调整配置？

刘珅：我们在品种上的资金分配会根据品种的相关性、流动性、上市时间，以及历史回测结果等因素进行调配。交易所对每个期货品种的保证金设置已经是一种波动性的体现了，我们在策略里也有与波动性相关的表达，策略会根据品种的波动性进行应对与操作。

问题11：在一个非常成熟的市场，不可能有一招鲜的策略从头吃到尾，所以判断策略是否失效也是投资者关注的话题。有投资者称，对于一个策略是否失效，我们不能基于短时间的效果来看，但是若时间太长又承受不了这样的风险。那么，桑叠资本是如何判断策略是否失效问题的？

刘珅：市场在不断重演中进化。

首先，**没有任何一个策略永远有效，我们也不会等到它失效。**市场的进化也是需要时间的，当市场环境和策略逻辑发生改变时，就需投研人员拥有对策略的持续合理的优化和更新能力，让策略能够适应新的市场环境。

其次，我们非常关注策略及其参数的普适性，如果一个策略能适应更多周期和更多品种，那它的生命力就更强。

最后，**多品种、多周期、多策略依然是目前投资过程中正确的方向，其逻辑就是将单个的较大概率事件组合成一个更大概率甚至几乎确定的事件。**

"几乎确定"，多么令人向往的四个字！

问题12：一个有效的策略一般是有容量上限的，基金经理可以将一个策略用得很好，但是这个策略的上限是无法无限扩容的，一旦规模超出策略容量，这个策略的效率就不行了。请问贵公司是如何处理容量和策略之间的关系的？

刘珅：我们选择趋势跟踪策略的原因之一就是趋势跟踪的容量上限是相对较大的，目前测算10亿元左右的规模应该不会对我们当前的策略表现造成太大的冲击。我们的新策略也在不断地研发并加入实盘策略中，而且随着广州期货交易所的成立，将会有更多的期货品种进来，可以进一步提升策略的容量。

问题13：您曾表示，投资这套暴力美学的精髓，是事先不厌其烦的准备工作，所有可能性都要考虑到，一切意外都有预案。那么，桑叠资本在投资前，都会做些什么准备工作？

刘珅：我们开发了一套策略。首先强调它的投资逻辑，以及它存在的

经济学上的意义；其次在回测中，选择相对长的时间周期，合理地对样本内和样本外数据进行分配；再次，在参数的选取中，不会对参数过分精细地优化，避免参数的孤岛；最后，我们要做压力测试，对策略进行严谨科学的评价后再过渡到少量实盘印证阶段。

除了策略研发还有交易环境的准备，包括软件的开发、硬件的运维、灾备系统的调试、人员的培训等。

像断网、断电甚至新冠集体隔离之类的情况我们都有预案，归根结底就是在做第一笔交易之前，我们就对可能发生的一切情况，做好设想，完成准备，然后去坚决地执行。

问题 14：资料显示，燊叠资本成立于 2020 年，请您介绍一下贵公司，同时谈谈燊叠资本未来的愿景和目标。

刘珅：我们的投研团队是在 2014 年底组建的，2015 年初开始自有资金交易，2016 年起资金规模超过千万元，2020 年注册新公司申请并通过协会备案，至今已接近八年时间。**八年来，我们一直坚持量化路线，并且一直坚持“保住本金，控制回撤，时间复利”的理念。**

未来，我们还会坚定地在量化的道路上走下去，因为**投资是一生的事业，我们希望能在这个市场中健康地活下去，对得起我们的投资者，我们不期望做明星，而期望踏实地做一个寿星。**

问题 15：对私募机构来说，打造一支优秀的团队离不开对人才的培养。燊叠资本在吸引人才和培养人才方面是如何做的？目前公司现有的团队情况如何？

刘珅：在公司，我更愿意称呼大家为“同志”，志同而道合。

每次面试的时候我们都会问“你的职业规划是什么？”只有个人的目标和公司的目标是一致的，我们才会相互鼓励、相互成就，一起长久地朝着共同的目标走下去。

公司是一群人的集体，领导只是负责任务的分配和资源的协调，我们更像是一条船上的伙伴，共同驶向光荣的彼岸。

我们公司的股东们早就做好了几年不赚钱的准备，把公司所有收入投入待遇、环境、硬件、福利以及人才引进方面。同时，在人性化管理和人才培养方面也不遗余力。目前公司大部分投研人员都是自己培养起来的，我们愿意并且鼓励大家学习和交流，因为**我们相信，一个人可以走得很快，一群人可以走得很远。**

问题16：成立不到3年的时间，燊叠资本就获得了业内的多个奖项。在您看来，贵公司能在短期内取得业内认可的主要原因是什么？

刘珅：首先借这次机会感谢两年多来认可我们的颁奖机构。

这个市场是公平的，我们的优点、缺点在市场面前都无法遁形。我们努力了，市场会奖励我们；我们做错了，市场会教育我们。

颁奖机构不光是裁判，更多的是陪伴，还给我们加油鼓劲。他们希望我们做得更好，最后一起让中国的投资市场变得更好。

问题17：在“蓝海密剑”中国对冲基金管理公开赛上，贵公司也获奖了，请问您怎么看待“蓝海密剑”大赛？在大赛中有何收获？

刘珅：“蓝海密剑”大赛，我们从2015年起就开始关注了，大赛提供了一个中国期货界超高水准的长期业绩见证和彼此交流的平台，同时各个系列对投资高手、期货英雄的访谈著作也让很多投资者拨云见日、受益匪浅。可以说东航金融 & 七禾网在中国投资市场的发展中做出了重大的贡献，我也希望未来可以在大赛中认识更多的朋友，与东航金融 & 七禾网有更深入的交流与合作。

问题18：近年来，随着我国私募基金行业的蓬勃发展，机构间的博弈越来越激烈，行业监管也越来越严格。仅2022年11月，就有超200多家私募机构被协会注销或者主动注销。在这样的背景下，请您谈谈一家私募要拥有哪些能力才能长期存于市场？燊叠资本的核心竞争力又在哪里？

刘珅：投资如逆水行舟，没有一劳永逸的方法，也没有圣杯一样的策略，我们也没有牢不可破的护城河。在市场中我们的首要任务是活下去，活下去的方法就是控风险、控回撤，用正确的理念、领先的技术、坚决的执行，形成稳健的投资系统，剩下的就交给复利、交给时间。**期货市场并**

不缺少机会，少犯错误才能稳定长久生存，机会将属于稳健的资产管理团队。

我们始终将策略研发作为公司的重点，不遗余力地完善研发环境，培养研发人才。从 2015 年我们开始量化投资以来，公司的核心团队不仅没有一人离开，而且在逐步地扩充，从而保证了产品策略研发的连续性和稳定性。

问题 19：百亿私募作为市场中的头部机构，一直较受市场关注，投资者在选投基金产品时，也会将更多的目光聚集到头部私募上，尽管一些小型私募有着较好业绩，但仍然难以获得投资者的青睐，您怎么看待这种现象？

刘珅：我认为百亿私募是因为强才成为了百亿私募，而不是因为是百亿私募才强，所以百亿私募一定有其过人之处。而且中国私募行业发展时间并不长，是这些百亿私募不断地披荆斩棘开创出了一条条清晰的道路，所以投资者对他们的认可是他们应得的。

我们能做的就是先仰望，然后虚心地学习。

问题 20：在私募强者恒强的效应下，您觉得中小型私募的生存空间在哪里，如何实现突围？

刘珅：这是一个接近完全自由竞争的市场。**投资交易只要求专注于自己的产品、策略和交易软件，而无须受他人的影响去做任何事，对许多人而言，这也许是投资交易的终极魅力。**

投资也是一场马拉松，巴菲特、西蒙斯也并非一开始就是参天大树，在复利的加持下，活着是最重要的事，然后稳定就是暴利。

问题 21：最后，作为一名入市十多年的资深投资者，请您谈谈这些年的最大感受。

刘珅：投资的路很难，但我将和我的同志们一起坚定地走下去，不以一时风光而得意，不以一时窘迫而失意。

学习的路很苦，但只有那些不断学习、善于学习的公司才能够有希望在市场上生存并发展下去，聚沙成塔，厚积薄发。

人生的路很长，能找到一个自己喜欢同时又能实现价值的工作是很难得的事。我很珍惜这条道路，很珍惜这么多年跟我一路走来的伙伴，也很珍惜一直相信我们的机构和投资者们。

最后再次感谢东航金融 & 七禾网，让更多的人了解桑叠资本，桑叠资本也希望能结识更多的朋友，与更多的同业交流，向更多的前辈学习。

半目投资：

做好自己的策略、坚定投资理念、不被外界影响

（傅旭鹏访谈整理）

翟昊

青岛半目投资管理有限公司总经理，本科就读于华南理工大学数学与应用数学专业，同时辅修国际经济与贸易双学位。硕士毕业于英国爱丁堡大学金融建模与优化专业。FRM持证人，拥有五年量化投资经验、业内知名量化私募机构工作经验，股票、期货量化投研经验丰富。

精彩观点

我们做量化交易，相对来说不依赖平台和资源，对个人来说，想要做出自己的个人成就，可能更容易一些。

做量化交易的核心是做好自己的策略、做好风控、坚定投资理念，不被外界影响。

从最初的长周期交易，到现在的全周期覆盖，目前也在开发套利策略，未来成熟后，也会做一些期权、股票方面的研发，坚持量化交易，向更多、更广的策略扩展。

从大类来讲，主要是趋势交易类策略。从周期来讲，我们做到了短中长不同周期的覆盖。

从策略特点来讲，不同品种、不同周期之间可以做好互补；从策略特性来讲，不同周期还有一些细节上的差异，长周期会做一些止盈。近期资金曲线反弹不给力，就是因为焦煤、焦炭在两三个月前就止盈了，没什么仓位了，长周期其他交易的品种也没什么行情。

我们会根据不同策略的波动性，确定好各个周期的资金权重。大概长周期分配1/4的资金，中周期分配1/2的资金，短周期分配1/4的资金。

我们会看策略的回测表现，用常见的卡玛比率、夏普比率等指标来考察一个策略的表现。对于我们自己的策略体系，还会有一些更复杂的策略评价指标，包括我们人工构造的一些评价指标，首先回测上可以通过各种指标，然后再经过样本外模拟盘的考验，才会被纳入实盘。

从因子角度来讲，我们用的不是传统的技术指标。从策略类型看，有基于规则类的，也有机器学习类的。

2020 年我们中长周期策略表现是非常优异的，因为有一部分资金不在期货账户里，在平台上展示是看不到的，我们实盘账户 2020 年其实有 15 倍的收益回撤比。

2022 年 3 月底我们就上线了中短周期策略，上线后，长短周期大概是 1∶1 的资金分配。经历了 5—6 月的回撤，长周期创出了历史最大回撤，对整体净值影响比较大，出于风控，我们也进行了减仓，趁减仓的机会给各个周期做了更均衡的等波动的仓位配置，削弱了长周期策略的资金配置，增加了中短周期的资金配置。

对于趋势策略而言，我们自身是尽量做到更多周期、更多品种的覆盖，未来希望有更多类型策略的覆盖。这些主要是出于策略的多样化、品种的分散风险来考量的，针对单个品种开发的策略，注定是不太适合策略。

我们不会主观地判断行情，也不会主观地改变仓位，只会根据产品提前设置的风控来调整仓位。一是看策略本身是否创出最大回撤；二是从整体产品上来看，是不是超出了最大回撤的预期。

（在回撤期）从心理上来讲，坦然面对。从过往来看，这种回撤总是会经历的，历史最大回撤就是用来创造的。

对于投研人员来说，有投研的热情、不断钻研的投研精神是很重要的。投入与产出不匹配时，要能够一如既往地坚持，再加上一点点运气。

问题 1：翟总，您好！感谢您和东航金融 & 七禾网进行深入对话。我们了解到，您本科学习的是数学与应用数学专业，硕士学习的是金融建模与优化专业。请问后来是怎样的机缘巧合，让您进入到期货市场中的？您的专业知识对您后来做量化交易有哪些帮助？

翟昊：我当时留学回国后找工作，以当时对金融市场的了解，投行对我的吸引力更大一些。在英国读书的时候还是感觉自己对数学、模型、量化更感兴趣，因为数学更纯粹一些。**我们做量化交易，相对来说不依**

赖平台和资源，对个人来说，想要做出自己的个人成就，可能更容易一些。

从专业知识来讲，我硕士学习的是金融建模与优化专业，与数学、金融工程差不多，更多的是做以期权为主的衍生品定价，更适合卖方的衍生品定价部门，而统计相关知识对于我们做买方建模帮助会更大。我们用到的一些知识，比如说机器学习，它本质是一种统计推断学习，包括我们应用数学等很多统计相关的知识，都对我们量化投研有很多的帮助。更多的，我还是觉得，学习数学可以培养一个人的缜密思维和逻辑能力，这会对投研和人生的路有更深远的影响。

问题2：据我们了解，2022年是您做量化交易的第5年，做了5年的量化交易，您最大的感受是什么？

翟昊：做量化交易的核心是做好自己的策略、做好风控、坚定投资理念，不被外界影响。像我们做基金公司，如果表现不好的时候，会受到一些来自各方面的压力，最好的就是可以做好自己。太多地采取人工干预，对整个交易来说其实是不太好的。

问题3：在从事量化交易的5年时间中，您的交易理念、交易方法有过哪些变化？

翟昊：我从入行以来一直都是坚持做量化交易。其实自己业余的时候也会做一些手工交易，也是交了不少学费，所以更加坚定了量化交易的理念，向更多元化的策略发展。**从最初的长周期交易，到现在的全周期覆盖，目前也在开发套利策略，未来成熟后，也会做一些期权、股票方面的研发，坚持量化交易，向更多、更广的策略扩展。**

问题4：您表示，您曾就职于业内知名量化私募，在私募工作的经历，对您做量化交易以及后期组建交易团队有哪些帮助？

翟昊：每一份工作经历，对我的成长都有很大的帮助。在不同公司的不同工作经历，可以使我体验到不同公司的投研模式、公司文化，可以取长补短。比如如何建立自己公司的投研框架，如何做好员工的激励，包括公司倡导什么样的企业文化，这些过往的经历对我都有很大的帮助。

问题5：请问您目前实盘一共有几套交易策略，每一套策略的主要特点分别是什么？

翟昊：从大类来讲，主要是趋势交易类策略。从周期来讲，我们做到了短中长不同周期的覆盖。长周期，我们主要交易历史上波动性比较大的品种，比如焦煤、焦炭、铁矿、螺纹、热卷等黑色系，还有沪镍、橡胶、甲醇等能化品种，大概有10多个；中周期，我们做到了全品种的覆盖，流动性比较好的40余个品种都在做；短周期跟长周期有点类似，短周期也是做短周期波动足够大的一些品种，它们还是会有一些重合的，短周期波动比较大的，还是黑色系。中周期虽然是全品种的覆盖，但是最赚钱的也还是这些品种。

从盈利上来讲，长周期和短周期，做其他的品种，盈利有限，资金利用率不高，但中周期做全品种的覆盖，还可以得到不错的收益。

从策略特点来讲，不同品种、不同周期之间可以做好互补；从策略特性来讲，不同周期还有一些细节上的差异，长周期会做一些止盈。近期资金曲线反弹不给力，就是因为焦煤、焦炭在两三个月前就止盈了，没什么仓位了，长周期其他交易的品种也没什么行情。历史上这种做法对净值上的平滑是有很大帮助的，但2022年的非典型行情和我们的策略体系不太匹配，导致反弹不及预期。中短周期，我们会有严格的止损，做到长周期做止盈、中周期做止损。

我们还有信号过滤系统，有些品种恰好被过滤了，没抓住这波行情，策略的缺陷也好，运气不佳也好，这些确实是近期反弹不及预期的主要原因。

问题6：在这些不同类型的策略中，您的资金是如何分配的？

翟昊：我们会根据不同策略的波动性，确定好各个周期的资金权重。大概长周期分配1/4的资金，中周期分配1/2的资金，短周期分配1/4的资金。当然我们不同周期里面也有不同的子策略，长周期大概有9个子策略，中周期大概有几十个子策略。每个周期内的子策略会等权重地分配资金，包括每个策略交易的标的我们也是等权重分配的。

问题7：就您看来，一个量化交易策略需要达到哪些条件、经过哪些步骤，才有可能被您纳入实盘策略中？

翟昊：我们会看策略的回测表现，用常见的卡玛比率、夏普比率等指标来考察一个策略的表现。对于我们自己的策略体系，还会有一些更复杂的策略评价指标，包括我们人工构造的一些评价指标，首先回测上可以通过各种指标，然后再经过样本外模拟盘的考验，才会被纳入实盘。

像机器学习策略，样本内注定是一个更好的表现，样本外所谓的泛化能力如何，其实是我们更关心的。如果样本内外都表现不错，和策略库的相关性也比较低，我们会给它分配相对比较高的权重，反之则低。

问题8：您表示，您的策略组合中有传统的技术指标类策略，也有机器学习类策略。请问您传统的技术指标类策略中主要关注哪些技术指标？

翟昊：从因子角度来讲，我们用的不是传统的技术指标。从策略类型看，有基于规则类的，也有机器学习类的。

我们有一类策略构成是基于规则的，但我们用到的技术指标并不是传统意义上的，会有一些基于传统指标做的一些延伸因子，还会有根据物理学或者信号学上的算法合成一些更新颖的因子，这几类因子我们会应用到基于规则的策略里。

比如我有一个新的因子，也会应用到突破、排列类的基于规则类的策略里。同样对于机器学习模型也是一样的，不管是基于规则类的还是机器学习类的策略，底层的因子都是相同的。

问题9：请问机器学习类策略和传统的CTA策略相比，在设计思路、逻辑上主要有哪些区别？

翟昊：本质上没有太大区别，它们作为模型上的输入，本身都是因子，我们的动量类因子、形态类因子，本质上都是因子。规则类策略，我们是通过因子比较清晰的规则，或者交易逻辑来构建一些交易策略，机器学习策略更多是把因子作为特征输入，比如拿未来的收益率来进行模型的训练，核心其实没太大的区别。可能传统意义上规则类的策略更好解释。机器学习策略更多的是，因子质量的好坏对整个信号的质量起到了决定性作用。

问题10：机器学习类策略通常缺乏底层的交易逻辑，因此策略失效是大家比较关注的一个方面，请问您是如何看待和处理这个问题的？

翟昊：机器学习类策略的模型训练导向是很清晰的，比如做一个长周期类的策略，从因子上来讲，我更关注长期的动量，只不过由于机器学习泛化特性，更多的是过拟合引发的样本外泛化能力太差，也就是我们所说的失效。样本内的算法，包括数据的特性，样本内注定会得到一个比传统的基于规则类的策略更优的结果，不好的是，样本外泛化能力比较差，自然就会出现策略失效的情况。

我们更多的是从策略体系出发，尽量避免出现过拟合的情况，比如滚动回测方法，包括对数据的一些处理。只不过机器学习的这种天然算法特性，也注定了这种情况是不可避免的，我们也只能尽量通过上面提到的方法来减轻副作用。

基于规则类的策略和机器学习策略，本质上没有优劣之分，不同的人使用会有不同的效果，主观也好，量化也好，本质上都是一个工具。

问题11：据我们了解，您以中长线交易策略为主。2020年以来期货行情波动巨大，近期行情波动也明显加大，请问您是否考虑增加短线策略的配置？

翟昊：2020年我们中长周期策略表现是非常优异的，因为有一部分资金不在期货账户里，在平台上展示是看不到的，我们实盘账户2020年其实有15倍的收益回撤比。但是2021年，尤其是5月以来，我们长周期策略回撤非常大。

另外，**2022年3月底我们就上线了中短周期策略，上线后，长短周期大概是1：1的资金分配。**经历了**5—6月的回撤，长周期创出了历史最大回撤，对整体净值影响比较大，出于风控，我们也进行了减仓，趁减仓的机会给各个周期做了更均衡的等波动的仓位配置，削弱了长周期策略的资**

金配置，增加了中短周期的资金配置。我们不会主观判断未来行情波动大小，不会主观调整策略，未来实盘还是会按照等波动均衡配置做下去。

问题12：对于中长线交易策略而言，用指数合约出信号，映射交易主力合约这样的交易方式，会造成实盘和回测有较大的误差，您是如何看待和处理这个问题的？

翟昊：对于长周期策略而言，根据我们的策略体系做的测试，误差是比较小的。因为长周期交易的信号频率低、持仓久，这个误差相对影响较小。我们交易的那些标的里，在主力和指数又比较接近的情况下，这种误差是可以忽略不计的。

像鸡蛋等不同月份合约走势可能出现完全背离的品种，影响会比较大。长周期策略以黑色、能化为主，影响还是比较小的。

问题13：据我们了解，您的量化交易中，是全品种覆盖的，请问您选品种的标准是什么？

翟昊：我们不是真正意义上的全品种覆盖，前面也提到过，中周期可以做到全品种覆盖，超短和超长周期本身由于策略特性原因，是不适合这种策略框架的。比如农产品，本身就不适合长周期，也未必能做好短周期。两三天的策略，利润还可以。持仓小于一天，或者大于10~15天的，还是适合像焦炭这种不管是短周期还是长周期波动性都足够的品种。

至于筛选品种的标准，我们首先会根据品种自身波动特性来筛选。长周期策略，会根据更长周期的波动指标，比如长周期的振幅、波动率等类似的统计指标来筛选品种，短周期也是一样的。其次是看品种在我们策略体系里面表现如何，来决定哪些品种适合。我们采用的这些筛选品种的特征、指标和我们策略体系下的回测结果，其实某种意义上是存在映射关系的，波动大的品种入选了，必然也是和趋势交易框架下的盈利能力存在映射关系的。

问题14：对于不同的品种，账户的资金您又是如何分配的？

翟昊：不同类的策略是等波动均衡配置的，每一类子策略和品种是等权重配置的。

问题 15：我们分析发现，您在焦炭、焦煤、动力煤上获利较多，而近期焦炭、焦煤、动力煤的手续费提高了非常多，请问您是否会考虑将这些品种移出交易标的？

翟昊：展示的账户是我们的自营账户，在 2022 年 6 月底以前，都是纯粹的长周期交易策略。对于长周期而言，手续费、保证金是没有什么影响的；对于中短策略，目前来看，影响也有限，保证金比例肯定是没什么影响的，因为资金足够，从手续费来讲，目前交易频率还没有那么高，像日内平今仓手续费可以通过对锁来解决。实盘观察下来，也不至于会因为手续费提高而产生亏损，所以目前没有移出交易标的方面的考量，反而因为提高保证金和手续费，行情会加大波动，提升盈利能力。

问题 16：您的策略是全品种覆盖交易的，而有些程序化交易者可能会专门针对某个品种去开发策略。请问您对于程序化策略的普适性怎么看？

翟昊：我们确实可能会有一些更偏超短周期、更高频的策略，会针对某些品种开发一些更稳定的策略，但是我们做私募基金的，追求的是更多类的策略覆盖。**对于趋势策略而言，我们自身是尽量做到更多周期、更多品种的覆盖，未来希望有更多类型策略的覆盖。这些主要是出于策略的多样化、品种的分散风险来考量的，针对单个品种开发的策略，注定是不太适合的策略。**

对于程序化策略的普适性，像我们做的长周期、短周期也没能做到全品种覆盖，品种本身有自己适合的周期，我们不会为了品种的多样性，长周期做全品种的覆盖，因为我们也做过测试，并没有改善回撤，反而盈利能力下降了很多，品种有自己的适应性。再比如某些高频的策略，也只能适应有限的品种，超短周期策略覆盖了不到十个品种，它跟长周期有比较高的重合性。

问题 17：据我们了解，贵公司遵循严格的仓位管理机制以及动态的止盈止损逻辑，目前期货行情波动幅度明显增大，请问您是否会从控制风险的角度主动降低仓位？

翟昊：我们不会主观地判断行情，也不会主观地改变仓位，只会根据产品提前设置的风控来调整仓位。一是看策略本身是否创出最大回撤；二是从整体产品上来看，是不是超出了最大回撤的预期。从长周期策略来看，2022年6份创出了最大回撤，策略上我们降低了长周期的比例；从产品层面来看，如果回撤超过20%，整体上会降低仓位。其他情况下，我们不会根据未来行情的判断调整仓位，行情波动的判断本质上也是一个模型，一个更低频的模型，会引入一个更大的模型误差。

问题18：您在七禾网量化排行榜展示的账户，目前处在回撤期，请问出现这一波回撤的主要原因是什么？

翟昊：这个是我们的自营账户，2022年5月国务院常务会议“保供稳价”的政策，导致很多品种出现了大幅的回撤，所以给我们长周期策略造成了比较大的回撤。前面也提到过，3月底上线了中短策略，产品其实回撤没有展示账户这么大，因为产品是全周期的覆盖，展示账户是6月才做的策略的复合，中短策略当时是在另外一个账户上。

2022年5月虽然展示账户回撤比较大，但是我们整体账户表现还可以。5月中短周期策略其实是有不少收益的，但是被整体对冲掉了。

从全策略角度来看，真正回撤大的还是六七月。6月长周期创出了历史最大回撤，出于风控进行了减仓。中短周期策略七八月表现不佳，主要原因是没有行情。做趋势策略，主要是看行情。做同类策略的很多产品，那段时间都处于回撤期，由于策略特性，可能有的控制得好，有的差，本质原因就是震荡行情做趋势策略是赚不到钱的。

问题19：请问您是如何度过漫长的横盘和回撤期的？在这个过程中，心理上是否出现过一些变化？是否会去调整策略或者修改参数？

翟昊：从心理上来讲，坦然面对。过往来看，这种回撤总是会经历的，历史最大回撤就是用来创造的。知道自己的策略赚的是什么样的钱，然后看策略本身有没有发生较大的偏移。最近大家都在回撤，都是符合预期的。我们长周期策略确实表现不太好，2022年的行情，对于我们的策略框架而言，不太有利。近期的反弹也比较弱，穿透到底层，确实是我们长周期策略在焦煤、焦炭止盈了，仓位很轻，盈利贡献有限。其他的品种，最近没有较大的趋势行情，会出现反复止损，所以整体没有一个比较好的收益；而中短期策略则过滤了这波信号。还是那句俗话，做时间的朋友吧！

中短周期策略和长周期策略，都是基于过去很多年的数据进行的训练，可能更适合典型的行情，对于近期非典型行情确实适应性会有不足，另外可能有一些参数上的原因，有的时候短期内的波动，比别人好或比别人差，偶然的因素多一些，更长时间周期才能检验一个产品的好坏。

我们不会主动调整策略参数，策略配置比较均衡，我们的执行体系，除了策略最大回撤和产品回撤线以外，没有任何主观上的干预，模型本身都会定期训练。

问题 20：我们分析发现，您的账户经常仓位较重，甚至有时会达到 80%以上，而大部分量化交易者主张的是轻仓长期坚持执行自己的程序，请问您敢于重仓的主要原因是什么？

翟昊：闲置资金一般都在账户外面做理财，所以会显得仓位比较重。不过这是我们的自营账户，杠杆本身也比较高，理论上最高仓位 100%，但平均仓位在 40%、50%，展示的这个账户平均仓位一直在 80%，但实际只有 40%、50%。为了提高资金利用率，闲置资金在外面做理财。期货本身是保证金交易。我们不同杠杆下的产品，会对应不同投资者的风险偏好，而且我们对策略本身是比较有信心的。至于轻仓与否，主要看个人的风险偏好，比如我们目前最高的一个账户配置，能预期到的最大回撤可以控制在 40%以内，在策略品种都是分散的情况下，一是对策略有信心，二是因为策略分散的特性，所以敢于重仓，毕竟不是单策略、单品种。

问题 21：青岛半目投资管理有限公司是成立于 2020 年 3 月的新锐投资机构。现在私募团队和机构众多，各有各的特点，您认为一个优秀的量化团队和机构需要具备哪些要素？贵公司的核心优势有哪些？

翟昊：对于公司而言，量化也好，主观也好，投研团队、投研策略才是公司的立命之本。

对于投研人员来说，有投研的热情、不断钻研的投研精神是很重要的。投入与产出不匹配时，要能够一如既往地坚持，再加上一点点运气。

我们的优势，一是在创立之初已有非常成熟的策略储备，最近一年已经把策略储备推向了实盘，包括交易基础设施的建设、前端的监控、整个自动化的风控体系、各自预警机制、自动化运维，配置都很成熟；二是投研人员也很优秀，都有共同的目标。目前是三个人，我们既是同学也是股东，不管从激励机制还是团队精神上来讲，投研的架构也是非常稳定的。

问题22：贵公司取名为“半目投资”，请问“半目”的含义是什么？反映到期货交易上应该如何理解？

翟昊：很多投资相关的文章都会提到韩国棋手李昌镐的半目胜智慧。他接受采访时也说过，不追求奇思妙想的招数。这也就是我们常说的，善弈者，通盘无妙招。他其实追求的是稳扎稳打，下满全盘数目的时候，以半目的优势获得胜利，这是他的半目胜智慧，很多文章里把他和对手下棋的风格，描述为钝刀子割肉。不管是从51%上的胜率，还是他这种半目胜下棋的智慧来讲，和我们做量化的在很多方面都是不谋而合的。

目前我们实盘主要是趋势类策略，争取做到交易的每个周期内达到51%的胜率也好，做到smart beta也好，这样我们所有交易策略的复合，也是非常有竞争力的，这也是我们追求的一个目标。

我们追求的是从因子质量、风控、执行各个环节上都做到中上游的交易策略，这样的话，各个策略的复合会达到一个上游的竞争力。

问题23：请您谈谈您未来的投资规划，以及团队的发展愿景和规划。

翟昊：未来首先还是做好投研，在投研上不断努力，丰富策略库。目前在趋势上各个周期策略覆盖得会全面一点，未来也会积极开发策略类别，比如套利类策略的研发、现在策略体系执行上如何进一步优化。

产品有了更久的业绩、更好的表现后，未来不管是投研、销售，还是市场运营，都会进一步扩充人员规模。创业前期还是做好投研，目前也不是急于扩规模的阶段，有优异的业绩展示后，才是收获的季节，现在还是做好投研。未来等规模扩大后，会做更多策略的覆盖，比如期权、股票类策略。

长远的规划是做好私募基金管理，给投资人带来优异的回报；公司长久运营下去，获得不错的发展。

佳禾资产：

投资没有一成不变、一招鲜吃遍天的交易圣杯

（傅旭鹏访谈整理）

陈志佳

佳禾资产创始人，2010 年毕业于华南师范大学，于 2012 年创办佳禾量化工作室。量化交易者，以中短线交易为主，多年来业绩稳健。

精彩观点

期货市场，乃至股票市场，规则在变，投资者结构在变，市场规则在变，还有各种国内外的经济政治形势都是处于变动中的，导致我们正在使用着的模型和开发好的策略，终有一天它会失效。投资上，没有一成不变、一招鲜吃遍天的交易圣杯。

我们目前的交易体系，是由一整套大的普适通用性的系统来搭建的，它们的根本思想、底层思想是一致的，这是一个大前提。

在入场环节，我们既会用到一些算法来分辨多空，也会用到一些算法来过滤震荡，因为我们不是一个永远处于持仓状态的交易，它除了开多开空外，还有空仓等待时间。

触发了委托价之后，会在接下来的一段时间内，比如 30 秒、45 秒、1 分钟内，以这个委托价格上下浮动 N 个价位，能够满足的话，我们都会允许去成交。那它就不是一种定点、定时、定量、定价的撮合模式，这样，它的容量可以提得更高，冲击成本的影响可以更小，它既能够成交也可以解决容量。

我们开发的是普适性、通用性的交易体系，实际上我们整个体系研发的根本，只是研究价格波动的规律，跟品种、板块、周期，其实是没有直接关系的。

工具可以有多种，前提是要有完善、缜密、符合逻辑的交易思想，在这个基础上做的数据开发工作，才有可能使我们在实战中获得比较不错的盈利。

问题1：陈先生，您好！感谢您与东航金融 & 七禾网进行深入对话。据您介绍，您2010年大学毕业，2012年就开始全职交易。请问您在还没有实现长期稳定盈利的情况下就转为专职交易，起初心态上有哪些变化，是否感到有较大的压力？

陈志佳：我们2012年就开始全职交易，也是因为有高校的一帮师兄弟，还有我们的老师、教授，一起组的一个工作室团队。大学时期拥有一些经济学理论，但是实操层面还是比较薄弱，特别是IT、编程方面，是在2012年转全职交易的时候才开始学的，基础比较浅，大部分还是偏理论层面。在编程和开发模型策略过程当中，我们一开始是空白的，那时候觉得这是一个零的东西，要去冲一冲、试一试。

但是确实也发现前面的那三年，2012年、2013年、2014年是一直在进行各种尝试，各种弯路都走过。我们那时候每个人的启动资金也就十几万、几十万元，当时就觉得如果试不好，钱都亏完了，那也没关系，因为数目也不大。那时候的心态，就是想把这个作为一个新的事业，要做长久，但也是因为它不是一个熟悉的事情，压力也是非常大的。

问题2：您于2012年开始全职交易，至今已经十年。做了十年的期货交易，您最大的感受是什么？

陈志佳：到今天为止，我们最大的一个感受就是，**期货市场，乃至股票市场，规则在变，投资者结构在变，市场规则在变，还有各种国内外的经济政治形势都是处于变动中的，导致我们正在使用着的模型和开发好的策略，终有一天它会失效。投资上，没有一成不变、一招鲜吃遍天的交易圣杯。**市场永远处在一个动态变化过程中，所以投资的理念、思路，包括正在开展的交易模型，都需要与时俱进，要不断地进行微调、修正，来跟上市场的变化。这是到今天为止，我的一个非常大的感受。

问题3：在这期货交易的十年时间中，您的交易理念、交易方法经历过怎样的变化？

陈志佳：分了好几个阶段，我们最早也是从IF开始做的期货交易，那时候有做趋势投机策略，也有做跨期套利策略。那时候是偏单一品种，在算法方面也比较简单，而且做的偏低频，做中长线，像日线、周线级别，我们在2013年、2014年、2015年的时候，都是做中长线，那时候品种也比较单一，这是早期的一个阶段。

慢慢地到第二阶段，2015年六七月份，股指开始受限，后来又有熔断，我们也跟早期的一些程序化交易者一样，从股指转到了商品，除了品种数量增加了，在交易算法、交易周期上，变化还没有那么明显。

现在这个阶段，就会要求品种足够多、交易次数足够多，然后策略算法，包括我们的开仓、平仓条件，资金管理，对于止损止盈的应用，对于市场波动率的考虑等多个方面，都会更加完善。

问题4： 您表示，期货市场的交易者结构变化相比股票市场要快得多。从量化交易的角度来看，您认为这十年以来，国内期货市场的行情走势特点、投资者结构等方面主要发生了哪些变化？

陈志佳： 我自己的感受是，期货市场这种杠杆带来的快进快出，一些投资者在超高杠杆的情况下进来冲一把，这样的人以前多，现在其实也蛮多，所以才导致国际形势和国内经济有明显大的变动，包括汇率有大的变动的时候，国内几个交易所就会大幅提高这些品种的保证金、手续费来抑制市场的投机性。我们觉得，市场投资者的这种不理性，会被逐步纠正，因为交易所、监管者是非常积极地在调控。比如2020年有非常流畅的连续性行情，基于大面积的放水、降息，导致商品价格的连续上扬，让不少投资者挣得盆满钵满，也吸引了新的投资者进来。哪怕以前只是一个股民，甚至是普通的群众，他看到期货市场这样的暴利，被身边的人影响之后，也介入进来。2021年及2022年，在国家调控、交易所提高保证金、手续费，抑制流动性后，他们进来其实是一个被割韭菜的群体。我们觉得，投资者的这种不理性，还是会存在，监管这边的调控越来越积极。

2016年的黑色系大行情及2020年的全品种大行情，后面还会不会有呢？我们觉得监管力度加强之后，要再出现2020年的这种超牛行情，其实是有困难的，普通投资者，或者是期货新手介入到期货交易中来，他存续的寿命依然会很短。还是要有一个完整的量化团队，要有足够强的研发能力、策略开发能力，以及有足够强的软硬件配套，才有可能在这种形势多变又有监管出手的行情中生存。

问题5：请问您目前期货交易实盘一共有几套交易策略？每一套策略的主要特点是什么？

陈志佳：我们目前的交易体系，是由一整套大的普适通用性的系统来搭建的，它们的根本思想、底层思想是一致的，这是一个大前提。在这个思想体系下，我们目前实盘操作的，分成六套交易策略，每一套交易策略之间，品种选择会略有不同，品种的仓位结构、仓位分配会有所不同，它们进场触发的开仓条件也会随机错开。还有另外一个不同，就是平仓出场的条件，也会随机错开，适应不同的行情状态。

至于每一套策略的主要特点，大的特点其实是没有的，因为他们用的是同一种思想。那这个思想有哪些特点？第一个特点是对于品种的筛选以及分配仓位，这是以流动性为主要参考的。我们每一个周期，定期大概会在两周到一个月就会修正，修正我们的品种、仓位，这个主要依据是当前市场的流动性。它跟三个月前、半年前、一年前，某个品种的成交量或者趋势是不相关的，只跟当前的流动性直接相关。这个流动性的参考依据，由多个部分构成，比如品种的成交量环比数据、持仓量环比数据、平均涨幅、平均跌幅、平均振幅、波动率区间等，这些流动性指标，共同进行排位，这是策略里的第一个特点。

第二个特点是针对进场问题的。我们的底层思想，是做一个趋势投机的CTA策略，所以在入场环节，我们会用到一些突破类、均线类、量价类、动量类算法来分辨多空、识别趋势。但是我们另外又有一半以上的时间，是在空仓等待的，所以我们就要结合一些通道类的算法，用到一些波动率的算法来过滤震荡、消除噪声，进行空仓等待。所以**在入场环节，我们既会用到一些算法来分辨多空，也会用到一些算法来过滤震荡，因为我们不是一个永远处于持仓状态的交易，它除了开多开空外，还有空仓等待时间。**

第三个特点，投资标的有了，也进场了，那接下来是出场的问题。出场问题归类于资金管理的范畴，它跟随机性的指标是不相关的，跟 KDJ、MACD、布林、威廉等指标是没有关系的。它只跟两点相关，第一个是对于止损止盈的应用，大部分的量化机构都会用到止损止盈，同样我们也是，这是出场的第一个考虑。第二个考虑，是对日内隔夜风险头寸的主动管理，我们很少会重仓隔夜，大部分交易都会日内完成。3 点之后收盘到晚上 9 点，或是一个周末、一个假期，可能我们在休息、开会，我们在做其他的事情，但 3 点之后到晚上 9 点这段时间，国内层面，小到一家上市公司的财报，大到一个行业，一个国家经济层面、政治以及国际层面的区域战争等，这些因素都会影响到我们隔夜风险的产生。所以基于这样不可预测的信息，我们定义为风险，那我们所做的一个措施就是主动降低风险头寸，提高现金比例。所以在每天收盘之前的一段时间，我们会主动强制平掉持有的头寸里面的一部分。

以上这三个特点就是构建我们整个体系的核心。

问题 6：在这些不同类型的策略中，您的资金是如何分配的？

陈志佳：六套策略来讲的话，没有说特别有侧重点的，还是会相对均衡一点来分配。

问题 7：据您介绍，您的交易策略以量化短线为主，而短线交易策略由于滑点、交易成本等方面的影响，往往较难研发。请问您为什么选择做短线交易，而不是中长线交易？

陈志佳：在 2012—2019 年这个时间段，我们一直都是做中长线交易，最短的交易周期是 30 分钟、1 小时这种级别的，然后到日线、周线，我们前面的六七年一直都是做中长线过来的。也是从 2019 年底开始，我们转成低于 15 分钟的这种交易级别了，短线交易涉及频率是高还是低的问题，这个跟过滤条件有关系，它的交易次数到底是中高频还是中低频，哪怕我们是做 1 分钟、3 分钟、5 分钟这种周期，也可以做成一个低频的交易。进场的过滤条件，如果我们给它设计得更多，让它在多组合的情况下才来触发开仓的话，有时候一周、两周，都不一定开得出仓位。

我们觉得，不是因为策略是短周期的介入，就一定会在滑点和交易成本上有比较大的影响。我们目前短线交易偏中频，对于滑点跟交易成本怎么解决呢？首先我们对于这一块的容忍度是比较高的，因为我们不管是开仓还是平仓，在触发委托这个过程中，其实是给它设计了精细化控件的。打个比方，**触发了委托价之后，会在接下来的一段时间内，比如30秒、45秒、1分钟内，以这个委托价格上下浮动N个价位，能够满足的话，我们都会允许去成交。那它就不是一种定点、定时、定量、定价的撮合模式，这样，它的容量可以提得更高，冲击成本的影响可以更小，它既能够成交也可以解决容量**。而且我们在做模型的压力测试的时候，也会给它以数倍的手续费，以及两到三个滑点的这种压力测试，所以交易成本跟滑点，我们觉得影响不会大，不像高频。

问题8：您表示，贵公司最近两年管理规模持续上升，策略最大容量在20亿~25亿元。短线策略的容量通常都比较小，而您的短线策略最大容量能做到20亿~25亿元，请问其中的主要原因是什么？

陈志佳：主要有几点，包括上面刚刚提到的，我们在触发委托价格这个环节时，采用的这种精细化控件的处理，在一段时间内上下浮动N个价位的情况下，有多少量，我们就吃多少量，这样它的容量是有一个跳跃的，这是第一点。

第二点，我们最短的交易周期是1分钟、2分钟、3分钟、4分钟、5分钟，这个是进场触发的交易周期，但这种短周期不表示我们是偏高频的、偏非常积极的交易过程。我们基于这种多条件的随机组合，导致我们有部分模型会非常灵敏，半个小时的趋势走出来它就会介入了。但是又有一些模型，我们提高了它的开仓条件，它要走一天、两天的趋势行情，这个模型才会介入。然后又会有模型，趋势是中长周期的，比如要持续一周以上的行情，这类模型才会触发介入。所以我们的模型，有非常灵敏积极的交易；也有偏中周期、中趋势才会触发的；也有必须要大行情大趋势，才会介入的模型。

所以总的来讲，不是所有的模型都是非常灵敏的，我们是有偏灵敏、偏中等和偏苛刻的进场，所以在容量上，可以有一个比较好的提升。如果所有的模型都是非常灵敏、交易频率都是非常高的，那这种中高频的短周期策略，它的容量当然就会比较小。但我们总体分三种类别：偏灵敏，非常积极交易的小趋势，就会进场试仓的，这种模型只占 1/3；然后抓两三天、三四天趋势行情的，我们又会有 1/3 的模型；另外，我们还有 1/3 的模型，是必须有连贯的趋势，维持三五天以上，才会触发开仓。

所以在容量这块的话，我们也是基于当前的管理规模，来对盘口做一个逆推，在保留低于市场整体交投量千分之五的成交量情况下，我们觉得可以承载 20 亿~25 亿元。

问题 9：您认为期货 CTA 策略想要获取更稳定的收益，策略上需要多周期结合使用，同时要减少在震荡时间的频繁开仓的成本。请问您具体通过哪些方式，识别和过滤震荡行情？

陈志佳：我们认为，不是所有的行情都要参与，所以对仓位这个环节，也做了一个划分和动态管理，像上一个问题提到的，我们会有一小部分的仓位，是非常积极地参与行情，小趋势出来它就介入，介入之后如果错了，没关系，我们还有止损机制做保护，其余大头的仓位，就不会开出来。那这里边怎么来识别是小趋势、中趋势，还是大趋势？小趋势在震荡里边是比较常态的，所以我们对于趋势的识别，还有对震荡的过滤，会用到一些方法，比如其中一种，就是对市场波动率的判断。我们一提到波动率，好多业内人员就想到，是不是期权隐含波动率的那种波动率？其实是没有相关性的。我们讲的是价格振动幅度的一个表达，跟隐含波动率是没有关系的，这里边我们还是要区别一下。识别市场波动率，就是识别这种价格的连续振幅，我们看到连续阳线、连续阴线，这种波动率就是很高的。我们看到一些上下影线特别多的行情，这种计算得出来的振幅绝对值连成的一条线，都一直是处于低位，这个时候，我们就可以通过一个相对强弱关系来分辨。振幅持续扩大的过程，就是一个高波动率状态、振幅持续缩小的过程，就是一个低波动率状态。

这个时候我们就把它划分一下，中高段位的，我们就积极参与，开的仓位也重，开的品种也多。反过来，如果这种振幅关系、振幅的相对值是一直处于下降过程，我们分辨出来之后，2/3甚至一大半的模型，是过滤掉，限制它开仓的，留下一小部分的仓位介入。所以我们开仓频率的高低，是基于市场当前的波动率的大小。

举个例子，2022年六七月份的这种空，我们6月8日、9日、10日，基本重仓地开出空头了，因为已经有大概一周的下跌了，够我们短线交易开出空头仓位了，在这个下跌过程当中，交易次数少、持有时间长，它的交易成本很低，胜率也很高。因为已经识别出它就是高波动率状态，所以我们就会做这样的一个交易过程。而从7月中旬到现在为止，其实有将近五个月的低位盘整了，那这里边的话，就是低仓位的试仓交易过程，快进快出，低仓位的快进快出，在这四五个月中就比较多了。可能做下来只有两三个小时的交易，甚至半个小时，进场之后它就反转了，然后我们就止损出来，等待下一个回合。我们在高波动率和低波动率时的交易状态是完全不同的。

问题10：据我们了解，您在2017年经历了第一代策略同质化后的失效过程。短线策略的有效性是大部分量化交易者比较关注的，请问您对于短线策略的有效性是如何看待的？如何判断一个策略已经失效？

陈志佳：2017年用的是我们第一代的通用算法，这种普适性算法刚启用的时候我们不算是同质化，主要还是这个体系不够完善。当时没有考虑到品种的仓位如何来设计，我们是平均分配的。不会说市场流动性变化的时候，我们这些品种的仓位都要跟着做变化，这是体系不完善的其中一个点。

再一个，我们原来做止损止盈是偏单一的一档过。但是后来，我们会开发多档次的止损止盈，来做我们的资金管理，以及早前我们还是偏重仓隔夜的，但是我们现在百分之七八十的交易，其实都是做日内，就是对于这种隔夜风险的规避。那时候总想说重仓隔夜，一口吃成大胖子，但事实上，在这两年监管调控密集、隔夜风险反转、国内外经济形势反复、疫情反复、区域战争的大环境下，隔夜风险是特别大的，而这种重仓隔夜，一口吃成大胖子，也有条件，只是这个时间是越来越少。不像2016年的黑色系，足足两个月的暴涨，2020年的这种全球大放水，有可能五年一遇，甚至以后是十年一遇了，没有这么好的贝塔环境、贝塔行情来支撑。所以还是我刚才提到的，其实还是我们早期策略开发得不完善，所以它的失效就比较明显，因为它考虑得不够全面。

我们现在看策略能不能继续使用，是要调进还是调出，会简单直观一些。我们是以趋势跟踪为基础的投机策略，所以在模型开发的时候，我们就会给这些策略进行一个定位，比如说六套模型里边，其中的两套，就是专门针对短周期趋势的，一反转就会止损离场。这个特征是很明显的，我们在后续的交易里边，是可以直观地看到的。哪怕在低位，在一些窄幅区间震荡徘徊的过程当中，它反复止损试错了，但其实它不是失效，而是正常的市场行为。它就是盘整，就是要有试仓的过程，它反转了我们就会止损，只要这个目的达到了，那就可以。而另外的模型，我们会定义它就是做中周期趋势的，比如都涨了一个月了，那么流畅它都还不开出仓位，那就会有明显的问题，这里边的特征也是很容易发现的。所以策略是否失效，现在还是比较容易直观地发现问题的。

问题11：我们分析发现，您在七禾网量化排行榜的展示账户“玄通1号”仓位相对比较轻，大部分时间仓位都在30%以下。短线交易由于“止损小”、“跑得快”等特点，很多短线交易者往往会把仓位适当放大。请问您轻仓做短线交易的主要原因是什么？

陈志佳：“玄通1号”这个账户，我们是满仓在做的一个分配，因为这是一个自营账户，它本来就已经是我们100%的仓位分配给四十多个品种，然后每个品种有六个子策略，其实它资金已经都配满了，但是它日常占用跟开仓触发的资金，确实是大部分时间在30%以下，因为有一些中周期的趋势、长周期触发条件的趋势模型，大部分时间都不会开仓，大部分时候都是低仓位在那里短线交易，而且我们对于止损、资金管理是比较苛刻的，针对同一个品种的单个模型来讲，行情反转一两个点，我们其实就会离场休息了。所以是有这种跑得快的特点，我们对于这种试错成本，以及认错机制还是做得非常频繁的。

所以基于这种波动率的识别，导致我们的开仓并不集中，大部分时候是低仓位在运行，只有流畅性的行情出来的时候，我们才会在偏高的仓位重仓介入，这也是我们大部分时候整体仓位偏低的一个原因。再一个就是，我们日内仓位其实已经是隔夜仓位的两三倍了，那我们隔夜就再进一步减少交易，减少仓位。

我们已经100%来配置了，只是它们没有对应的行情开出这些仓位，所以整体仓位就一直说是一个中低仓位在运行，不是我们没有配置它，来行情的时候我们就会一下子冲到70%~90%的资金使用率。所以这个轻仓的一个形态，首先大部分时候是中低仓位，而趋势性行情爆发的时候，这里边的模型就会集中大面积地开出来。我们的这种仓位，就是大部分时候在低位，而有两三天行情的时候，就一下子会冲得很高，就是这样的一个特征。

问题12：您表示，日均成交量在5万手以上的品种都做，短线策略通常都比较“挑”品种。请问您选品种是否还有其他的条件和标准？

陈志佳：日常有五六万手以上的品种我们就做了，另外一个是，新品种上市前面的一两天、两三天，有日均四五万手的时候，我们也会低仓位开始介入。这里边除了一个日均成交量之外，还要考虑这个品种、这个行业的一个整体流动性。这个整体流动性，又有一个时间上的要求，我们不能拿半年前、一年前的流动性数据，就说我们现在要重仓做这个品种，选它还是不选它，配多点仓位还是配少点仓位。这里边的整个流动性筛选，要由多个维度来构成，就像我们前面提到的，比如这七十多个品种，每个品种最近一个月的成交量环比数据、持仓量环比数据、平均涨幅、平均跌幅、平均振幅、波动率区间值等，用这样的一个综合流动性指标来进行筛选。这个筛选会从七十多个品种里面挑出2/3，比如40~45个品种来纳入交易，这是第一个部分选出品种。

第二个部分是资金分配的问题。我们将这四十多个品种由上到下分成五六个梯队，比如1~8个品种，算第一个梯队，它是流动性最好的、趋势性最强的、最活跃的。我们可能每个分配2%的保证金。然后第9~16个品种，就是第二梯队，每个就会分配1.8%或1.7%的资金。第三梯队的17~

24 个品种，以此类推。流动性越低，分配的品种仓位也就会越少，最低可以到零。比如这些“僵尸”品种，胶合板、纤维板、早稻、晚稻，我们就暂时不做。

这里零仓位或者低仓位的品种，不是一成不变的，我们每个月都会做修正。半年前、一年前某个品种、某个板块如何如何，实际上跟今天的交易行为，是没有任何关系的，只跟当前的流动性直接相关。但是这里边又衍生了另外一个问题，就是这个微调的周期是一天、一周，还是一个月、三个月、半年？我们其实都试过，每天调仓、每周调仓。后来发现，三四个月、半年调仓也不行，太滞后了，一轮大趋势走完之后进入盘整，你才来提高仓位，这个时候剧烈震荡，会导致更大的损失发生。而我们每天调仓、每周调仓，也试过被频繁打脸，因为真正形成一个流动性的话，它会持续一段时间，一天的行情不叫行情。比如镍，3 月的时候拉一个涨停，大家就一拥而上，当天晚上就跌停板开盘，是很惨的。所以我们最后折中了一下，在两周到一个月之间，来微调我们的品种，筛选我们的品种。

问题 13：我们观察发现，您的展示账户也做股指期货，股指的波动、报价的点位、手续费等方面和其他商品有很大的不同，您在开发股指策略的时候，是不是需要单独开发？

陈志佳：其实没有单独开发，我前面提到**我们开发的是普适性、通用性的交易体系，实际上我们整个体系研发的根本，只是研究价格波动的规律，跟品种、板块、周期，其实是没有直接关系的。**所以这就是为什么我们觉得新品种上市的前几天，有足够的流动性，我们就开始低仓位交易了。就是因为不分品种、不分周期，不需要有两年、三年、四年的历史数据。所以股指也就是一个交易标的，没有什么特殊。这跟我们体系开发的时候有直接关系，我们研究的是价格的波动，跟什么品种、什么板块和什么周期是没有直接联系的，所以股指策略不需要单独开发。

问题 14：您的展示账户，目前盈利最多的品种是股指，而股指目前盘口挂单量比较少，买一价和卖一价相差较大，容易造成滑点损耗加大。请问您是怎么看待和解决这个问题的？

陈志佳：股指2022年相对盈利比较大，是因为五六月份有一轮连续的多头行情，确实挣得蛮多的。股指现在的流动性比较低，所以我们每1000万元，其实也就做一手IC、一手IM，总量我们做了控制。然后对于这一个品种，它盘口有滑点，有几跳损耗的问题，在数十个品种里边有损耗的，也有造成超额的，所以最后匀一匀可能打平，我们就不会太多关注股指造成的滑点损耗。因为像一些流动性靠后的品种，第五、第六梯队的品种，其实跟股指是一样的问题。第一、第二梯队的品种，它们的流动性非常好，非常活跃的时候，有时一个委托价格报出去，它还可以吃滑点。所以最后我们还是看整体造成的一个滑点的影响，单个品种或是个别少数品种的滑点是负效应的，还是正效应的，最后我们还是看整体，对冲下来整体盈亏，互补下来之后是一个正效应还是一个负效应。

问题15：我们了解到，贵公司也有人工智能的量化策略，人工智能类策略通常缺乏底层的交易逻辑，因此策略失效是大家比较关注的一个方面，请问您是如何看待和处理这个问题的？

陈志佳：早期一点，或是不成熟一点的IT团队，他们的理论基础、经济学基础，包括这种实战经验，都是比较薄弱的，但是他们的IT编程很好，他们的数学很好。但在量化投资上，单纯的机器学习，是一种没有根基的上层建筑，就像是一座空中楼阁，随时可能坍塌。在没有完善的投资逻辑的情况下，做了大量的数据工作，像您说的，是缺乏底层交易逻辑的，很容易失效。其实不是容易失效，是100%会失效。你做完的数据曲线，非常漂亮，但去实战、去模拟的时候亏得一塌糊涂，该赚的钱没有赚到，不该亏的钱一直亏；然后周而复始地不断地去训练数据、优化数据。我们到目前为止，都觉得人工智能只是一个实现交易逻辑的工具。**工具可以有多种，前提是要有完善、缜密、符合逻辑的交易思想，在这个基础上做的数据开发工作，才有可能使我们在实战中获得比较不错的盈利**。对于我自己来讲，我们前两年引入了人工智能团队，特别是在IT方面，我们自己的软硬件是比较强的。我们现在同时也会使用文华、金字塔、TB、MT4，但它就是一个工具，我们的思想才是最核心的环节，用什么工具是次要的。哪怕我们最后用一堆人工交易员来实现这个下单过程，也可能没有问题。

还是前面那句话，量化公司的成功，一定要重点发展他们的策略研发团队人员，而这个 IT，是辅助策略研发团队，在研发团队提供步骤、逻辑、思想的情况下，去开展机器学习的过程。所以我这里并不想过度神话人工智能。

问题 16：现在私募团队和机构众多，各有各的特点，请问贵公司的核心优势在哪些方面？

陈志佳：这个不好说有多核心，我们确实经过市场的洗礼，我们 2005 年、2006 年开始接受这种偏科班、偏完善的思想，然后也在 2012—2017 年、2018 年的第一个阶段实践中，经过市场的洗礼，反复推敲、完善我们这种思想、交易逻辑。现在说核心优势的话，我们团队的几个核心人员，还是保持实时地、动态地学习市场最新的这种交易技能，一直在多个平台关心、关注、跟踪靠前的那一批交易员、团队机构的账户，然后来分析他们的优势，补足我们自己的短板。像这种不断学习的工作状态，到目前为止我们都还在保持。所以到今天为止，特别是在一些比较差的年份，我们还可以保持一个相对优势、相对好的业绩，可能跟这一点有很大的关系。

问题 17：请您介绍一下您的交易团队的情况，有多少成员？分工是怎样的？

陈志佳：我们的交易团队目前分三个部分：一个是策略研发人员，一个是我们的风控人员，再一个就是我们的 IT 工程师。这三个部分加起来，目前有 12 位同事。策略研发有 5 位，风控有 2 位，IT 也有 5 位同事，各自分工策略开发、策略修正。

问题 18：请谈谈您未来的投资规划，以及团队的发展愿景和规划。

陈志佳：投资规划方面，我们计划未来 2~3 年，把现在的 CTA 策略，进一步地巩固和规模化，但是这个进度我们会稍微佛系一些，就是兼顾前面的投资者的资产，也考虑到后面进来的资金，在策略边际效益不受影响的情况下逐步吸收，这是第一点。

第二点是，我们也在大力扩充我们的投研团队，投研团队分两个部分，像科班出身的经济学、金融工程方面的优秀应届生，我们会纳入整个团队策略库。因为他们有更新的知识、更新的思想。另外，我们会引进成熟的量化人才，在当前的金融机构里有丰富经验的，我们也希望邀请他们加入公司一起来发展。

问题19：佳禾资产参与了由东航金融主办的“蓝海密剑”对冲基金经理公开赛，作为国内持续时间最长的实盘大赛之一，您在参赛过程中有什么感受，对“蓝海密剑”有什么期许？

陈志佳：“蓝海密剑”确实举办了许多年，我们很早之前就开始关注大量的优秀投顾。说实在的，我自己非常感恩“蓝海密剑”和七禾网，包括其他一些平台的这种公开赛，因为通过这里我们看到每年不同的市场行情涌现出的不同的民间盘手、个人交易者，或者是成熟的机构。去年表现不错的，今年依然靠前，我们就可以学习，包括他的一些采访、公开业绩、日常的净值、交易情况等。因为我自己的学习，大部分时候都是分析别人的账户，所以我非常感谢像“蓝海密剑”这样的平台，因为它提供了一些活生生的数据，让我们去优化修正自己的交易体系，这个真的很好。

因为你说什么不重要，但是你做了什么，这个账户的盈利情况、阶段性的净值表现，都可以作为借鉴，借鉴一些思路来改变、纠正我们自己体系的不足。所以从全职交易开始，2012年到今天为止，每年都有不同的优秀账户、优秀盘手被我分析过，如当天的盈亏情况、手续费、持仓占比、隔夜仓位等，然后逆推回来，跟我今天的交易情况对比，大家都是做多品种的，今天本来是盘整性行情的，偏偏某个账户可以盈利，那我下午3点收完盘，到晚上就会开始做复盘，做逆推，分析哪些品种盘中可能有的盈利机会，他抓到了，我没抓到。是基于周期的问题，还是过滤条件的问题，还是其他的因素。我就要去做调整，然后在数据上做压力测试，做逆推。基本一个账户被我跟踪三个月到半年的话，就可以逆推出他的大部分交易思路和逻辑。

均直资产：

量化投资本质上是概率游戏

（顾姗姗访谈整理）

上海均直资产管理有限公司

公司成立于2015年3月，专注于股票和商品期货量化策略，为机构投资者和高净值客户提供专业的资产管理服务。公司拥有自主研发的量化研究系统和程序化智能交易系统，团队成员均毕业于海内外名校，核心人员曾长期在国内外顶尖金融和专业服务机构工作。

秉持着打造第一流量化投研交易平台的理念，用最优秀的人、正确的方法，为投资人提供长期稳健的收益。

杨小雨（笔名：渔阳）

上海均直资产管理有限公司投资总监。曾著金融类畅销书《乱世华尔街》。

精彩观点

我认为量化交易需要两种能力，对于新入行的年轻人来说，主要是数学能力和计算机能力。

我建议年轻人一定要在技术上多下功夫，只要这点做到了，肯定量化这行里就有你的一席之地。

我个人认为量化在很大程度上是一个工程学的问题。你找靠谱的量化基金来听他们路演，大家讲的都差不多。你捂上名字，可能很难说出谁是谁。那为什么最终业绩会不一样？或者关键时间点的业绩不一样？很大程度取决于工程学的实现。同样一件事儿，可能策略也一模一样，工程学问题解决不好的就不行，工程学做得好的就能赚钱。

我们最基本的投资哲学：量化投资本质上是一个概率游戏，或者说是一个统计学游戏。

说实话没有一招鲜，单看任何一个信号、任何一个品类、任何一个技术细节似乎都不那么重要，但把它们组合起来一起用，才能够看出优势。

超额收益的稳定性主要靠多策略。

至于超额收益来源，则要求高信号质量、快执行速度。

你不去择时，我觉得多半不会错；你去择时，就需要小心。

正反馈不可能永远持续，负反馈也不可能永远持续。

很多时候，赚大钱要靠运气，但是怎样活到你运气好的那天呢？这就要靠风控。不能乱下注，有机会的时候再下注。

我认为人才首先需要一个能够学到东西、能够发挥出自己能力的舞台。

量化机构不仅要做好投资，本质上还要服务好客户。

问题 1：杨总，您好！感谢您在百忙之中与东航金融 & 七禾网进行深入对话。您在美国创办过量化对冲基金，在瑞士信贷银行担任过 IT 工程师，在法国巴黎银行担任过固定收益自营交易员，您在美国有令人羡慕的事业，为什么会选择回国发展？

渔阳：有以下几个原因：首先，从事业的角度，中国有更好的机会。我们国家在 2014 年下半年私募阳光化，我在 2015 年初选择回国。在此之前，我一直关注这方面的机会。原来中国没有对冲基金，后来忽然有了。

我一直有一个观点，在《乱世华尔街》当中也写到过，并反复提过，新游戏是最容易赚钱的。当时对冲基金在中国是个新事物，量化也是个新事物，那么显然机会非常好，从过后时间的发展，我觉得也是这样。现在中国新增的百亿基金，主要也是量化，我们虽然还没有做到百亿，但我们也在朝这个方向前进，所以这是第一个原因，机会很好。

其次，美国市场赚钱越来越难。在一个市场做得久了，会觉得新鲜感变少了。我们知道有效市场假说，玩得越久，会发现这个市场越来越朝有效的方向走。事实上，从过去这六七年的经验来看，这个判断也是正确的，美国的对冲基金总的来说是越来越难做了，原来一些耳熟能详的基金，后来业绩都不是太好，现在剩的没有那个时候多，而且剩的主要也是量化机构。量化这行本来竞争就非常激烈，用咱们的话来讲，卷得很厉害。所以当时选择回国发展就是选择一个相对不那么卷的市场。

最后，也就是个人方面原因，我觉得那时候孩子还小，想带他在中国生活几年，这个目标也都顺利实现了。

问题 2：您有 24 年行业实战经验，跨越牛熊，涵盖中美两国金融市场，从一名交易者的视角看，从美国到中国，有什么不一样吗？

渔阳：有很多基本的逻辑还是比较相似的，特别是涉及人性方面的。另外，涉及整个经济周期，包括货币政策周期，相似的成分居多，并且我觉得这是金融市场最重要的驱动力。

再看不一样的方面，我觉得在市场发展的微观结构上有所差异，以及市场发展的周期，或者说生命周期不太一样。美国还是发展在咱们前面，比如以美国的量化为例，它应该是 20 世纪 80 年代末开始的，最初是一些套利策略，包括摩根士丹利，都是 20 世纪 80 年代末开始的。我们现在耳熟能详的一些大的对冲基金，像 Two Sigma、Citadel，它们大概都是 2000 年前后创立的，这基本上比我们要快 15~20 年。但有一点是我当时在回国前可能考虑得不够充分的，我觉得所谓的拿着国外的先进经验回到这来还有优势，拿着先进武器来吊打别人，但实际上我发现我们国家的人学得很快。另外，我国市场也有一些独特的地方，所以大家基本上还是站在一个比较平等的起跑线上来做投资。

最后一点，我还在思考，就是中美市场可能宏观的顶层设计是不一样的。在微观的交易层面，也会有所差别。美国是自由资本主义经济，可以理解为市场原教旨主义，认为市场的存在就是正义的。所以任何干预市场的行为都是政治不正确的，他相信市场本身。但在中国，资本市场被认为是发展经济的一种工具，它有更高层次的要求，比如经济发展、人民的美好生活是第一位的，市场的存在是为这个服务的，所以我觉得这会导致很多政策的不一样。可能在中国，更多的是要理解政策，要理解现在是鼓励什么，不鼓励什么，这可能是中美一个比较大的区别。

问题3：您学生时代在中美顶尖学府有过数学、计算机、金融工程的学业背景，请问这些基础学科的学习对您日后创办量化私募有多大帮助？除此之外，您觉得量化交易还需要哪方面学科的积累？

渔阳：对于量化私募而言，这些知识是必备的。像我最早是北大数学专业毕业的，然后在美国密歇根大学学过计算机，在加州大学伯克利分校学过金融工程，这在量化机构里算是一个比较标准的简历，说实话谈不上顶尖，因为还有很多像IMO、国际奥赛金牌这样的选手。

除此之外，**我认为量化交易需要两种能力，对于新入行的年轻人来说，主要是数学能力和计算机能力。**在当下这个时代，我个人认为计算机能力，我们俗称动手能力，可能还更重要一点。因为在刚入行的时候，先得会搬砖，然后慢慢地才能够有机会做一些有创造性的工作。而会搬砖这项技能，只要学就能学会。而创造性的工作，并不是每个人都能做的。所以我建议年轻人，一定要加强动手能力。我们在面试过程中，很多人是怎么被刷掉的？无论在中国还是在美国，都有一个共同点，就是因为他干不了活儿，或者他干活儿的能力不够强才被刷掉，根本没有机会来看你是否有创造力，还没到这个层次。

反过来说，比如你最后从事信号研究、数据研究等工作，你的效率以及准确度都非常重要，那效率和准确度来自什么呢？很多时候也是你做事比别人快，你计算机玩得熟，你写的程序跑得快、出错少，这样你才能有所突破。所以**我建议年轻人一定要在技术上多下功夫，只要这点做到了，肯定量化这行里就有你的一席之地。**至于能不能做到后面，我觉得要看运气，要看个人的天赋或者造化，因为都是很优秀的人，能不能卷得出来，这是不一定的。

对于比较有经验的，或者是投资经理这个级别的，我就不好说应该做什么了，因为每个人都在积累，每个人可能最后也会形成自己不一样的风格。对于我来说，可能算是稍微另类的，因为我是交易员出身，所以我还是倾向于站在交易的角度来看待这个市场。我认为市场本身并不是由数据构成的，量化有几种类别，就像你在电脑上看一幅图一样，你可以认为它是由点阵构成的，这可能是经典量化的观点，但是我会认为这是一幅图，那么这些点只是来表达这幅图的，我企图去理解更宏观的层面。量化的方法也好、模型也好，更多的是我高效率表达交易观点的一种方式。可能稍微玄乎一点儿，但我的确是这么想的。

问题 4：除了均直资产的创始人，您还是一名知名财经作家，您根据自己的投行交易经历写出了畅销书《乱世华尔街》，带着读者体验华尔街乃至全球经济的风云变幻。这段华尔街交易的经历对您在中国私募行业的发展有怎样的帮助？

渔阳：重要的是积累。首先，我认为做交易这事儿，有很大的经验成分在里面，特别是经历过一些大周期，是有帮助的。比如现在我们身处 2022 年，美联储正好是一个比较大的加息周期，这期间发生了很多事情，跟 2008 年那波有点相似，再往前跟 2000 年导致互联网泡沫的加息周期也有点类似。所以我觉得经历过一些大的周期，会有一些宏观的感触，这些对我有帮助。

其次，我觉得实盘交易像打仗一样，纸上谈兵容易，真上了战场，感受完完全全不一样。当我做交易员的时候，做的是债券，不但要用模型，很多时候还直接和人打交道，在电话里跟人家嚷嚷，有点在一线打仗的感觉，每分钟都有盈亏，市场波动的时候盈亏还是很大的，有点儿像战场上的一个老兵，听见过枪响，躲得过炮弹，我觉得这种经历有很大的好处。

现在做的虽然是量化交易，也是一样的，市场机会来了怎么办，波动率大了怎么办，有回撤了怎么办，这都是经验的积累。至于当时写这本书，就算是玩票。当时有个朋友鼓励我说，“你这经历挺有意思，而且你本人也比较善于讲故事，不如写出来给大家看看”，所以我就写了。后来也确实有不少读者跟我说，“看了你写的书，我觉得在华尔街做交易很有意思，后来我就做了交易员”。所以我也带了不少人入坑。

问题5：量化投资在欧美市场已经成为一种相对主流的投资方式，我国的量化投资虽然起步较晚，但随着人才、设备、技术等日趋完善，量化行业也正逐步走向成熟。您觉得在量化投资的赛道中跑赢的核心是什么呢？

渔阳：量化投资是利用计算机以及数学模型分散化投资，所以从宏观上来讲，量化投资犯的错误比较少，特别是人类的常见错误，比如交易方面的几个常见误区：

首先，人类容易过于自信。网上的财经大V，包括一些比较爱说话的主观私募基金经理，普遍都非常自信。他告诉你茅台肯定涨，看好一定会怎么样，其实这是一个过于自信的表现。在我们量化人看来，我也可能承认茅台是一只好股票，但它上涨的概率可能只有55%，就是这么一点点概率优势，而不是一定会怎么样。当过于自信的时候，你就会犯错误，因为你在不应该下很大赌注的时候，下了很大注。如果你运气好，可能会一战成名。但人不可能一直运气很好，下一次运气不好就垮下来了。这种例子也很多。然而量化是看数据说话，一般来说不会过于自信。在一个策略上押太多资金，这从数学的角度上是错误的，量化不会犯这种错误。

其次，我们是人，在风险的认知方面会恐惧。有时候觉得完蛋了，天塌下来了，我得跑！这是人容易犯的错误。但是量化，同样是看数据，我们通过分散风险，或者出于对风险的认知，不会做这种极端的事情，一般不太会在贪婪的时候追，也不太会在恐惧的时候跑，这样量化犯的错误就少了。从数学的角度来看，可以把量化理解为两大维度：第一，管理好风险，通过分散投资降低风险，这是量化擅长干的事儿。第二，根据盈利概率分散筹码，或者分散下注，盈利概率高的机会，就多下一点，盈利概率低的就少下一点，这就达到数学上接近优化的状态。我们不会觉得有什么是100%的把握，但是同时我们铺的面很大，这就导致我们不太容易犯错误，或者说不太容易犯大错误。再进一步讲，我们覆盖面比较广，我认为这就是量化能够表现比较好的一个原因。像2022年很明显的就是量化最靠谱。

2022年不是大年，股票基金亏钱的是绝大多数，但是量化策略普遍跑赢了指数。平均而言，差不多跑赢指数10%，这很好了，而且是整个行业，不是个别基金。我们要比这个多一些，我觉得我们是属于做得比较好的。

另外，我觉得现在所有投资里面都有一定量化成分，即便是主观投资经理看数据或管理风险，也会用到量化的一些想法。我个人认为，未来的发展趋势，大家的量化成分都会增加，看美国也是这样，量化基金本身的占比在增加。同时，大家做投资的，不管是什么风格的投资经理，最终的量化策略都会增加。美国现在前十名的基金已经一大半都是量化机构，这里面既有像Renaissance、Two Sigma这种纯量化的基金，也有类似桥水这种比较量化的基金，纯靠主观策略的已经很少。

问题6：你们想赚市场上哪一部分钱呢，又是如何通过技术去实现的呢？

渔阳：这是一个很好的问题，我也一直在思考。有部电影叫“Margin Call”，里面有个大老板说过这么一句话，我觉得很有道理。他说，你想在市场上赚钱，无非三种方法，Be first，be smarter，or cheat。出手快，更聪明，会耍赖。我觉得大体上也逃不过这三种方法，当然cheat是不行的，欺骗就违规了。也不是说没有欺骗的人，但这是违规的，像挂钓鱼单，那最终肯定要被罚。还有的发现了券商的接口漏洞，这些违规的方法都不可取。合法的方法，第一是快。天下武功，唯快不破。第二是你比别人更聪明，我们也期望赚这两种钱。谈到“比别人更聪明”，量化的特点是处理信息的能力比较强，眼观六路、耳听八方，看很多数据，并且寻找其中复杂的规律。这也是为什么现在很多人在尝试使用机器学习模型，无论是截面的，还是从时间序列上挖掘一些相对复杂的但也真实存在的规律，都属于第二种方法，你要比别人更聪明，你的效率要更高。

“出手快”落实在交易层面上是高频。我们有一部分是高频或者偏高频的策略，就是反应很快，有机会来就下单了。还有一种快，相当于博弈，因为总有人行动比较缓慢，可能钱比较多或受其他自身特点约束，那你可以跑在这些人的前面。一般趋势策略都是这样，一大波行情来了，螺纹钢从5000点到6000点，你5100点时冲进去就赚钱了，所以我们试图赚这种钱。如何通过技术去实现呢？首先我觉得还是效率的问题，这跟上述所讲的应具备什么技能等有点类似，即我们企图高效率地去覆盖很多数据，追求用好的数学方法提炼出精髓。在实现的过程当中，很多是靠计算机系统，包括物理布局、机器设备等，所以**我个人认为量化在很大程度上是一个工程学的问题。你找靠谱的量化基金来听他们路演，大家讲的都差不多。你捂上名字，可能很难说出谁是谁。那为什么最终业绩会不一样？或者关键时间点的业绩不一样？很大程度取决于工程学的实现。同样一件事儿，可能策略也一模一样，工程学问题解决不好的就不行，工程学做得好的就能赚钱。**

我经常跟人家说，**量化投资就像造汽车一样，都是四个轮子上扣一个壳子，但是不同品牌的汽车质量很不一样，量化也是这样。**

问题7：可以给我们讲讲你们的投资理念或投资哲学吗？股票策略和期货策略分别是怎样的？有什么优势和竞争力呢？

渔阳：我们最基本的投资哲学：量化投资本质上是一个概率游戏，或者说是一个统计学游戏。

每一个策略都可以认为是一个随机变量，一个随机变量就有可能赚，也有可能亏。在任何一个时点，我们肯定是要寻找赚的可能性比亏的可能性大的好策略，或者说盈亏比更高的策略，赚的时候赚得多，亏的时候亏得少，这些统称为盈利策略。那么我们企图寻找很多这样的策略，把它们组合起来。从统计学的角度，随机变量有一个最大的特点，就是它收益部分的预期值可以叠加，它的风险却是相互冲抵的。风险相抵取决于相关性，或者说相关性矩阵。这就意味着靠谱策略越多，相互之间的相关性越低，合理配置这个大组合的收益风险比就越高，这就是我们实际上在做的事情。

我们的两大策略是股票策略和期货策略。股票策略与期货策略的相关性很低，假设两个策略都赚钱，那一加一明显大于二。举个例子，我们2022年前10个月实盘业绩就完美诠释了大类策略的分散和互补作用。我们期货策略1月到4月很好，但从5月开始连续6个月小回撤，虽然总体幅度不大，但过程是蛮痛苦的。

而股票策略则是1月到4月亏了点钱，但后面6个月四胜二负，总体也是赚钱的。合并起来看，期货策略10个月里有4个月赚钱，6个月亏钱；股票这边是五对五，最终我们的复合基金客户看到了什么呢？8个月赚钱，2个月亏钱，投资体验提升了不是一点半点，这就是所谓多策略分散投资的优势，当然前提是你的期货策略和股票策略本身都是靠谱的，是能长期赚钱的。

如果再细分，在期货策略和股票策略内部，同样也是多策略。股票里面有指数增强、中性策略、偏交易型的贝塔股指期货策略，还有一些执行层面的高频策略等。在任何一个时间点，可能A是赚钱的，B是亏钱的，C是赚钱的，就是这样一个逻辑。

我们的商品期货策略也是一样，从数据的类型划分为，技术面、基本面、情绪面等；从时间周期上划分为短、中、长周期。所以我们的投资理念有几个关键点：第一，找到靠谱的策略或者靠谱的信号；第二，策略数量足够多；第三，用一套靠谱的数学方法把它们组合起来，兼顾风险和收益，多配一些高质量的策略和风险小的策略。

这就是我们的逻辑，当然最终技术实现的过程也极其重要。如果工程质量做得不好，就像车子漏油一样，因此必须要做得严丝合缝，才能够在实践当中拿到预期的收益，这就是我们的理念。**说实话没有一招鲜，单看任何一个信号、任何一个品类、任何一个技术细节似乎都不那么重要，但把它们组合起来一起用，才能够看出优势。**

问题8：请问你们的超额收益来源于哪里？超额收益的稳定性是如何做到的？

渔阳：超额收益的稳定性主要靠多策略。我们配置的大类资产包含股票、商品，还有一小部分固收，在每个大类资产里，又有多个策略。像股票，我们同时持仓至少500只，这就很分散，商品也是全品种交易，几十个品种一起做。所以就是靠风险的相互抵消来实现收益的稳定性。

至于超额收益来源，则要求高信号质量、快执行速度。中低频策略要指望高信号质量，高频和高换手率的策略则要求执行效率高、滑点小，最好是交易过程中还能赚点钱。这需要一是覆盖的信息足够广，二是在提取因子时尽可能做得好。

为什么有的人做出来的模型好，有的人就不行？首先看数据质量，有没有做很好的清洗及其他处理，有没有考虑数据可能在不同的时点会有区别等。如果考虑了这些因素，就相当于你的“食材”比别人要好一点。其次，在“烹饪”过程中，是不是用了更合适或更先进的方法。“烹饪”的手段好，这“菜”也会更好。最终做出来的，可能具体到某一个信号上，你就是比别人强一点。我觉得量化有一个普遍性特点是换手率高，带来的交易成本也高，所以就意味着假设交易成本是1，如果你的信号提炼出的预测能力也是1，那就只能是不亏不赚；如果预测能力从1变成1.5，好像只提升了50%，但后面的50%都是利润，所以其实很多时候就是在最后那一点点上发力，忽然就变得比较赚钱了，很多时候都是些细节。

问题9：你们的量化策略非常丰富，涵盖相对价值、统计套利、趋势、反转等不同因子，可以给我们讲讲不同的环境背景下什么样的因子会表现突出呢？

渔阳：这是一个好问题，我相信所有的投资经理，特别是量化投资经理都会思考这个问题。目前有两大流派，一派认为不应该做择时；而另一派认为，在特殊的情况下是可以做择时的。其实我们是介于第一种与第二种之间。前面谈到量化投资经理一般都比较谨慎，不会过于自信。择时也是一种自信的表现。我们往往考虑问题的出发点是基于有效市场假说，有效市场假说的核心是市场是效率最高的，你企图说市场不对，或者企图在市场里赚钱是很困难的。包括因子择时，我们的前提是知道这事很困难，几乎做不到，了解到这点之后，我们就不会轻易去做这件事。但是，当我们有了充足经验或覆盖了大量数据之后，我们可能会在某些特定时点做择时。总的来说，**你不去择时，我觉得多半不会错；你去择时，就需要小心。**

通常来说，统计套利和相对价值策略往往是需要加杠杆的。那么在整个市场波动率大，比如美联储加息的时候，统计套利的策略就要小心一点，因为市场比较混乱的时候，规律会被打破，这类策略至少不能加太大杠杆。2008 年，我亲眼看到这样的策略是如何爆仓的。所以，在加息周期，统计套利策略第一是要小心，第二是不要加杠杆。在这种时候，可能短周期的趋势模型会比较好做，而均值回复类型的模型就要慎重，因为市场的波动太大，会有很多极端的事情发生。相对而言，在市场比较平静的时候，相对价值、统计套利的策略表现可能会好一些。

事无绝对，我这一大番话，也只有 55%的把握，所以在实战当中，我会往这个方向倾斜，但不是绝对。并不是说美联储加息了，我统计套利就完全不做了，不是这样。

问题 10：如何分配不同类型因子的权重呢？在什么样的情况下会对因子权重做出调整？

渔阳：大的逻辑是考虑风险和收益，其中首先考虑的是风险，因为风险比较容易算得清楚，而收益预测的不确定性更高。其实这种方法思路，就是马科维茨均值方差的优化，也是学术界和业界一直在讨论的问题。

具体而言，均值方差优化的难点是收益率不太好预测，所以后来就有各种各样的改进，包括风险平价理论等，大的逻辑都是一样的。风险比较容易算得清楚，所以风险在我们的系统当中相对重要一点，当然收益也是很重要的。有些策略更靠谱，有些策略可能把握小一点，把握小的自然是少配一点，策略风险大的也少配一点，大致就是这样。最后还要考虑相关性，相关性高的还要一定程度上合并计算。

在什么情况下会对因子的权重做出调整？如果风险变了或是收益变了，我们就做出调整。我觉得风险不大容易变，风险相对比较容易判断。收益就不好说了，因为可能真的就变得不赚钱了，也许是研究有漏洞，也许是数据挖掘或者市场有变化，我们说过市场总体会变得越来越有效，当市场变得有效的时候，原来一些能赚钱的模型就变得不赚钱了，这自然会有一个过程。统计学也会有波动，这段时间不赚钱，有可能是运气，也有可能是东西变了，这里面一半数学一半经验，然后你发现不赚钱了，于是把权重降低一点，还不赚钱，可能这个策略慢慢就停了，就是这么一个过程。

问题11： 自2021年9月底以来，市场出现对量化策略不利的行情，虽然你们策略也一度出现回撤，但已及时调整策略并逐步修复净值，可以给我们讲讲你们是如何在2022年开年后不利市场的情况下取得正收益的吗？当市场风格转变，策略失效，你们是如何及时做策略调整的呢？

渔阳： 2021年对于量化策略，特指股票，称得上冰火两重天，9月之前是火。回顾一下历史，2020年到2021年年初，蓝筹股非常火，当时市场上当红基金都是坤坤、兰兰这类偏向大盘股的公募基金，本质上是资金追捧带来的正反馈。但2021年春节之后蓝筹股就不行了，侧重中小盘股票的量化策略异军突起，很多机构还及时推出指数增强策略，良好的业绩带来更多的资金，陆续进场的资金有几千亿元，触发了量化策略的正反馈，产生了很多的超额收益。

在收益特别好的时候，真的要小心，因为那都是正反馈，而在收益特别差的时候，也不要过于悲观，那往往是负反馈。**正反馈不可能永远持续，负反馈也不可能永远持续**。过后看是比较清楚的，2021年夏天的那一波正反馈，钱在不停地往量化里走，一般都是买中小股票，所以像中证500、中证1000等偏中小盘股的指数被越抬越高，抬到一定程度上，就无法持续了，就往下走了。9月发生的几件事成了动因，第一是恒大的事，预示着地产下行；第二是国家限电，意味着那时候被爆炒的周期股下行。当时包括新能源在内的一些板块被之前的资金正反馈推得太高了，所以一往下掉就发生了负反馈。

因此在2021年四季度和2022年一季度，大多数量化机构不但亏钱，还跑输指数，这其实比较不常见。我们耳熟能详的几家规模大的量化机构，都在不同时点发生过较大回撤。我觉得这是一个负反馈过程。我们也有这方面的经历，高频模型看得比较清楚，在市场的微观结构发生改变之后，原来很赚钱的模型就失效了，但当我们发现之后，及时做出调整，慢慢降仓，然后血就止住了。

至于后来为什么又能逐步修复净值？那其实是其他策略开始赚钱了。在困难的时候，经验起了作用，我们知道负反馈正在发生，因此就比较谨慎，慢慢地稳住了之后，就会开启下一个周期。然后我们又开发新的信号、新的策略，所以业绩慢慢就起来了，在2022年也取得了比较好的正收益，而且波动率也很低。

问题12：巴菲特曾说，投资有两大原则，第一条是保住本金，第二条是记住第一条。你们在产品运行中非常注重风险控制，请给我们讲讲你们是如何做好风险控制的？

渔阳：我非常赞同巴老说的这句话，我们也是这个理念。怎么做到呢？我们在构建产品、构建策略组合的时候，都同时考虑收益和风险。刚才也讲过，风险比较容易算得清楚，所以我们在构建新基金的时候，一定会先从风险的角度给它做一个定义。

首先要把重要的风险指标固定下来，比如年化波动率是多少，回撤是多少等，规划好所要控制的范围区间。一般机构投资者普遍了解自己的风险偏好，且知道自己需要什么；高净值自然人客户，对风险的承受能力是怎样的，则需要管理人做相应的匹配。从风险角度，我们的特点是能达到投资人的预期。比如以商坤基金为例，我们企图把回撤控制在6%以内，也做到了，一般每年都是5%左右，这就是风控在发挥作用了。风控不是说发生回撤的时候你才去控，而是在状况发生之前，就已经算好了可能会出现什么情况，从数学的角度就已经基本上布局好了。例如，商坤基金的波动率就一直在我们预期的范围以内：8%~10%。这是因为我们提前就做好了风险的预判和布局。

再回到巴老这个观点，我们的风险是可控的，基金的波动率是有所预期的，这样就不会出局。很多时候赚钱是有宏观原因的，比如宏观经济发展了，出现了"戴维斯双击"，使得股市大涨；或者商品处于通胀周期，趋势模型赚钱了；或者高频策略，成交量忽然起来的时候就赚钱了。**很多时候，赚大钱要靠运气，但是怎样活到你运气好的那天呢？这就要靠风控。不能乱下注，有机会的时候再下注。**

问题13：您在《乱世华尔街》里提到过，"对冲的真正目的并非避险，而是要用杠杆获取高利润"，如何理解对冲和杠杆之间的关系呢？

渔阳：这其实是一个风险收益比的关系，比如在股票里面，有指增策略和中性策略。指增策略是不对冲的，而中性策略是对冲的。

最终你要如何配置策略，取决于风险预算的设定。假设年化波动率是10%，如果你是指增策略，那大概只能买一半不到的仓位，因为指增策略本身是指数的风险，所以仓位30%~40%就差不多了。但要是采用波动较低的对冲策略，就可以满仓。

所以是否对冲，如何对冲是一个比较复杂的问题，并没有固定答案。我书中说的这句话，"对冲的真正目的并非避险，而是要用杠杆获取高利润"在美国市场更为适用。这可能说得相对比较专业，因为美国的杠杆特别便宜，所以美国的量化基金起码都要加四五倍的杠杆，就是因为这个杠杆成本非常低，但是同时，利润也非常薄，所以你不加杠杆是不行的。像我们知道的Two Sigma、Renaissance都加了很大的杠杆。可能组合的回报率就只有5%，在美国市场这已经很高了，而在中国大家可能觉得很普通，但加上五倍的杠杆，就25%了，再减掉一点融资成本，剩下20%多，这是美国的逻辑。中国的逻辑我觉得还稍有不同，一般来说用不着加那么大的杠杆。

其实回答这个问题，它是一个优化的过程，具体要不要加杠杆，要加多少，要不要对冲，都取决于策略的风险收益比，以及你追求什么。

问题14：波罗的海干散货运价指数（BDI指数）常被称作大宗商品的

"风向标"，也是全球经济的"晴雨表"，截至 2022 年 11 月 8 日，BDI 指数近一年跌幅约 50.11%，面对市场环境的不稳定，以及大宗商品持续低迷，商品期货策略越来越难赚钱。如何看待 2023 年的期货市场？以及如何看待 CTA 的大年和小年效应？

渔阳：我只能泛泛而谈，谈一谈宏观层面。我觉得可能不尝试择时为好，包括对策略的择时。因为你一旦择时了或选股了，一旦集中精力去做某一件事情，多半会有损失。从数学上损失了分散风险这个功能，本来是三个策略：期货策略、股票策略、固收策略。分散风险的效果是一直存在的，这是固定的好处，但一旦择时了，你说 2022 年我不看好商品我去掉商品，这样收益是不确定的，但风险分散的效能损失已经发生了，三个策略就剩下俩了；选股也是一样，本来选五百只票挺好的，非要缩减成五只，那我这五只能不能跑赢那 500 只不一定，但风险分散的效果不在了。

那么择时行吗？刚才我们讲过，除非特别有把握，否则最好还是不择时。所以关于 CTA 策略，过后看，确实有大年和小年，但关键你怎么预判明年到底是大年还是小年，我觉得没有人能够说得清楚，所以最好还是不做判断，说到这里都是比较保守的量化思路。如果我们一定要有个观点，我认为取决于很多因素。世界经济是一个大周期，无论向上还是向下，这可能对 CTA 都有影响，有较大的地缘政治事件发生，像俄乌战争等，也是会有影响的。具体到 BDI 指数，我认为这是我们体系中众多因子之一，我们做量化，观察很多指标，很难说有哪个指标是神奇的，多数指标是随机的，说白了我们也没有用到。所谓有用的指标，往往就是概率上多一点点优势，可能 55%对 45%，这就很好了，也就是信息比例多一点点，所以我们也没有对 BDI 指数做很多解读。

问题 15：您如何看待 2023 年的股市和债市，作为投资者怎样做好大类资产选择？

渔阳：这个问题，我是有观点的。但还是要再重复一遍，不做任何择时，是不会太差的。就好像考大学，我非要上北大清华，那就有考不上的概率。其实上了 985，也挺好的，并不差。如果说非要选择，站在现在这个特别的时间点，我认为股市会有比较好的机会。原因在于最近基本面上发生了很多重大变化，压在市场上的三座大山，在一周以内基本上都被搬掉了，或者说有很大的改变。第一是美国的通胀控制住了，看10月份的数据非常像控制住了，所以美联储加息这个隐患，这把达摩克利斯之剑，现在好像暂时不会落下。我们看市场的反应，从汇率、美国国债、美国股票等全部都能够反映出来，所以我认为这是市场的一致预期，这少了一座大山。

其次，看国内防疫政策对经济的影响。现在政治局常委开了会，二十条优化措施出来了，各地都在落实，所以我认为中国疫情结束有望，防疫政策会在经济和防疫之间取得一个平衡，我认为这座大山也被搬掉了。起初可能还会乱一下，因为政策刚刚放开的时候，可能会阳性增加，要有一段过渡期。我个人认为总体是向好的，国外的数据在那摆着，这个病现在已经变了，不会怎么着，所以这是第二座大山。

最后，第三座大山，国内经济不行主要是由房地产引起的。我觉得最近出台的很多政策还是比较给力的，它主要是一种政策性的宣誓。很多悲观预期说中国有可能往回走，那我觉得这种悲观预期现在少多了。因为这些新政策都在市场经济的框架内，无论是财政政策还是货币政策，都在做应该做的事，包括地产连发三箭、十六条、购买地产债，还有些地方开放限购等，这些给力的政策都在路上。

我觉得股市过去一年之所以不行，是因为这三座大山。现在这三座大山都被搬掉了，资金一回来，这个是不得了的。我个人觉得，看半年到一年，如果指数有20%~30%的收益，我觉得毫不奇怪。甚至如果看高点的话，可能不止这个。所以我觉得在这个特殊的时间点，可能应该对股市更重视一些。

对于债市，这两天债市正好在跌，我认为中国在时间上可以往远处看。世界上很多国家都是向零利率前进的，虽然现在利率上来一点。零利率的背后是老龄化，就是欧洲或日本那种老龄化，金融学里面经典的说法是老人都往外借钱，年轻人是借别人的钱，老年人是债主，年轻人是债务人，当一个社会步入老龄化社会之后，利率自然是往下走的。站在这个基础上，中国的利率现在是2.5%~3%，我觉得还是不错的，所以债市配置这一点，个人认为应该是可以的。

问题16：根据基金业协会数据，截至2022年2季度，百亿元以上私募基金管理人仅占总量约1.6%，较少的头部机构拥有较大管理规模，作为管理人，规模和收益，你们更追求哪一种？

渔阳：我们肯定是更关注收益。另外，我们关注的还不只是收益率，可能由于投行出身，我们还关心到底赚了多少钱。如果你观察市场，会发现一个很诡异的现象，很多大基金，包括大家耳熟能详的投资经理是没有给投资人赚钱的，比如某些公募，可能在100亿元规模时翻了一倍，给投资人赚了100亿元。变成1000亿元规模的时候，亏了20%，这是亏了200亿元，所以他在这两年当中，其实是给投资人亏了100亿元，尽管他从收益率的角度来看，第一年翻倍，第二年亏20%，倒还是赚了60%，但实际上是亏钱的。

我们首先不能做这样的管理人。我们的钱不少是自己的，还有很大部分是我们社会关系的，像多年老朋友的，我们最重要的是要对投资人负责。我经常对同事说，我们所有的钱，包括大家的工资、奖金、交的房租、水电、买计算机的钱，本质上都是我们从市场里赚来的钱。然后你以管理费或者业绩报酬的形式，再把这钱拿出来，你还得留下足够多的钱给投资人，所以我们更看重的是从市场上赚了多少钱，这是第一位。

第二位当然是收益率了。不能一年给投资人只赚1%，这也太少了，至少得10%，所以我们关注这一点。那么在这个过程当中，还因为很多模型是有容量限制的，不能无限放大，越是好模型越是这样。我觉得规模对于我们来说只有一个意义，就是当规模稍微大一点，管理费稍微多一点的时候，我们可以做更多的事情，毕竟有些事情是要花钱的，像买计算机、技术升级、招聘聪明的年轻人等，就从这一点来看，规模对我们当然也还是有些用处的。但是我们绝对不是先去追求规模，这肯定也和个人性格有关，我要是亏了钱，我会觉得不舒服，特别是亏的是自己的钱、朋友的钱，会感到很难受，所以我尽最大的努力不让这种事情发生。其实这行还是很赚钱的，如果你管5亿~10亿元资金，其实已经能挣挺多钱了，真管100亿元一年要1亿元的管理费，然后给人亏20%，我觉得这也挺难受。

问题17：您觉得一家私募机构能够基业长青的要素有哪些？

渔阳：所谓的长青指什么呢？可能指存活十年以上或者二十年以上？像桥水？说实话，首先你的运气不能太差，你看瑞·达利欧，他运气还真是挺好的。他采取了风险平价模型，原来美国传统都是股配四成、债配六成，这是美国20世纪六七十年代的做法，但是这种配置会导致风险主要集中在股票上。达利欧说，不行，我的股债风险要差不多。所以他的债配很多。达利欧同志赶上了美国历史上最大的一波债券牛市，他开始干的时候，大约在80年代初，到他退休的时候，就这两年，美国的30年国债从15%的收益率变成低点3%左右，这就是一个超级大牛市。他又是债配得多，所以他就牛了。客观来说，基业长青的第一要素就是你的运气不能太差，你得在一个正确的赛道，或者说你正好做的这事是对的。

从这个意义上来讲，我觉得量化符合这个特点，量化不管成功的是我们还是其他人，你过二十年再看，我也认为中国市场上做得非常好的所谓长青的基金里边，会有相当一部分是量化机构。另外，我觉得量化比主观更容易创新，主观第一是有运气的成分，第二太取决于人。这个投资经理退休了，或者他失去了过往的触觉之后，这个基金可能就不行了。量化更多的日常类似于工厂，说得直白一点，工厂运营就像富士康，它是可以一直存在的。

所以，我认为首先要有足够靠谱的逻辑，其次要持续不断地有人才在运营，并且这些人才要能够成长。当然这个公司的创始合伙人、核心高管一定要是靠谱的人。即便具备了所有这些要素，也不保证一定能够成功，我觉得还是需要运气，但具有这些要素的机构成功概率会更高一些，至少从最保守的角度看，他不会给你亏大钱。

问题18：“人才是第一资源。国家科技创新力的根本源泉在于人。”同样，基金管理人比拼的也是人才，你们是如何吸引和留住人才的呢？

渔阳：这也是个好问题，这是整个金融界，特别是量化机构都要面临的一个问题。作为老板也好，公司合伙人也好，我们自己也曾经是个人才。年轻的时候，作为人才的你希望得到什么呢？反过来想一想，**我认为人才首先需要一个能够学到东西、能够发挥出自己能力的舞台。**

我记得年轻时面临一个重要选择，我在书里也写了，那时候可以去高盛，也可以去巴黎银行当交易员，我最后选择了去当交易员，其实巴黎银行肯定没有高盛那么有名，包括薪酬，起初也是在高盛做策略会多一点，但我觉得做交易员可能更能发挥出自我价值，能有实际操作的机会。所以具体到人才，得关注人才的共性以及特性。这人才到底想干什么呢？我们能不能提供这个机会。有的人特别想做交易，我们也遇到过，当然我们前提是认可他，然后我可以尽量地给他提供这种机会。

能不能学到东西呢？首先，我相信我们公司做事还是比较正规的。你在这不是按照野路子来做事情。其次，我个人虽不敢说是业内最牛的，但至少不至于年轻人跟着我，最后啥也学不到。学到东西，这样年轻人能够有足够的成长空间。最后，当人才有了实质的贡献，得从他的收入或者职权反映出这种实际贡献。就这点，我们公司虽然不那么大，但我们一直有这个意识，并且也有具体的措施。

总而言之，你如果真是一个投资经理，你交易做得好或研究做得好，你的权力会越来越大，你的钱会越来越多，你赚了钱之后，我们肯定是基本按照业内接近最高标准来给奖金或者分红等，我们共同成长。其实，我总跟公司员工说，我们之间不是老板和员工的关系，而是合伙人的关系，大家都是公司的一分子。比如我们的股票、商品和固收策略就是背靠背的关系，你亏钱的时候，不用那么着急，也许我在赚钱，反之亦然。所以本质上是一种合作的关系。

我觉得能做到这点，留住人才的概率就会更大一些。如果别家公司要给这人才开 1 亿元，那就没办法，我肯定留不住。总之，我们能做的都会做。对于人才来讲，公平是很重要的。我做得不好，你骂我没关系，因为我确实没做好，但人才最不希望看到的，就是我明明做得很好，你想一个办法，不给我发奖金，或者是其他不公平的做法，这就不好了。

问题19：伴随着5G、物联网、人工智能、大数据等相应发展，人类社会正全面进入“数字经济”的全新时代，均直资产是一家科技为本的私募机构，请问如何通过科技为投资赋能呢？

渔阳：我认为现在所谓的科技，就像在古代你会写字、会打算盘一样。现在做量化、做投资，先不说能不能赚钱，最基本的，公司得有靠谱的技术系统；员工的技术能力一定要强。数学能力可以差一点，因为即便数学差一点，还是有很多事情可以干，比如写交易系统、做数据，只是做不了模型。但反过来，如果技术不行，那什么都做不了。你是奥赛金牌得主也没用，我们以前遇到过这样的人，一样没用，什么也干不了。

所以科技能赋能的，坦率来说，更多的是一种应用场景。虽然金融人喜欢说自己的科技有多么高端，事实上用不到。其实我们自己就有这个体会，当人工智能、机器学习刚问世的时候，我们应用的技术和算法，相对而言是比较领先的，但是后来，肯定跟不上真正人工智能业界的发展，因为没那种应用场景。说白了你就这点需求，不需要那么复杂的东西。人家是自动驾驶、人脑智能，他那个复杂度跟你的不一样，虽然可能有一些量化同行喜欢说我们运用人工智能，但我觉得大多时候你没那个应用场景，这是我个人的观点，金融就那点数据，噪声又很多，要解决统计学的问题。坦率来讲，我们的科技赋能没有那么先进，但是我们更强调科技赋能的效率。就是用最少的钱办最多的事，把这个事情做好。哪家公司要做得好，它就能够在业界取得相对竞争优势，比如，招商银行系统做得好，东航期货对接散户的系统就取得了一定竞争优势。我认为从这一点来说，科技赋能对我们是重要的。

问题20：随着国内金融市场的开放，不少海外顶尖私募进入国内，外资队伍不断壮大，量化赛道越来越卷，您认为对于本土私募存在怎样的机遇和挑战？

渔阳：我们先看外资的优势，首先它不差钱，这其实在开始的时候是个蛮大的优势。它可以花大量的钱去要一些顶尖人才，各种各样的数据、线路，在它这里都不是问题。我认为量化赛道越来越卷是必然的，市场会越来越有效，包括美国，零几年的时候随便写个模型就能赚钱，后来等到我做的时候，看到原来有一些挺好的基金，由于竞争激烈，就逐渐退出江湖了。最后是马太效应，比较头部的还行，排在后面的就不行了，所以我认为中国将来必然也是这样一个总体趋势，仅从投资的角度来讲，确实会是越来越卷的。

这个时候你要提升自己的道行，一从量化本身，二从交易方面。我理解量化只是一种手段，你是做投资的，那么在做投资的过程中，可能会积累很多经验，我希望自己能够扮演类似于老船长的角色。我的军舰可能在不断更新，但这有经验的老船长可能不是那么容易被取代的，换一艘新的军舰，我还可以当好这个舰长，这就需要个人发展。

另外，我也想特别强调一点，我们是为投资人服务的，这也是我们投资的目的。一只好的私募基金，永远不只有投资这一件事。我们非常重视服务客户，特别是机构客户和高净值客户。机构客户知道自己要什么；对于高净值客户，良好的投资体验是很重要的，他需要你的帮助。所谓良好的投资体验指我们需要给高品质客户创造一个更好地享受生活的条件。比如说 2022 年，大家对我们都很满意，原因在于我们的基金没什么回撤，还是赚钱的，所以高净值客户的体验很好，因为他们在别的地方的投资可能亏了，这只是一种直观的表现。我们怎么做到这点呢？那就要了解客户的需求，然后做产品的搭配。客户看中的不仅仅是收益率。就像我们自己在购物的时候，肯定也不是永远买最便宜的，或者永远买一种类型商品，最终我们买的是综合体验好的商品。

插一个小故事，当我还没有回国创业，只是在跟几位潜在的合伙人聊这个事的时候，我就跟他们讲过：其实私募基金有一个很好的特性，很多人都能够找到适合自己的细分赛道，能够活得很好。不妨做个对比，互联网一个赛道最多只能容下三家，老大活得很好，老二可能也还行，老三就很痛苦了，你听说过老四吗？我们再看外卖平台，你听说过美团和饿了么，那么老三是谁？你可能未必知道。但私募基金不是这样，美国排前 100 名的私募基金都过得挺好，排到 500 名的，也过得挺好，这是为什么呢？因为各家有各家的特色，各家有各家的客户，金融是一个打得很散的行业，特别是涉及客户。你把你的客户服务好，别人怎么抢也抢不走，这其实是一个很重要的技能。

最终我总结一下，我认为**量化机构不仅要做好投资，本质上还要服务好客户**。所以不光要在投资上下功夫，还一定要在整体上努力，先不说能做多大，能不能一统江湖，事实上我不认为有人能一统江湖。至少你能够把要做的事情做好，能够生存，另外让你的客户有比较好的体验。

问题21：您对我们"蓝海密剑"中国私募基金创富榜有何期许和建议？

渔阳：说点实在的话，我希望：第一，再过十年，咱们"蓝海密剑"还在举办实盘比赛；第二，十年之后我们也还在参赛。能做到这两点，我们就很高兴。

黑森投资：

做投资应当永远保持独立思考

（刘健伟访谈整理）

周涛

北京黑森投资公司投资总监，清华大学物理系博士。2007 年加入长城证券研究所，先后担任新能源行业研究员、新兴行业研究部经理；2011—2013 年担任北京银泰鸿业体育发展有限公司投资顾问；2014 年创办北京黑森投资管理有限公司并从事证券投资工作。

精彩观点

黑森投资从来不按照对市场的看法来操作，而是基于各种模型来贯彻价值投资的理念。

美元全球影响力趋弱，人民币资产已见左侧底，现在择优布局，只输时间不输钱。

以几年的维度，14 亿人民的大市场仍会继续壮大，大量上市公司的业绩仍将增长，很多跌不动的品种，已是几年难得一遇的机会。

宏观因子是 2022 年投资的胜负手。

2022 年属于大势恶劣的年份。

目前随着注册制的逐步实施，以及市场参与者结构的变化，长期看，价值投资的土壤环境在逐渐改善。

我们秉承着“不熟不做”的原则，从业十余年来，累计构建了大约 500 只股票池，是投研团队一只一只添加、更新、增减，日积月累构建成的。

黑森投资坚守价值投资的基本框架，不借钱、不做空、不碰不懂的，回避一切复杂的衍生品。

黑森投资根据自身的投资模型来进行调仓，同时团队内部经常通过主观反省、讨论来避免损失厌恶、处置效应、沉默成本效应等“被动价值投资”认知偏差。

黑森的底层投资框架继续坚守不变，即根据“自下而上价值投资”的思路评估机会，根据机会的好坏分散配置仓位。

挑战在于执行，评估生意的未来涉及基本的商业认知，以及对“不断扑面而来的未来”的认知。

我们把它（股票）会不会涨，以什么力度和时间涨作为一个很重要的兑现因子，这个因子在我们整个投资体系里的权重占20%左右。

逆向投资并不意味着永远向着相反的方向，但应当永远保持独立思考。

如果是纯量化，它所挖掘出来的因子和投资策略是基于某种表面现象获取收益，这种策略面临的问题就是随着时间推移可能会失效。

我们用量化来提升这些由内在逻辑支撑的盈利模式效率和稳定性。

防御性思维在价投里就是“不借钱、不做空、不碰不懂的”。

在投资过程中，黑森投资遵循基本面导向、安全边际导向、长期导向、能力圈导向。

公司起名黑森投资，是在纪念德国物理学家 Heisenberg。

股市的许多特性，与 Heisenberg 的量子理论非常类似。任何时候我们观测到的股市，其实就是所有政治、经济、文化、制度、国际、国内、行业、公司、投资人偏好等相互作用形成的投影，观察的过程反过来又与高维的现实世界相互影响，同时随时间演化。

持续学习进化是职业投资的必修课，是黑森投研团队的主要日常工作。

黑森投资会保持长期稳定的投资风格，团队建设围绕投研业绩需求，稳中有进发展，追求投研能力持续进化，追求无愧于心、无愧于客户、无愧于国家社会。

问题 1：周总，您好！感谢您和东航金融 & 七禾网进行深入对话。周总是清华大学物理系博士，为什么会选择走上投资这条路？学业上的专业知识对现在的投资有帮助吗？

周涛：求学期间虽认真做研究，但我逐步认识到自己在学术方面的发展潜力有限。在考虑择业问题时，我了解到很多师兄师姐在华尔街做量化如鱼得水，自己也比较喜欢投资，抱着去正规机构学习历练的想法，最终将进券商研究所作为职业的起点。

我比较偏爱哲学，更愿意去探究股票的本质，不喜欢精确推导出来的东西。所以选择了主观投资，并没有去做专职的量化。

学业上的专业知识，尤其是**学习量子物理的思维习惯，使我喜欢以第一性原理的思路去审视整个投资体系，形成了"市场一切皆有可能"的底层认知**。在我们看来，市场是一个复杂的量子体系，它有多种可能，它可能涨，也可能跌，可能横盘，可能小涨，可能大涨，可能小跌，可能大跌，各种可能性都有，但等明天真的到来，那一刻发生时我们才知道明天究竟是什么样。所以它本身是一个复杂的、不可测的系统。当现实发生时，它以某种概率产生某种成像。

基于这样的概率思维，在实际做投资时，我会更严格地遵守价值投资的安全边际原则，没有安全边际时研究和等待。同时持有跌不动的品种，无所谓市场明天崩盘还是暴涨。**平时我拿着的这些投资标的看上去暴涨的概率不大，但这种概率是真正存在的，就是一种反脆弱性，同时因为有安全边际所以非常安全，如果暴涨它也具有反脆弱性**。

问题2：周总从一位卖方分析师转向了私募机构做资产管理，最大的变化及调整是什么？

周涛：主要的变化在于投资的深度和广度，以及投资价值的比较。

做卖方分析师时主要重点研究自己覆盖的行业及公司，做资产管理时会做大类资产配置，同时通过开发的投资模型实现不同行业公司之间的比较，挖掘当下性价比最高的投资机会。

问题3：我们在黑森投资的月报中看到，"A股有望走出独立慢牛，行情将在犹豫中继续前行"，这个判断的依据是什么？

周涛：黑森投资的投资模型通常会对短期、中期、长期的市场走势附带做出判断，但**黑森投资从来不按照对市场的看法来操作，而是基于各种模型来贯彻价值投资的理念**。以下观点仅供参考。

从近期宏观变化看，美元指数回落、国内防疫及地产政策优化。美元指数及人民币汇率的单边趋势大概率结束。展望未来，美国的加息缩表政策渐渐到达全球忍受的极限，美国紧缩终究要趋缓甚至反转，其进程或许一波三折，人民币资产亦可能一波三折，但从大局而言，**美元全球影响力趋弱，人民币资产已见左侧底，现在择优布局，只输时间不输钱。**

从自下而上筛选股票的价值角度看，**以几年的维度，14 亿人民的大市场仍会继续壮大，大量上市公司的业绩仍将增长，很多跌不动的品种，已是几年难得一遇的机会。**

问题 4：价值投资在 2022 年并不好过，甚至一度还让市场中一些小有名气的价值投资拥簇者产生了怀疑，黑森投资作为坚持低风险价值投资的坚守者，如何看待 2022 年的价值投资环境？

周涛：回顾 2022 年，三大宏观主线横贯市场，分别是俄乌战争、美联储紧缩、疫情防控，对全球政治经济及资产价格产生巨大冲击，**宏观因子是 2022 年投资的胜负手。**2022 年，沪深 300 指数-22%，人民币兑美元贬值 9%，背景是外围紧缩且内部疫情反复冲击；股市领涨板块是煤炭（+23%），背后是俄乌冲突抬高全球能源价格；领跌板块是半导体（-34%），背后是美元紧缩之际泡沫化的锂光芯赛道估值回归。

2022 年属于大势恶劣的年份，黑森投资总体由于持仓品种具有不错的长期性价比，但不足以抵消全市场的水位下降，全年下来账面净值小幅下跌，旗舰产品收益率-5%。

问题 5：您觉得国内 A 股市场是否具备好的价值投资土壤？

周涛：A 股市场过去的风格呈现出大幅波动的特点，同时也诞生了一批让价值投资者获得长期高额收益的企业。**目前随着注册制的逐步实施，以及市场参与者结构的变化，长期看，价值投资的土壤环境在逐渐改善。**

问题 6：价值投资的股票池似乎都有点相似，在以往基本都是各种“茅”，黑森投资在选股上有什么特点？

周涛：黑森投资自下而上挑选股票，全行业覆盖，对市值没有偏好。**我们秉承着“不熟不做”的原则，从业十余年来，累计构建了大约 500 只**

股票池，是投研团队一只一只添加、更新、增减，日积月累构建成的。股票池中大中小市值股票大约各占1/3。

问题7：一般会同时配置多少只股票？并且股票池中会观察多少只股票？

周涛：黑森投资一般会同时配置15~20只股票，会观察股票池中的500余只股票。

问题8：黑森投资会利用股指期货或者股指期权等金融工具来做对冲吗？

周涛：不会。**黑森投资坚守价值投资的基本框架，不借钱、不做空、不碰不懂的，回避一切复杂的衍生品。**

问题9：谈到价值投资，很多投资者朋友都会自嘲被套牢后的“被动价值投资”，那么黑森投资在标的持仓出现明显回调后会如何处理？黑森投资的调仓方式或者条件是什么？

周涛：如持仓股票出现明显回调，我们会根据最新的信息重新评估，更新投资检查清单。如原来看错，或者新的因素变化导致该标的在投资模型内的得分排名下降，会止损或者减仓。如重新评估后，因短期价格下跌从而投资性价比在投资模型内提升，会结合总体的仓位情况，持仓不变或加仓。

黑森投资根据自身的投资模型来进行调仓，同时团队内部经常通过主观反省、讨论来避免损失厌恶、处置效应、沉默成本效应等“被动价值投资”认知偏差。

问题10：2022年的A股市场交易难度很大，包括市场一些知名的百亿私募都没能在市场上获利，我们发现黑森运作的几款产品也在2022年出现了不同幅度的回撤，您觉得造成这种现象的主要原因是什么？

周涛：2022年仍然有很多同行做得很好，值得我们去学习。2022年属于大势恶劣的年份，黑森整体守住少亏。回顾2022年的投资，黑森因为仓位控制系统，净值下行得以控制，因为动态信息的认知没跟上，错过了很多机会。

具体而言，站在2022年1月和7月这两个时点，由于可重仓的长期优质品种缺乏，我们的仓位并不重，故而市场随后下跌时受伤不重；站在2022年4月底和10月底这两个时点，因为对俄乌战争性质的认知后知后觉，以及对互联网平台政策的变化缺乏认知，我们并未能在这两个时点捕捉到相关机会。

问题11：黑森又是如何来应对2022年这样的市场环境的？

周涛：黑森的底层投资框架继续坚守不变，即根据“自下而上价值投资”的思路评估机会，根据机会的好坏分散配置仓位。这样的框架将传统价值投资与大类资产配置相结合，以牺牲部分收益为代价，换取收益的确定性与稳定性，适合大资金长线获取稳健收益。**挑战在于执行，评估生意的未来涉及基本的商业认知，以及对“不断扑面而来的未来”的认知，**基本的商业认知经验可积累，对未来的认知则须开放思维实时刷新。

问题12：您表示想赚企业成长，以及企业从低估到合理估值的钱，那么如果这个企业一直处于低估状态呢？2022年就有非常多的上市公司处于所谓的“低估”状态，一蹶不振。

周涛：黑森投资在评估一家企业时，并不是把安全边际和长期价值作为100%权重因子，**我们把它（股票）会不会涨，以什么力度和时间涨作为一个很重要的兑现因子，这个因子在我们整个投资体系里的权重占20%左右，**其实是很重的一个因子，如行业景气、业绩拐点、事件驱动等。

问题13：黑森投资的投资策略中提到逆向投资，如何理解“逆向”？

周涛：说实话，我自己从来没有想过要逆向投资，只是针对哪个资产好，长期优质，我就去配置它，只是机缘巧合，这个市场总是喜欢群体偏好，一会儿炒这个一会儿炒那个，使得我们在外面看起来像逆向投资。

逆向投资是一种投资方法上的独立，如果共识变成羊群心理，逆向投资者就应当逃离这个群体，**逆向投资并不意味着永远向着相反的方向，但应当永远保持独立思考。**

问题 14：黑森投资以主观交易为主，当前市场上有许多量化机构发展非常迅速，您如何看待量化交易的发展？黑森投资未来是否会考虑参与量化交易？

周涛：量化发展很快，我对最前沿的情况并不是很了解，只能以我的片面认知来跟大家讨论。

在我的理解中，目前量化是通过计算机、大数据、人工智能等发掘市场的规律，有的是某种图形，有的是某种量价形式，有的甚至复杂一点是某种统计规律，但总而言之它是市场表现的某种规律。这种规律在我看来可能有一些有内在逻辑支撑，长期存在，有些是因为投资的某种偏好、某种流行、某种选美或某种行为模式导致的现象规律。**如果是纯量化，它所挖掘出来的因子和投资策略是基于某种表面现象获取收益，这种策略面临的问题就是随着时间推移可能会失效，**而且不知道什么时间失效，往往可能是在这个策略比较火的时候这个因子突然失效。

这使得纯量化基金面临一个问题，要天长日久、持续迭代自己的策略。

黑森投资的投资模型也有一些量化思维，我们希望通过量化达到两个目的：**一是提升效率，在跟踪、研究、选股、建模的过程中如果以很多量化计算机的手段能极大地提升效率；二是通过量化抽离情绪。**当我们以非情绪的、计算机式的模型化量化思维做决策时，就不会偏离本身有很多盈利模式，而我们本身的盈利模式，比如价投里有很多盈利模式，类似业绩超预期，消费品铺渠道有一个过程，长期有竞争力的白马股短期落难，很多价投盈利模式当我们因子化时由内在非常基本面的现实逻辑支撑，所以**我们用量化来提升这些由内在逻辑支撑的盈利模式效率和稳定性。**

问题 15：黑森投资的官网上写着“财富如何跨越时空”，那么在您的理解中，财富是如何跨越时空的？

周涛：财富要做到跨越时空，**第一是复利效应，**单次大额的亏损会极大影响长期复利的结果，所以不熟不做，不去赌不去搏。**第二是投资需要有统计思维，做大概率正确的事。第三是防御性思维，**市场一切皆有可能。2015 年的股灾“一波三折”，谁也不会想到；2016 年熔断，几天之内股市下跌 20%，大家也很难想到。所以，**防御性思维在价投里就是“不借钱、不做空、不碰不懂的”**。

问题 16：“做投资而不做投机”，这个理念即使是专业的投资机构也很难贯彻到底，黑森投资又是如何来坚持的？

周涛：在投资过程中，黑森投资遵循基本面导向、安全边际导向、长期导向、能力圈导向。

在具体方法上，黑森投资采用自身研发的模型来贯彻价值投资理念。

在公司运营中，只接和投资策略相匹配的资金，保持投资的独立性。

问题 17：请您简单介绍一下黑森投资名字的由来。

周涛：公司起名黑森投资，是在纪念德国物理学家 Heisenberg。Heisenberg 是 20 世纪量子力学的创始人之一，他有两个主要贡献。一个是“测不准原理”，可以近似理解为微观量子体无法被精确测量。我们去观测一张桌子，能看见、能摸到，桌子不会被改变，但如果是一个非常小的电子甚至光子呢？因为我们看见东西的本质是它发射或反射一颗光子到我们的视网膜上，所以当我们的测量对象是一个电子甚至光子时，实际上没办法看到它真实的样子，因为任何时候碰到它然后被我们看到的那个电子甚至光子，早在与它作用时就把它影响了，从这个角度可以近似理解微观体系无法精确测量。

Heisenberg 的第二个贡献是矩阵力学。最初物理学家用微分方程来描述量子态，不方便理解，后来 Heisenberg 开创了用矩阵来描述量子态的先河。就像《黑客帝国》这部电影所展现的，矩阵是用一排排、一列列的数字来描述现实世界，这样显得更直观。矩阵力学用来描述量子态时有两个落脚点，叫特征值和特征向量，分别对应观测值和量子态。不同的矩阵特征值和特征向量，对应不同角度观测的量子态，就像现实世界“横看成岭侧成峰，远近高低各不同”，从不同角度去看庐山，就能对它有一个相对客观的认知。

股市的许多特性，与 Heisenberg 的量子理论非常类似。任何时候我们

观测到的股市，其实就是所有政治、经济、文化、制度、国际、国内、行业、公司、投资人偏好等相互作用形成的投影，观察的过程反过来又与高维的现实世界相互影响，同时随时间演化。做投资则是要在其中找出一些典型的特征值和特征向量，即股市规律，找到那些概率相对比较大的、能够给我们带来长期复合收益的因子，以此追求获得稳健的、长期的盈利。

问题18：作为一家成立于2014年的私募机构，黑森投资保持着稳定的收益水平，但相较于同类型的私募，黑森投资在管理规模上并没有爆发式的增长，这是出于什么考虑？

周涛：说到规模很惭愧，我觉得有两个原因。一个原因是我自己，这么多年一直潜心专注于投研，在市场上花费的时间和精力非常少，我们很少主动营销。现在的客户主要是亲朋好友或是亲朋好友介绍的，少部分客户在网上看见我们的业绩之后主动了解我们，成为我们的客户。

另一个原因和我们的策略有关，因为我们的策略偏理性，也偏逆向。市场比较热时我们会控制风险，不太好意思出去募资，因为那时候风险比较大，而等到市场跌得比较惨，我们觉得应该主动承担风险时，跟投资者交流其实也有困难。这是我们目前规模增长比较慢的最核心的两个原因。

问题19：黑森投资有个持续进化的发展风格，能否介绍一下是怎样的进化方式及逻辑？

周涛：持续学习进化是职业投资的必修课，是黑森投研团队的主要日常工作。具体方式包括：

（1）大量的学习阅读和总结反思构筑提升认知；

（2）投资总结，完善迭代投资模型。

问题20：私募机构要保持稳定的发展，一支优秀的投研团队必不可少，请您介绍一下黑森的投研团队。

周涛：我们的投研团队一共5个人，以我为核心，采取围成一桌集体办公的方式，随时随地沟通交流。

采取模型化、系统化的方式实施策略，从而避免主观偏离。

共同深入研究，共同决策，在权重上以我为主。

问题 21：能够保持持续稳定盈利除了有出色的投研团队，坚实的风控壁垒也非常重要，请您简单介绍一下黑森投资的风控理念及制度。

周涛：运营层面，一直严格遵照基金业协会的相关规定，做好各项合规及内控。

投资层面，公司基于价值投资理念的投资策略，不仅有效地规避市场波动风险，同时有效规避内在风险。

投资制度上，风险控制岗位独立于公司投资部门，投资层面的风控由投资经理、交易员、风控总监共同把关。

问题 22：黑森投资未来的规划及愿景是什么？

周涛：未来的规划：①继续严格坚守系统化模型化的投资思路；②从认知提升及团队管理两个角度，提升整体投研能力。

自始至终，黑森致力于向市场提供风险可控、保值增值、长期复合收益可观的资管产品。

黑森投资会保持长期稳定的投资风格，团队建设围绕投研业绩需求，稳中有进发展，追求投研能力持续进化，追求无愧于心、无愧于客户、无愧于国家社会。

问题 23：黑森投资参与了由东航金融主办的“蓝海密剑”对冲基金经理公开赛，作为国内持续时间最长的实盘大赛之一，您在参赛过程中有什么感受，对“蓝海密剑”有什么期许？

周涛：参赛过程中，深刻感受到大赛主办方的敬业与热情，感谢大家的辛勤付出，衷心祝福大赛越办越好，为对冲基金及财富管理事业发展做出持续贡献。

福邑基金：

我们宁可长期赚 10%，
也不需要短期翻倍！

（李烨访谈整理）

吴佳皑

福邑基金执行董事兼投资总监，拥有十多年IT管理经验和近十年银行管理经验。2016年起主理境内外套利交易、境内资管工作。2019年开始专注于量化交易。

福邑基金专注于量化投资领域，目前拥有量化股票多头、量化股票中性、量化CTA套利、量化期权套利、量化CTA趋势，以及量化指数增强等多种量化模型和相应的低中高频策略，旨在追求能稳定穿越牛熊的绝对收益。

精彩观点

先预判经济和行情未来的走势，找到历史年份波动率类似的时期，研究对应的数据，将其作为策略适应性判断的依据。

展望2023年，从宏观而言，首先关注美联储紧缩政策能否延续，还要不要继续加息，这个拐点预期将决定市场走势，尤其会影响贵金属和有色品种，这个拐点可能会在2023年一季度或者两会前后。

货币信贷和投资仍受限于房地产以及地方债务，但目前看均有好转的迹象，这块影响较多的是黑色系相关品种以及与房地产相关的化工品种。

当前市场处于强预期和弱现实之间的博弈以及转换时期，经济弱的时候往往政策会超预期。

风险事件驱动确实在2020—2022年是一个高峰，而2023年可能会有所降低，转入相对较高或者中高的波动，但短期内也不会降低太多。

2022年市场的套利机会分布不均，上半年化工品和有色的机会较多，而农产品机会较少，下半年各品种大类的机会较为平均。

福邑将风控实实在在地运用到交易之中，而且是拥有实质性的事前、事中、事后三重风控体系。

单一周期和品种的策略抗风险能力或者说有效时间更短，容易出现失效和难以优化的窘境。

我们目前采用多资产 Alpha 类（CTA 套利+期权套利）和 Beta 类（期指+选股）的单策略和复合策略应对不同的市场环境和偏好。

平衡好算力、算法、数据三者的性价比，才是做好量化的关键。

量化投资在我看来更多的是一种手段，和价值投资、主观投资之间不是非此即彼的关系，有很多价值投资、主观投资的一些思路和理念通过量化手段实现，往往会比传统方式更能取得好的结果。

业绩表现稳健且策略容量规划合理才能促成业绩和规模的正反馈。

2023 年我们会依旧延续 CTA 套利和期权套利策略，考虑到疫情后的复苏预期、证券市场目前的潜在机会，在上述基础上我们也会去更多地配置和规划发行 Beta 类产品。

“要做寿星不要做明星”，我们宁可长期赚 10%，也不需要短期翻倍。

管理人和投资人之间是可以长期共赢的。

投资也好，处事也好，人生也好，对自己对别人都是如此。有的时候莫要追求极致，万事留有余地，方得长久。

问题 1：吴总，您好！感谢您在百忙之中与七禾网、东航金融进行深入对话。在进入资管行业之前，您曾有着十多年的 IT 管理经验和近十年的银行管理经验，是什么原因让您决定投身资管行业？上述两段经历为您日后的投资带来了哪些帮助？

吴佳皑：我平时在公司经常说，“交易和基金管理是两码事”，更严谨的说法应该是，基金管理中包含交易，而交易只是基金管理中较为重要的一部分，绝不是全部。单纯谈交易能力，一些资深的交易员比我个人或者说我们这些基金管理人的能力更强，但最终回到产品业绩上，大部分优秀的基金管理人的长期业绩要好于这些交易员。当然我这里并不是说不需要交易能力。从基金管理角度再看这个问题，就更容易理解。我们的长处在于管理全局的能力，这不仅涉及策略研究开发、交易能力，以及风险控制能力的管理，也包含“募投管退”，涉及整个基金生命周期的方方面面。而管理全局的水平又体现在对预期、结果和效率管理的各个方面。

在银行业前、中、后台的十年工作经历，培养了我的全局观。使我在财富端、信息技术、公司运营以及投资研究方面积累了一些经验，对基金投资管理可以从多个角度进行审视，可以说银行业的经验对我来说是非常宝贵的。基金管理本身只是金融领域或者说财富管理的一个分支，而整个金融行业的联系是非常紧密的，管理的模式是相通的。所以对我个人而言，并不觉得算是转行，每天从事的工作、面对的问题，和之前相比没有特别大的变化。

早年的 IT 工作背景，使得我们早在 2015 年就已经下决心要做量化投资的管理人了，前期一直在试验积累阶段，直到 2019 年我们的第一只量化产品正式上线。对于目前管理福邑的量化投资这条线来说，IT 的相关背景也是很可贵的。现在和团队里的年轻人讨论一些程序优化方面的问题，也常常会让我回想起自己刚毕业做 IT 行业的那段日子。

问题 2：福邑基金是一家专注于二级市场的量化私募机构，交易风格稳健，在当前行情震荡幅度偏大的背景下，福邑的投资策略对行情的适应性如何？

吴佳皑：任何单一的投资策略从业绩指标上来看都不可能完全穿越牛熊，总有表现得比较好和比较一般的时候。这就是我们常说的策略适应性，或者说是失效的频度。我们采用的方法，大致上可以理解为，**先预判经济和行情未来的走势，找到历史年份波动率类似的时期，研究对应的数据，将其作为策略适应性判断的依据**。这样得出的最终结果往往与简单的统计或者无差别数据机器学习形成的投资策略有很大的区别。

问题 3：2022 年，俄乌战争、美联储加息、美元指数冲高、部分地区疫情反复、失业率增高、房地产萎靡等热点事件，给实体经济和资本市场都带来了实质性的冲击，这对福邑的投资会产生怎样的影响？贵司如何应对？

吴佳皑：2022 年福邑获奖的策略是 CTA 套利策略，纯跨期套利叠加中高频交易。可以简单归类为期限结构和波动性的 Alpha 类策略，这么一说就很容易看出策略的依赖性，或者说局限性。

从宏观来说，我们的策略对市场的流动性非常敏感，而波动率增大对这个策略来说并不是坏事。简单来说，我们希望交易量和波动率越大越好。2022 年的风险事件和不确定性，恰恰提高了商品市场的波动率。近几年来，股市的收益并不是非常理想，原本一部分投向 A 股的资金转而选择 CTA 产品作为危机 Alpha，期货市场的成交量整体呈上升趋势，这对我们的 CTA 套利策略是非常有利的。同时，从微观角度上，我们也看到个别商品品种受到的市场冲击相对较大，尤其是用交易量这个维度来衡量更是如此。所以实际操作中，我们在交易品种纳入范围上下足了功夫，合理的品种分布不但可以对业绩形成支撑，同时也可以有效提升策略的设计容量。

问题 4：当前我们处于百年未有之大变局，全球政治、经济形势十分复杂，资本市场也到了关键时期。请您评价一下 2022 年的市场表现，以及当下市场演进的逻辑。

吴佳皑：2022 年的整体市场表现相信大家都已经烂熟于心，也有很多机构都已经总结过，我就不过多赘述。行情的关键点在第二季度形成了分水岭，基本上身边很多 CTA 管理人都是前面挣钱后面亏钱，同时段 A 股走势也是类似的情况。原因也比较有相关性，前面和俄乌战争相关性较高，后面和美联储的货币策略相关性较高。

展望 2023 年，从宏观而言，首先关注美联储紧缩政策能否延续，还要不要继续加息，这个拐点预期将决定市场走势，尤其会影响贵金属和有色品种，这个拐点可能会在 2023 年一季度或者两会前后。欧洲市场，主要还是受俄乌局势影响，导致通胀率居高不下，同时被迫加息使得欧洲的债务危机隐现。如果再次爆发“欧债危机”，这次欧盟国家的处理行动会更一致、更果断，原因在于内部情况相似，大家的日子都不好过，但也要防止意外发生，需要关注相关事件的演变情况。

美国和欧洲的经济衰退都会影响到我国的出口，进而影响现货需求（因为总需求的三分之一是来自出口）。就国内整体而言，疫情政策调整后消费何时复苏值得关注，**货币信贷和投资仍受限于房地产以及地方债务，但目前看均有好转的迹象，这块影响较多的是黑色系相关品种以及与房地**

产相关的化工品种。简而言之，当前市场处于强预期和弱现实之间的博弈以及转换时期，经济弱的时候往往政策会超预期，我们对国家调控能力还是很有信心的，所以行情还是值得期待的。

问题5：您表示，希望在市场中赚取Alpha策略针对波动率的那部分钱，在您看来，波动率的根源是什么？

吴佳皑：波动率的根源其实和收益来源的道理差不多，来自三个部分，类似宏观的系统性风险、投资标的自身的非系统性风险以及行为金融学范畴的投资者情绪对价格的影响。

问题6：2022年以来，在诸多不确定因素的影响下，大宗商品、证券、债券和汇率市场都出现了大幅波动。对量化交易者来说，高波动率是否增加了盈利的可能？

吴佳皑：从理论上来说，高波动应该会增加盈利的可能性。但是事实上我们可以从一些统计数据上看到，其实很多量化CTA管理人的产品，在2022年下半年净值受到较多的磨损。所以，还是要看波动范围和自身的策略是否匹配，如果交易周期或者交易频率不匹配，可能会出现反复平仓、进退失据的情况。

问题7：您觉得市场的高波动率会不会延续下去？为什么？

吴佳皑：高波动本身不可能一直存在，因为**风险事件驱动确实在2020—2022年是一个高峰，而2023年可能会有所降低，转入相对较高或者中高的波动，但短期内也不会降低太多。**从宏观上看，国内外的经济环境还是有很大的不确定性，包括美联储货币政策的变化，美国和欧洲衰退的可能性，欧洲、日本债务危机的可能性，以及国内复苏的不确定性等诸多国内外的不确定因素。

问题8：福邑基金精于量化策略的应用，请问贵司的交易策略是如何开发的？核心思路是什么？

吴佳皑：量化策略的核心思路可以从前面提到的波动的来源展开，通过量化的手段，自上而下地先分析目前所处的宏观周期并对经济形势做出预判，结合各类资产的现阶段价格，决定资产大类的配置比例和选用的策略类型。再根据各种因子（财务因子、动量因子等）指标筛选出该大类资产中具体的优秀标的，并将其作为投资标的池子。最后计算进出场信号，并完成交易操作。

问题9：目前福邑基金旗下有几套交易策略？每套策略的主要特点是什么？

吴佳皑：目前福邑底层的交易策略有四种：CTA套利、期权套利、中高频股指期货和量化选股。前两个是Alpha策略，后两个是Beta策略。特点就如策略分类而言，Alpha类策略注重绝对收益，尽可能去除掉市场的影响。CTA套利和期权套利策略都是利用衍生品套利，其区别在于投资标的物的不同，而流动性和波动率不同对于衍生品的影响也不同；Beta类策略的特点是尽可能保留市场的影响，不管市场整体是涨还是跌，以此来分享同步于经济发展所带来的收益。中高频股指期货和量化选股策略的区别也是投资标的物的不同，前者是股指期货，是衍生品交易，后者是股票交易；交易频率不同，前者是中高频交易，后者是低频交易；杠杆的不同，前者股指期货是保证金交易，有杠杆，后者股票交易没有杠杆；以及获取超额收益的方式不同，前者超额收益更多来自择时，后者则来自择股。

问题10：商品期货间的驱动因素差别很大，不同板块和品种的流动性也有较大区别，福邑在策略的构建上主要关注哪些方面？

吴佳皑：主要是**流动性和波动率**。流动性和波动率都是比较大的考量维度，这两个维度可以使用计算机量化模型进行统计和运算。我们会用类似截面密度来统计历史数据和预测未来。针对不同的品种特点和历史规律，我们会使用不同的截面，以及前面提到过的相似的历史波动率。

问题11：福邑基金有基本面量化的策略，基本面如何进行量化？福邑会把哪些基本面的要素作为策略量化的组成部分？

吴佳皑：基本面量化是我们模型多维度和权重的一部分。除了常见的基本面指标以外，我们同时追踪分析师对于标的物的关注程度导致的行为偏差从而影响价格走势，也就是一致预期这个维度。

问题12：福邑基金的套利策略比较成熟，请问贵司主要是在哪些市场，用什么方式，捕捉哪些类型的套利机会？

吴佳皑：目前覆盖农产品、有色金属和化工品三个大类市场。主要运用同品种跨期套利，也就是期货对于现货而言的定价错误机会。

问题13：当前套利策略的容量如何？持仓特征和交易特征又是怎样的？2022年市场的套利机会如何？

吴佳皑：CTA套利策略总容量约3亿元，期权套利策略总容量约5亿元。

CTA套利策略的持仓在三成，交易频率为中高频。期权交易策略的持仓在八成以上，交易频率为中低频。

2022年市场的套利机会分布不均，上半年化工品和有色的机会较多，而农产品机会较少，下半年各品种大类的机会较为平均。

问题14：在贵司的套利体系中，多空两边是不是一定要绝对“套牢”？还是说也允许做有关联度的对冲？

吴佳皑：标的物的数量完全对等，品种完全相同，只是合约不同。多空两边是绝对套牢，而不会进行有关联性的对冲，比如产业链的套利。整体来说风险可控，这也是我们对投资者的承诺。

问题15：有人认为，套利交易虽然安全，但盈利能力有限，您对此怎么看？在您看来，套利交易还有哪些优缺点？

吴佳皑：没有一种策略是绝对好或者不好，只有是否合适，其实应该解释为对不同风险偏好投资人的配置建议。盈利能力有限是相对而言，如果市场Beta非常不好，那么即便是5%的盈利也非常优秀。就拿2021年的行情来说，相信大部分选择套利产品的投资人都会比较开心一些。所以套利策略的优点很明显，尤其是在波动率大以及不确定性高的市场环境下，依旧可以获得相对稳健的收益和相对较小的回撤，便于控制风险，适合机构投资人和母基金的风险偏好。缺点也很明显，对市场的依赖度很高，比如前面提到的预期流动性和波动率的影响。

问题16：量化投资注重回撤的控制，福邑在这方面做得很不错，请问贵司是如何做到兼顾收益与回撤控制的？

吴佳皑：**福邑将风控实实在在地运用到交易之中，而且是拥有实质性的事前、事中、事后三重风控体系。**事前风控我们采用宏观量化模型来规避风险，事中风控我们采用交易中的资金篮子风控模型来识别管理风险，事后风控我们采用自研的实时风控监控平台来实时监控风险。福邑的全面风控不是一句空话或者只停留在看谁砍仓快的阶段，而是通过上述三重风控制度系统化地降低回撤。

问题17：在您多年的交易生涯中，有没有碰到过让您印象深刻的风险事件？若有，这些事件给您带来了哪些启示？

吴佳皑：我们早期也曾经有过人工交易员下单和人工风控监控的经历。一方面交易员有一定的随意性，需要严格监控，这是主观条件；另一方面人工交易员毕竟不是机器，受限于年龄、自身状态等客观条件，不同节点的判断最终都影响着交易的结果。风控也是一样，即便是系统和流程都做到标准化，也会受主观和客观因素的影响。两者之间要互相合作监督，但是万一交易员和风控都掉链子呢？也正是因为这些经验教训，我们在有些环节尽可能地使用非人工去控制，降低情感因素的影响，比如报撤单，比如风控指标的监督，比如止盈止损要做到自动化。

问题18：近年来，依靠单策略的量化机构不断被市场淘汰，多策略、全频段成为市场共识。福邑基金的多策略产品体系是如何形成的？量化机构如何保持策略的不断升级迭代？

吴佳皑：我们自己的感受和市场是一样的，**单一周期和品种的策略抗风险能力或者说有效时间更短，容易出现失效和难以优化的窘境。**

福邑的策略体系基于波动率的预测，并非使用市场上较多的多周期叠加形成多策略，**我们目前采用多资产Alpha类（CTA套利+期权套利）和Beta类（期指+选股）的单策略和复合策略应对不同的市场环境和偏好。**

我们对于策略的OKR开发流程全部记录在飞书平台上，评估优化频度为月度，对照实际数据无论是A股市场还是商品市场，月度的评估是有必要的。当市场本身发生重大的变化或者是突然发生重要的监管事件时，我们也会在第一时间研究讨论策略的调整问题。

问题19：部分量化投资机构会十分强调自己在技术上的先进性，包括硬件的投入等，从您的角度来看，做好量化的关键点有哪些？

吴佳皑：高频算法交易会强调自身的硬件技术优势也就是算力，这是由策略本身的特性决定的。我们的策略本身并不完全是高频算法，我们对中高频有着更多算法上的优势，也就是形成模型的逻辑。硬件投入可以带来一部分优势，但是量化投资不应该只考虑算力，还应考虑算法和数据。说得直白一点，很多中低频的策略对算力要求不高，可能只需要一台普通电脑就可以满足，但是最终的收益也不错。所以我们觉得**平衡好算力、算法、数据三者的性价比，才是做好量化的关键。**

问题20：尽管量化在国内有一定的发展，但还是有很多投资者对量化投资并不是特别了解。2021年有段时间市场上还有很多质疑声，称量化投资加大了市场的波动性。您怎么看待量化投资和价值投资，以及量化投资和主观投资之间的关系？它们是否存在竞争？

吴佳皑：这个问题很多券商的研究员朋友已经写过详细的驳斥文章了。就我自己的感受而言，目前国内的量化投资还是处于起步阶段，并不足以动摇整个市场。2021年的剧烈波动，通过事后分析也并不是量化交易导致的。**量化投资在我看来更多的是一种手段，和价值投资、主观投资之间不是非此即彼的关系，有很多价值投资、主观投资的一些思路和理念通过量化手段实现，往往会比传统方式更能取得好的结果。**

目前，我们看到国家正在扩大资本市场的开放，境外的很多投资机构纷纷到国内设立分支机构。只有我们本土的量化投资公司强大了，才能在未来的市场中与这些机构竞争，保证我们自己的投资人的利益。我相信这也是我们国内量化机构的共同目标。

问题21：近两年，福邑基金硕果累累，获得了多个平台的奖项和荣誉，在公私募竞争日益激烈的当下，您觉得贵司能够得到市场认可的主要原因是什么？是否具备长期持续的能力？

吴佳皑：福邑自身的门槛高，但收益和容量并不高，属于相对小众的策略。大部分初创管理人都会从股票起步，而我们选择了小众的CTA市场和更小众的套利策略，可以说是另辟蹊径。但这不意味着没有竞争，门槛高意味着竞争对手都是狠角色。

按照之前的部署，我们已经准备了多个新的候选策略，产品也由单策略向多策略发展，拥有长期持续的能力。在新的一年里相信福邑的产品会给大家带来新的惊喜。

问题22：请为投资者介绍一下福邑基金目前的团队建设，以及各岗位的分工情况。

吴佳皑：目前投研团队的核心人员是两位来自美国花旗银行的同僚。团队的主要成员以海归和国内知名院校毕业的硕士生为主，涵盖了金融、IT、数学等专业，大部分是“80后”“90后”，团队成员相对年轻。公司的管理比较扁平化，大家各司其职，日常讨论的气氛也比较浓。

问题23：您如何看待业绩表现与规模扩张之间的关系？请谈谈您未来的投资规划，以及团队的发展愿景。

吴佳皑：业绩表现稳健且策略容量规划合理才能促成业绩和规模的正反馈。反之，如果设计不合理，盲目追求规模扩张，超过策略本身的设计容量，业绩表现最终肯定会令人失望。

我们的规模扩张计划是和策略容量设计同步的，比较有耐心，循序渐进，尽可能不触及容量上限，即便需要突破容量上限或者在业绩方面没有取得预期收益，我们也会有所应对，比如降低收费，以求最大限度地保障投资人的实际收益。

从短期看，**2023年我们会依旧延续CTA套利和期权套利策略，考虑到疫情后的复苏预期、证券市场目前的潜在机会，在上述基础上我们也会去更多地配置和规划发行Beta类产品。**

从我个人对团队的规划来讲，目前骨干核心成员已经基本配置完成，整个团队比较稳定，我们的投研团队架构以及基金经理和量化研究员的配置已经是按照10亿~20亿元管理人来配置的，之后我们会增加量化分析岗位以适应大量的因子测试和系统测试工作。

问题24：您做投资多年，有什么感悟？对您而言，投资最大的吸引力是什么？

吴佳皑：以个人最认可的一句话作为感悟，**"要做寿星不要做明星"，我们宁可长期赚10%，也不需要短期翻倍。**

投资最大的吸引力在于，很多生意是肯定有一方赚了另一方的钱，到最后大家不欢而散，而**管理人和投资人之间是可以长期共赢的，**随着时间的推移，大家的信任也是逐步加深的，有惺惺相惜的感觉。我这个人比较重情义，比较喜欢这种感觉。就公司内部而言，股东和员工之间也是长期共赢的。

此外，由于投资研究的工作需要接触大量数据和金融工具，这就要求自身对宏观经济、微观市场要时刻保持敏感，不断学习新的知识，面对新的挑战，这也是投资很大程度上吸引我的地方。

问题25：据了解，您在太极方面也颇有造诣，还获得了多个相关奖项，太极对您的投资有何影响或帮助？您从中感悟到了怎样的人生哲理？

吴佳皑：我师承杨氏太极宗师田兆麟徒孙殷勤大师，曾经获得过第十届香港国际武术大赛杨氏太极拳传统套路第三、太极刀传统套路第四的成绩。

刚开始练拳是为了强身健体，后来时间长了觉得老师说的很多拳理可以应用在生活的方方面面。太极拳讲究阴阳协调，阴中有阳，阳中有阴，而一切又都是一个圆圈。投资的道理也是如此，高低点和各种周期从某种角度来讲也是一个循环、一个圆圈。**投资也好，处事也好，人生也好，对自己对别人都是如此。有的时候莫要追求极致，万事留有余地，方得长久。**

问题26：福邑基金参加了由东航金融主办的"蓝海密剑"对冲基金经

理公开赛，“蓝海密剑”是国内持续时间最长的实盘大赛之一，您对这一赛事有何期许？

吴佳皑：我们从还不是管理人的时候就参加过“蓝海密剑”，通过竞赛可以督促自己，也可以使自己看到和顶尖机构的差距，快速成长。同时，“蓝海密剑”经过这些年的积累，在行业内的认可度还是很高的。通过参赛，对于管理人自身推广也是非常有益处的。我对这个赛事的期望非常高。

佑维投资：

不争第一，力争保持在行业前30%不掉队

（傅旭鹏访谈整理）

王思达先生

佑维投资

北京佑维投资管理有限公司是2018年由具备AI背景的王思达策划成立的，2019年7月正式取得中国证券投资基金协会私募证券投资基金管理人资质。

王思达

北京工业大学计算机学士、清华大学EMBA硕士，有着16年CTA基金管理经验。从2006年开始先后在ForeResearch & Management（Beijing）、PineRiver Capital（HK）担任基金经理，具有多种衍生品产品的交易和建模经验。

王昊彦

本科毕业于中国科技大学物理系凝聚态物理专业，是南开大学经济学院金融工程专业硕士。曾在World Quant和GSA Capital任基金经理，在2018—2020年三年美国量化比较困难的环境下，依然能保持美股夏普2.5的业绩。

龚晓雨

2013年起在东方基金量化投资部工作，从策略开发、回测系统到实盘都有大量经验。其管理的几只量化公募基金在分类排名中都达前5%~10%。性格沉稳，厌恶风险，对整体策略的把控和风险的控制能力很强。

精彩观点

（海外市场的交易策略）比较基础的方面都是适用的。比如投资者行为类型的策略、对于过拟合的把控、对于风控的机制设定，这些大部分都是可以参考甚至直接复制的。但是具体的策略本身还是需要大改。

如果一个高频、持仓在秒级的策略，可能经过简单的回测就要上实盘，反正一天亏钱就得停了。

比如说隔夜的换手在15%左右的策略，就需要大量的有逻辑的因子，进行样本内外的测试；进行3个月以上的模拟盘，然后才能逐渐从小规模开始实盘。

我们的因子组成非常多元，从传统的动量基差，到盘口数据，到各种另类数据，基本面数据都有。

从海外来说，一天以内的策略和持仓周期在一周以上的策略失效比较慢，超高频几乎不用担心失效。风险比较大的是中间那批，日换手在50%左右的因子。

看书主要能使我思考问题的方式能多元一点，通过微信或者网络了解问题很容易陷入信息茧房。

我们也都算行业老兵，有对风控相同的认知和自控力，因此我们对自己的定位就是保持在行业前30%，每年都不争第一，但是要靠前不掉队，慢慢把口碑和规模增长上去。

问题1：佑维投资，您好！感谢您和东航金融&七禾网进行深入对话。据了解，贵司的创始人和投资经理曾任职于海外知名资产管理公司。请问海外市场的一些交易思路、交易策略，在国内市场是否适用？

佑维投资：（海外市场的交易策略）比较基础的方面都是适用的。比如投资者行为类型的策略、对于过拟合的把控、对于风控的机制设定，这些大部分都是可以参考甚至直接复制的。但是具体的策略本身还是需要大改。

问题2：请问在海外知名资产管理公司工作的经历，对后期回国做量化交易以及组建交易团队有哪些帮助？

佑维投资：对于量化交易，很直接的一点就是有大量的因子和组合模型可以直接在国内进行尝试，其中还是有一些可以直接用的。

组建团队方面，最重要的就是能找到一些背景相似、价值观相似的合伙人。

问题3：据介绍，2013年香港办公室扩大到25人，金融方面的工作蒸蒸日上。请问当时为何辞去金融方面的工作，重新开始一个新的领域，联合创立了无二之旅？

佑维投资：一个原因是想回家，在香港已经待了5年，迟早要回来。另一个原因是希望做一些更实体的东西，20多岁开始和金融数字打交道，会有一种不真实感。

问题4：据我们了解，因为疫情的原因，纯做境外游的无二之旅暂时收缩。现在管控措施有所放开，请问贵司是否会计划将更多精力放回到无二之旅上？

佑维投资：不会了。2018年之后就已经只是财务投资了，不再参与具体管理。

问题5：据介绍，王思达先生2018年开始策划并成立了北京佑维投资。请问您当时在什么样的情况下，再次回到金融领域？

佑维投资：还是比较喜欢金融领域的智力挑战，尤其是量化领域，集合了全国顶尖的一群人。同时我也不太喜欢过多的人事、行政事务，旅游公司铺得比较大，又是服务业，每天杂事比较多。因此，在从IT系统到人事架构都比较稳定后，我就和无二之旅的合伙人达成了协议，继续回到金融领域。

问题6：王思达先生2013年后联合创立了无二之旅，2018年开始策划并成立了北京佑维投资。其间可能错过了2015年的股市大行情、2016年的商品大行情，是否会觉得可惜？

佑维投资：如果没有疫情的话也说不上可惜，毕竟体验了从无到有创立一家公司，同时无二之旅一直到2020年春节前业务都非常好，已经做完股改开始上市指导准备IPO了。疫情属于是最大的黑天鹅，精准打击了出境旅游，尤其是在最旺季春节的时候从中国发起，这个谁也没办法。

问题7：据介绍，贵司的主要投资策略为CTA截面多空策略、量化股票策略、复合策略。请问在不同策略之间，贵司的资金如何分配？

佑维投资：各个子策略间有优化器每几个月进行一次分配。但是像期货、股票这种，分配都是一开始和投资人沟通好，根据产品性质确定的。

问题8：请问在这些不同类型的期货策略中，贵司的资金是如何分配的？

佑维投资：通过优化器，主要是看各个策略的历史表现和协方差矩阵进行分配。

问题9：就贵司看来，一个量化交易策略需要达到哪些条件、经过哪些步骤，才有可能被纳入实盘策略中？

佑维投资：不同频率、逻辑的策略差得还是比较远的。**如果一个高频、持仓在秒级的策略，可能经过简单的回测就要上实盘，反正一天亏钱就得停了。**

比如说隔夜的换手在15%左右的策略，就需要大量的有逻辑的因子，进行样本内外的测试；进行3个月以上的模拟盘，然后才能逐渐从小规模开始实盘。

问题10：最近半年，大部分CTA策略都出现了较大回撤。但是我们发现，贵司的产品，特别是稳健系列的产品，近期回撤控制得相对比较好。请问贵司主要是哪些方面做得比较好，从而在最近半年的行情中，回撤控制得比大部分CTA策略要好？

佑维投资：除了风控准则外（主要是根据回撤调整整体杠杆），我们主要控制回撤的方式是多元化的。**我们的因子组成非常多元，从传统的动量基差，到盘口数据，到各种另类数据，基本面数据都有。**因此一般来说，很难成为短期涨得最好的那个，但是好在每种类别都有贡献，因此在一些因子类别失效的时候还有别的顶上来，长期来说表现会比较好。

问题11：据介绍，贵司的交易策略结合了人工智能、机器学习。人工智能类策略通常缺乏底层的交易逻辑，因此策略失效是大家比较关注的一个方面，请问贵司是如何看待和处理这个问题的？

佑维投资：我们只在因子组合上应用人工智能方式（股票更多采用人工智能，因为相对来说过拟可能性较小）。我们保证了因子本身的有效性，AI有一句经典的“Garbage in，garbage out”，就是说让它训练的输入如果质量不高的话，出来的结果也很可能是垃圾。因此，在进行其他所有标准的防过拟方法外，还保证了输入质量，而且只让机器学习相关的策略占我们策略的一小部分。

问题12：贵司认为，因为持仓越短交易频率越高，越能找到规律，短期规律比长期规律容易论证。而有些交易者认为，短线交易中较微观的市场特征，容易受交易所政策、投资者结构等的影响，相对于长线，规律可能更容易变化。请问贵司是怎么看待这个问题的？

佑维投资：这两个并不太矛盾，**从海外来说，一天以内的策略和持仓周期在一周以上的策略失效比较慢，超高频几乎不用担心失效。风险比较大的是中间那批，日换手在50%左右的因子。**

问题13：据我们了解，贵司的管理规模，从2019年的1000万元，增长到目前的7亿多元。在管理的资金量迅速增长的过程中，贵司的交易方法、交易策略是否做出了一定的调整？随着管理规模的较快增长，请问贵司怎样平衡管理规模和收益率之间的关系？

佑维投资：交易策略是一直在更新的，这个和规模无关，是必须一直要做的事情。具体到交易上，其实没有太大的改变，因为策略容量还比较大，在现在的规模下还不用考虑管理规模对业绩、收益率的影响。

问题14：据介绍，王思达先生和王昊彦先生作为从业超10年的“老兵”，拥有比较丰富的海外对冲基金经验，在防过拟合等重要的注意点上，都有着过硬的技术。请问贵司在防止策略过拟合的问题上，主要有哪些方法和注意的要点？

佑维投资：独创的球面化因子分析模型，可大幅降低因子的过度拟合。

下图是一个典型用到波动率+参考交易日数+回看时间的因子，从球面化因子分析模型图不难看出，此类型因子整体上是有效的。

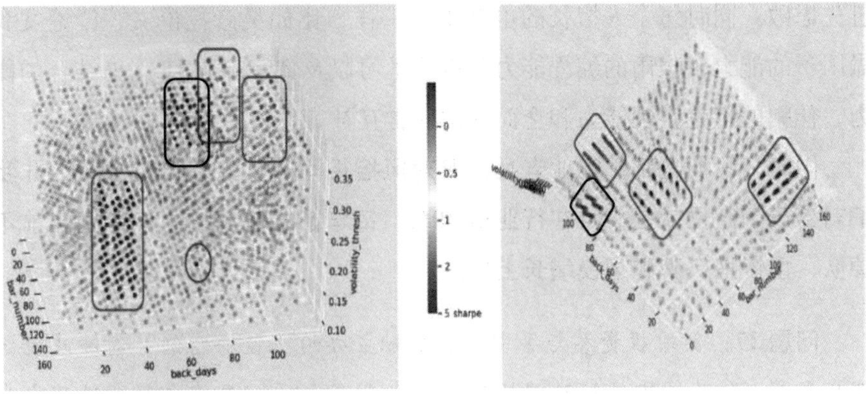

通过球面模型分析可发现，其中有几堆颜色相近的组群（方框部分），通常会提取这些组群做因子组合。

另外图中呈现某夏普值很高的因子少量孤立存在（圆圈部分），这些很可能是过度拟合后的“噪音”会进行剔除。

通过两张图的对比，不难看出其中一组群的各角度颜色非常接近（粗方框部分），这类因子对波动率（vOLATILITY）这个参数几乎没有敏感性，是比较希望获取的一类因子。

问题 15： 据我们了解，王思达先生微信读书平均每天 4 小时，请问长期坚持阅读，给投资和生活带来了哪些好处？

佑维投资： 其实主要是每天上下班路上听书，我失眠比较严重，失眠的时候起来看会儿书，一天时间就挺长了，应该没有 4 个小时，一天 2~3 个小时。**看书主要能使我思考问题的方式能多元一点，通过微信或者网络了解问题很容易陷入信息茧房。**

问题 16： 北京佑维投资成立于 2018 年，现在私募团队和机构众多，各有各的特点，请问贵公司的核心优势在哪些方面？

佑维投资： 我们的优势其实是整个公司成员的性格和目标比较相同，同时能力很互补。我们相对来说风险偏好都比较低（我和昊彦都算 2008

年入行，刚入行是牛市还是熊市，对职业生涯的影响还是很大的，晓雨、佳鹏本身风险偏好就低），不会为了短期利益去赌什么东西，而是会未虑胜先虑败。同时每个人擅长的也都不太一样，比如昊彦挖论文、读论文和做因子的能力，晓雨的编程能力和迅速学习以及将策略和IT完美结合的能力，佳鹏的理论实现能力和全面性都非常互补。

同时，**我们也都算行业老兵，有对风控相同的认知和自控力，因此我们对自己的定位就是保持在行业前30%，每年都不争第一，但是要靠前不掉队，慢慢把口碑和规模增长上去。**

问题17：佑维投资参与了由东航金融主办的“蓝海密剑”对冲基金经理公开赛，作为国内持续时间最长的实盘大赛之一，贵司在参赛过程中有什么感受，对“蓝海密剑”有什么期许？

佑维投资：这个大赛比较务实，对参赛选手分类也比较细，特别是对做CTA策略的交易者能够很客观地做评价。希望未来有更多能够跟业内高水平同行交流的机会！也希望大赛越办越好！

璞远资产：

稳健的业绩，源于严格的风控

（傅旭鹏访谈整理）

璞远资产

上海璞远资产管理有限公司是一家以债券投资、现金管理、股票投资、宏观配置为特色的私募基金管理公司，成立于2014年，总部位于中国上海。成立同年，已在中国证券投资基金业协会登记备案获得私募基金管理人资格（备案编号：P1002935）。

李敬恒　总裁

CFA（特许金融分析师），二十一年资本市场从业经验

曾任上海证券有限责任公司分析师

海际大和证券有限责任公司固定收益部投资经理

2008年入职中泰证券股份有限公司固定收益部，先后任债券投资总监、执行总经理

FICC（固定收益、外汇、大宗商品交易）部执行总经理

自营决策委员会委员及债券投资部负责人

自2001年开始从事证券研究与投资交易工作，二十年从业经验

管理规模超100亿人民币，业绩优异

擅长市场趋势研判，在宏观分析、大类资产配置等方面有丰富的从业经验

精彩观点

我们选择的高收益债市场在中国目前还是一片蓝海，中国场外主导的市场特征以及大量“非理性”投资者的存在，使高收益债市场持续处于弱有效市场状态，错误成为常态。

高收益债有一个确定的到期日，如果在投研方面投入足够，那么对未来价格以及收益的计算也有了确定的预期。

公司制定了一套严格的投资风控体系，其中核心的风控条款为分散投

资，对单一主体债券持仓不超过基金净值的5%，而且以基金合同条款的形式强制执行，对于公司回撤起到了至关重要的控制作用。

公司通过投资主体分散、到期日分散、投资板块分散和地域分散等方面分散投资，并采用“20%~30%现金”+“50%~60%城投”+“10%~20%地产”+“5%~10%其他债券”策略，在把握好信用风险的前提下，多品种行业板块共振，为客户创造更好的收益回报。

在投研方面，需要深入了解的标的债券公司的公开信息及非公开信息，尤其是非公开信息，需要有标的公司所在地区的金融机构、政府机构等人脉资源，这样才能更深入地了解标的公司在当地区域内的实际情况，避免被公开信息中一些偏颇、夸张以及市场传言误导。

近期无论是地产还是疫情防控政策的放松都相对超预期。债券在经历过这波政策的超预期冲击和银行理财赎回负反馈的双重压力后会趋于平静，中央及地方对于控制债务风险以及相对应的措施，仍然会给予高收益债券较高的安全边际及收益回报。

随着疫情防控政策的持续优化、地产政策的不断松绑，扩内需政策的持续落地等，预计2022年的政策累积效应将在2023年显现。2023年经济主要重点为投资+消费，需要持续追踪高频数据。

选股的逻辑主要是从中长期视角，通过自上而下以及自下而上的研究，去选择商业模式较好、管理层优秀、行业景气度高且具有较深护城河的企业。买入点主要参考公司的估值及行业趋势，当测算未来三到五年还能看到可观的收益时，会选择买入或者继续持有。

短期看来，国内疫情感染高峰尚未结束，宏观经济恢复较为缓慢，购房者收入预期、置业信心修复仍需时间，预计销售在2023年下半年将有所好转。一二线城市政策优化空间大，整体量增价稳，市场或逐渐恢复，而三四线城市市场量价或继续下行。

由于十年期国债预期属性较强，加息放缓或暂停后长端反应快于短端，收益率往往会先于降息开始下跌，因此我们判断今年美国长期国债安全性较高，存在投资机会。

问题1：璞远资产您好，感谢您和东航金融&七禾网进行深入对话。据介绍，贵司是一家以债券投资、现金管理、股票投资、宏观配置为特色的私募基金管理公司。请问贵司为什么选择债券市场，作为公司比较重要的一个投资领域？

璞远资产：首先**我们选择的高收益债市场在中国目前还是一片蓝海，中国场外主导的市场特征以及大量“非理性”投资者的存在，使高收益债市场持续处于弱有效市场状态，错误成为常态。**我们作为私募机构在风险控制上更加灵活，通过二级市场风险不对等和评级波动，甚至消息面的扰动，很容易获取超额收益。

其次，高收益债与股票相比，在获取收益这一点是确定的，而股票是不确定的。股票的价格取决于众多投资者对未来价格走势的一致预期，无论对某只股票做了多少研究，都无法确定它未来的价格。而**高收益债有一个确定的到期日，如果在投研方面投入足够，那么对未来价格以及收益的计算也有了确定的预期。**因此我们选择债券市场，特别是高收益债市场作为主要的投资领域。

问题2：据了解，贵司的总经理李敬恒先生，曾在多家大型券商任职，请问这些工作经历，对后期做债券交易以及组建交易团队，有哪些帮助？

璞远资产：公司总经理李敬恒先生，曾经就职于上海证券、大和证券和中泰证券，从业经验超过22年，其中在中泰证券从业超过13年，属于大型券商的高层管理人员，负责整个券商机构的债券固收投资工作，积累了丰富的债券市场投研经验及交易资源。目前公司的债券交易团队及策略，都是依据李总在金融机构的从业经验而配备的相关人员及制定相应的投资交易策略，李总的从业经历是公司进行债券策略投资的核心竞争力之一。

问题3：请问贵司债券的交易策略中，对投资标的的选择有哪些要求和标准？

璞远资产：在债券标的的选择上，我们主要还是在收益以及风险的天平两端进行权衡。在收益方面，我们首先对二级市场价格受损的标的以从上到下的方式进行基本面的评判，在判断其市场价格低于其内在价值后，再结合风险角度进行取舍。风险方面我们主要关注标的的期限、分散度、交易活跃度、流动性。在综合考察后确定标的的收益与风险匹配，并且在持仓方面符合产品要求后，确定对投资标的的选择。

问题 4：贵司表示，同股票投资类似，高收益债券投资的核心理念在于找寻债券市场价格低于其内在价值的投资标的。请问贵司主要是通过哪些方面，判断债券的内在价值？

璞远资产：我们通常会基于数据和规则，构建不同类型、行业的模型，以主体内部的基本面为基础进行定性定量分析，对主体进行横向比较和纵向比较，再结合外部银企关系、政府关系等因素的支持，辅以宏观信用环境和行业、区域的分析，最后针对债项的条款和增性情况判断债券的内在价值。

问题 5：我们分析发现，贵司的产品业绩十分稳健，不少产品年化收益率超过 15%，但最大回撤不到 1%。请问贵司主要通过哪些方式，将最大回撤控制得比较好的？

璞远资产：公司稳健的投资收益以及极低的回撤水平，得益于公司科学严格的风控管理策略，**公司制定了一套严格的投资风控体系，其中核心的风控条款为分散投资，对单一主体债券持仓不超过基金净值的 5%，而且以基金合同条款的形式强制执行，对于公司回撤起到了至关重要的控制作用。**

此外，公司还对持仓的债券进行行业的分散、地域的分散以及到期日的分散；公司还采用右侧交易法、减持右侧建仓、规定安全垫投资策略、逐步建仓等风控办法，有效地控制了回撤水平。

问题 6：请问参与债券交易，主要存在哪些风险？贵司又是如何控制这些风险的？

璞远资产：债券交易风险分为系统性风险和非系统性风险。由于国内外形势、政治等宏观层面导致的风险为不可分散风险，包括利率风险和通胀风险。而高收益债券板块存在的主要风险分为信用风险、流动性风险和提前赎回风险。其中信用风险又可以分为债券发行人无法按时兑付规定本息产生的违约风险和债务人信用评级下调而导致的债券价格下跌的价差风险。流动性风险反映出目前所持券的交投活跃度，投资者在短期内能否以合理价格出售。公司长期专注于高收益债市场的研究，深入挖掘发债主体的信用资质情况，洞悉市场交易对手的动态，通过主体研究、分散投资等方式控制风险，并优选流动性强的投资标的，避免交易时因为流动性不足导致的价格牺牲。

问题7：贵司表示，高收益债券风控措施之一是分散投资。请问贵司主要通过哪些方面来分散投资？

璞远资产：公司通过投资主体分散、到期日分散、投资板块分散和地域分散等方面分散投资，并采用“20%~30%现金”+“50%~60%城投”+“10%~20%地产”+“5%~10%其他债券”策略，在把握好信用风险的前提下，多品种行业板块共振，为客户创造更好的收益回报。

问题8：据介绍，贵司的高收益债券投资策略可以概括为：投资交易风格，右侧交易为主，谨慎做左侧交易，慎接飞刀，不做第一波。请问能否详细阐释一下这一策略的内涵，以及在交易中的体现？

璞远资产：（1）分散投资理念。投资主体分散、到期日分散、投资板块分散、地域分散。

（2）产品不加杠杆，警惕高杠杆风险。

（3）优选流动性强的投资标的，避免交易时因为流动性不足导致的价格牺牲。

（4）选取标的时尤其关注性价比，不盲目追高。

问题9：据贵司介绍，高收益债券投资的三大支柱，包括投研能力、交易能力、投行能力。请介绍一下，在这三方面，贵司分别有哪些优势？

璞远资产：首先，公司在投研能力方面，公司有以李总、蔡总等为核心的在大型金融机构从业超过15年以上的管理团队，依据核心团队组建了

22 人的投研团队，公司投研人员配备超高，在李总、蔡总的带领下，投研水平在业内具有相当强的竞争力。

其次，关于交易能力，公司李总、蔡总、乔总等都具有 15 年以上的金融机构债券投资管理经验，与各大银行、公募、券商等债券交易部门都有过交易，积累了丰富的债券投资交易资源，公司交易能力毋庸置疑，具备极强的竞争力。

最后，关于投行能力，主要是指**在投研方面，需要深入了解的标的债券公司的公开信息及非公开信息，尤其是非公开信息，需要有标的公司所在地区的金融机构、政府机构等人脉资源，这样才能更深入地了解标的公司在当地区域内的实际情况，避免被公开信息中一些偏颇、夸张以及市场传言误导**。公司李总、蔡总多年以来积累了丰富的人脉资源，这也是公司投研竞争力的一个重要优势。

问题 10：据贵司介绍，高收益债券市场目前所处的历史阶段，可以概括为：星星之火，可以燎原；一片蓝海，前景广阔。请具体介绍一下，国内高收益债券市场的总体情况，以及如何把握投资机会？

璞远资产：就中国而言，**近期无论是地产还是疫情防控政策的放松都相对超预期。债券在经历过这波政策的超预期冲击和银行理财赎回负反馈的双重压力后会趋于平静，中央及地方对于控制债务风险以及相对应的措施，仍然会给予高收益债券较高的安全边际及收益回报。**

去年投资者普遍担心的城投公开债务违约事件并未发生。从云南康旅提前兑付全部债券和兰州市城投债 2022 年全年净兑付超 200 亿可看出，城投债理论上发生实质性违约概率仍然极低，各地政府仍保持着极高的偿债意愿。从择时的角度出发，采用骑乘策略仔细选择区域和择券。其中包括观察政府偿债意愿是否发生重大变化、经济财力继续大幅下滑、部分区域再融资发生超预期恶化等传统信用分析。也会采用“以省为单位”进行分散配置，做好高收益区域基本面横向对比，从而对标的做出大致的心理估值，找寻债券市场价格低于其内在价值的投资标的。

地产债方面，行业低迷颓势已得到明显扭转，随着“三支箭”融资政策的逐步落地，房地产企业融资难问题得以缓解，风险得到遏制，并未进一步向国资房企蔓延。对于未展期房企年内债券到期兑付，抱有乐观心态；但由于销售尚未明显复苏，以及疫情反复、国际关系等黑天鹅事件等，债券价格存在回调机会。出险房企直接受到政策恩惠难度较大，但已陆续进行债务重组，目前龙光、融创已完成境内债整体展期。债券展期虽然整体还款周期拉长，但随着整个行业复苏，企业情况有所好转，可以以更乐观的态度去看待回收率。

问题11：据介绍，李敬恒先生擅长市场趋势研判，在宏观分析、大类资产配置等方面有丰富的从业经验。请问贵司的宏观研究，主要分析和关注哪些方面？

璞远资产：首先关注战略层面，例如中美关系、台海局势、中央层面各种会议的表态等，可以从大的形势上对市场有个大的把握。其次关注国内外经济数据，例如国内每月发布的高频经济数据，以及中央经济工作会议等。同时也需要关注美国、欧元区等的就业数据、通胀数据、加息频率等。

问题12：请问贵司认为，当前影响股票、债券等资本市场的主要宏观因素有哪些？

璞远资产：（1）中美关系。中美元首在巴厘岛会晤期间，拜登表示，美方希望看到台海和平稳定，不会支持"台独"。这个表述不仅具有重大现实指导意义，而且将对下阶段乃至更长时期的中美关系产生重要深远影响。

（2）国内经济复苏程度。**随着疫情防控政策的持续优化、地产政策的不断松绑，扩内需政策的持续落地等，预计2022年的政策累积效应将在2023年显现。2023年经济主要重点为投资+消费，需要持续追踪高频数据。**

（3）美联储经济数据、加息步伐。美联储在2022年12月加息50BP之后，随着CPI略超预期的回落，又吹出了些许"鸽声"。就中国而言，近期无论是地产还是疫情防控政策的放松都相对超预期。在市场层面，美元持续回落，风险资产普遍 Risk On，人民币迅速反弹，中国债券快速下跌。美联储 2022 年下半年 400+BP 的快速加息也增加了美国国债在 2023 年的投资机会。

问题 13：据了解，贵司也有股票交易策略，请问贵司的选股逻辑是怎样的？

璞远资产：选股的逻辑主要是从中长期视角，通过自上而下以及自下而上的研究，去选择商业模式较好、管理层优秀、行业景气度高且具有较深护城河的企业。买入点主要参考公司的估值及行业趋势，当测算未来三到五年还能看到可观的收益时，会选择买入或者继续持有。

卖出的理由包括不限于：①公司的选股逻辑发生了重大变化；②行业景气度出现了拐点，且中短期无法看到向上的迹象；③公司的估值过于高，乃至三到五年也无法看到收益。

问题 14：随着政策的持续放宽，请问贵司对 2023 年房地产行业怎么看？

璞远资产：随着 2022 年政策持续加码，“保交楼”成为供需两端的共识。从需求端来看，市场对“烂尾楼”、暴雷房企的顾虑逐渐减弱，2023 年购房信心将有一定程度的恢复。同时疫情让居民深刻体会到周边配套、小区物业、房屋户型、朝向等因素的重要性，对高品质物管的需求提升。但鉴于当前疫情走势不明朗，居民购房意愿、购房能力都受到影响。人民银行 2022 年 12 月调查显示，未来 3 个月仅有 16%居民有购房打算，创下 2016 年下半年以来新低。**短期看来，国内疫情感染高峰尚未结束，宏观经济恢复较为缓慢，购房者收入预期、置业信心修复仍需时间，预计销售在 2023 年下半年将有所好转。一二线城市政策优化空间大，整体量增价稳，市场或逐渐恢复，而三四线城市市场量价或继续下行。**

从供给端来看，2022 年已供地量仅为 2021 年全年一半，2023 年新增住房存在缺口，房企盘活存量的能力将决定明年的销售情况。未来房企投资仍将保持谨慎的态度，但一线城市的优质地块将吸引头部房企进行激烈的竞拍，土地市场的分化将持续扩大。在稳信用的前提下，企业整体融资环境或将实质性改善，央国企及优质民企更将显著受益。大型央企及地方国企由于具备资金优势，资金流动透明，购房者对国企的信任感相对较强，预计2023年销售将持续回暖。但2023年前三季度仍将迎来一波大规模的偿债潮，到期债权总规模达到5573亿元，偿债压力不容忽视。此外，2022年拿地市场大量城投托底，但大多数城投房地产开发能力较弱，给部分未拿地的企业带来一定的合作、代建机会。

问题15：请贵司简单概括一下，当前城投市场的投资机遇在哪里？

璞远资产：2023年城投机会我们认为主要在于聚焦短久期的下沉区域。首先区域分化将成为信用债市场长期趋势，市场呈现马太效应，弱资质区域波动加剧，而波动就会带来投资机会。其次，我们从去年全年各下沉区域的表态可以看出来，城投债年内打破刚兑可能性小。云南康旅通过协调资源提前兑付债券退出债券市场，甘肃省政府明确表态重点发债企业债券按期足额兑付，贵州更是在政策端两度获得中央发文支持，各省偿债意愿较强。因此下沉区域具备一定埋伏的价值。

问题16：就贵司看来，2023年还有哪些比较好的投资领域或者行业？

璞远资产：随着美国通胀数据好转，压力缓慢下降，以及非农就业数据走低，延续降温趋势，美国经济景气度持续回落，美联储放缓加息步伐。2022年12月美国两年期国债利率与联邦基金利率之差已经出现倒挂，意味着美联储已经过度加息。从历史上来看，高利率下美国经济往往会时滞性地出现放缓或下行风险，导致历史上美联储维持政策利率在终点利率水平的时间大多短于9个月。将十年期国债收益率与两年期国债利率-联邦基金利率之差结合来看，当倒挂出现时，十年期国债收益率通常处于顶部或者高位震荡中。**由于十年期国债预期属性较强，加息放缓或暂停后长端反应快于短端，收益率往往会先于降息开始下跌，因此我们判断今年美国长期国债安全性较高，存在投资机会。**

问题17：据介绍，贵司目前的管理规模为13亿元。请问贵司的交易策略，预期的资金规模、容量可以达到多少？

璞远资产：截至2023年1月15日，公司管理的规模为16亿元。目前现金管理策略的容量很大，预计为100亿元左右，高收益债策略容量在100亿~200亿元，根据公司目前的管理能力，现金管理策略管理规模预计为10亿~15亿元，高收益债策略管理规模为30亿~50亿元。

问题18：璞远资产成立于2014年，现在私募团队和机构众多，各有各的特点，请问贵公司的核心优势在哪些方面？

璞远资产：主要优势为公司投资经理行业经验丰富，具有良好的市场投资管理经验，同时公司有完善的投研团队，对投研项目给予足够的调研数据支持。

公司优势：

（1）丰富的管理经验：公司管理团队具有银行、证券、公募等机构的债券从业经验，具有十几年的债券投资管理经验，具有丰富的行业投资及风险控制经验；

（2）行业资源丰富：管理团队具有丰富的债券行业资源，与银行、证券、公募、私募等机构达成了广泛的合作关系，具有良好的信誉及行业资源储备；

（3）风控水平高：公司管理团队具有极强的风险意识及完善的风控管理方案，在以往的历史业绩中，具有良好的回撤控制能力，在同行业中名列前茅；

（4）风险收益比高：公司具有良好的风险收益比，在控制好回撤的情况下，风险收益比可达到1∶5以上；

（5）完善的团队管理组织架构：公司有30多人的投研管理团队，投研人员占比达到40%以上，目前团队人员配置足以胜任30亿~50亿元的管理规模，应对目前的管理规模绰绰有余。

问题19：请介绍一下贵司交易团队的情况，有多少成员组成？分工是怎样的？

璞远资产：公司目前有交易员5位，每人负责不同产品的交易，根据产品系列不同，每人负责10~15只产品的交易执行。

问题20：请谈谈贵司未来的投资规划，以及团队的发展愿景和规划。

璞远资产：公司计划2023年进一步提升管理规模，通过与三方机构、券商机构、专业投资机构合作，把管理规模提升至30亿~50亿元；另外，2023年开始，公司将运作固收+策略，固收+策略部分我们会进一步加强投研能力，同时公司会涉及美债投资、权益投资、雪球期权投资等领域，为客户提供更丰富的投资策略。公司秉承稳健的投资风格，预计在未来3~5年内成长为国内百亿规模的知名私募机构。

问题21：璞远资产参与了由东航金融主办的“蓝海密剑”对冲基金经理公开赛，作为国内持续时间最长的实盘大赛之一，贵司在参赛过程中有什么感受，对“蓝海密剑”有什么期许？

璞远资产：公司参加过各类金融机构、专业服务机构举办的各类比赛有二三十次，均取得了不错的排名，公司非常感谢各机构举办活动，为公司提供展示自身能力的舞台，也非常感谢东航金融以及七禾网对公司一直以来的关注和支持，活动举办非常成功，影响也非常大，公司也希望能够继续跟东航金融以及七禾网有更深入、更广泛、更密切的合作。

衍盛投资：

策略长期取胜的核心是有能持续研究、开发能力强的投研团队

（刘健伟访谈整理）

章友

衍盛私募证券投资基金管理（海南）有限公司董事长、投资总监，清华大学金融系学士，清华五道口金融 EMBA。2005—2015 年在高盛（亚洲）股票及衍生品交易部任职，曾任执行董事，主管亚太区股票及衍生品交易，经历美国次贷危机、欧洲债务危机等多次市场风险事件。具有 17 年股票衍生品交易经验，参与了深圳证券交易所、中国金融期货交易所期权顾问工作。清华大学金融硕士行业导师、香港中文大学（深圳）数据科学专业硕士课程行业导师。

精彩观点

境外机构尤其是在 2008 年次贷危机之后，对尾部风险有严格的风控，通过 VAR（Value At Risk）、市场冲击情景分析等多种方式，对类似风险提前做出应对。

对冲类策略，遇到极端情况，我们主要以缩紧多空在各个行业和风险敞口的偏离度方式进行应对。

现在的学生对金融行业有更为深入的了解，对自己的职业规划有更多的思考，相应地，学生之间的竞争也更为激烈。

我认为基本面因素是可以被量化的，市场观点可能更多的是指量化因子相比于价量因子，频度更低，预测能力更弱。

股价上涨下跌最重要的因素还是基本面，而非技术面。

在 A 股市场，由于投资者热衷于追逐热点和行业轮动，给基本面因子提供了大量的偏离机会，我认为在相当长时间内，数量化方式都可以在基本面数据中挖掘出 Alpha。

我认为量化基金仍处于初期的发展阶段，随着衍生产品和交易规则的完善，将逐步步入成熟期。

量化交易即使在经济危机大势下，对比其他类型的基金也能收获相对良好的表现，有很强的抗压特性。

相对于发达的金融市场，国内发展中的金融市场往往存在更多的套利机会，更适合量化交易发挥作用。

国内金融机构如果能够领先市场，充分发掘量化交易特色，走出自己的风格，相信能够收获不错的价值。

我司采用了二三十个选股模型，如 DBN 深度信念网络、LSTM 长短期记忆网络、MLP 多层感知器、RBM 受限玻尔兹曼机、ReLU 修正线性单元、CNN 卷积神经网络、递归神经网络（RNN）等预测股票收益。

核心还是有持续研究和开发能力的投研团队，我们通过与重点高校合作，来确保团队的创造力。

个人判断市场风险不大，2023 年可能有不错的机会。

衍盛致力于为投资人打造全球化的资管平台，立志通过专业化管理为境内外的投资人提供稳定且可持续的投资回报。

衍盛的特征因子注重可解释性和逻辑性，同时符合数学统计结果，因此往往在宏观和中观政策上保持连贯，以及在市场运行符合经济学逻辑时表现更好。

在效益和规模之间需要平衡更多的是灵活性。

规模的增长要适度，不盲目于规模增长带来的好处而放纵“贪念”。

问题 1：章总，您好！感谢您和东航金融 & 七禾网进行深入对话。章总曾在高盛就职，主管亚太区股票及衍生品交易，境外投资机构投资亚太区股票的方式和特点与国内机构有什么不同？

章友：境外机构往往投资期限更长，换手率更低，预期收益率也比境内机构平均来讲低一些。从标的角度看，境外机构更倾向于大盘蓝筹和价值类股票。

问题 2：章总在高盛期间曾经历过美国次贷危机、欧洲债务危机等市场风险事件，境外机构遇到此类风险的应对措施是怎样的？

章友：境外机构尤其是在 2008 年次贷危机之后，对尾部风险有严格的风控，通过 VAR（Value At Risk）、市场冲击情景分析等多种方式，对类

似风险提前做出应对。

问题3：衍盛投资如果在投资过程中遇到类似前述市场风险事件，又会有什么样的应对手段？

章友：首先对冲类策略，遇到极端情况，由于多空对冲风险基本可控，净值波动不会太大，短期波动造成回撤，我们主要以缩紧多空在各个行业和风险敞口的偏离度方式进行应对。

指数增强由于其跟踪指数、赚取超额等特征，我们正常情况下还是会保持满仓，在突发事件发生之后，及时跟客户进行沟通，提出建议和相应的应对方案，在充分沟通的情况下妥善处理极端市场情况下的风险。

问题4：章总参与了深圳证券交易所、中国金融期货交易所期权顾问工作，您觉得国内的期权衍生品的发展情况如何？衍盛投资在期权投资上是否有所布局？

章友：国内的期权衍生品起步较晚，但是各方面的准备还是非常充分的，可以期待，未来场内和场外衍生品市场都将得到长足的发展。衍盛从华尔街聘请专家，历时两年时间，自研开发交易平台和策略，计划2023年对外募资。

问题5：章总也担任着清华大学、香港中文大学等知名学府的行业导师，您觉得国内的金融后起之秀相较您当时的情况，有哪些改变？

章友：现在的学生对金融行业有更为深入的了解，对自己的职业规划有更多的思考，相应地，学生之间的竞争也更为激烈。

问题6：您提到了从长期来看量化超额收益来自投资标的基本面改善和长期业绩增长，市场上有部分观点认为基本面很难被量化，您怎么看？

章友：我认为基本面因素是可以被量化的，市场观点可能更多的是指量化因子相比于价量因子，频度更低，预测能力更弱。但基本面因子逻辑性更强，从长期看，股价上涨下跌最重要的因素还是基本面，而非技术面。尤其是在A股市场，由于投资者热衷于追逐热点和行业轮动，给基本面因子提供了大量的偏离机会，我认为在相当长时间内，数量化方式都可

以在基本面数据中挖掘出 Alpha。

问题 7： 您有超过 17 年的投资经验，更加难能可贵的是还有 17 年的量化交易经验，量化投资在国内的发展时间并不长，在您看来，国内的量化发展情况如何？

章友： 在成熟市场中，量化类机构已经占据了日常交易量接近八成，衍生品市场非常丰富。我国量化投资虽然起步较晚，但是发展速度很快，量化基金也具备了相当大的规模。**我认为量化基金仍处于初期的发展阶段，随着衍生产品和交易规则的完善，将逐步步入成熟期。**

问题 8： 很多量化交易者在进行策略开发的时候都会遇到这样一个问题，一套策略在模拟运行的时候表现很好，回测数据也很不错，但一到实盘中表现不佳，甚至还有可能出现连续亏损，您遇到过这种情况吗？一般会怎么解决这个问题？

章友： 新策略研发中会遇到这类问题，**需要通过降低过拟合的方式解决这个问题。**

问题 9： 华尔街大部分的交易都已经是通过量化来完成了，您觉得国内的量化发展会像国外一样吗？还是说会有自己的特色？

章友： 量化交易在美国头部具有垄断效应，占全市场的比重会达到 1/3以上，中国量化投资还远远没有达到这个规模，仍具备很大的发展潜力。和国外相比，国内量化交易还处在初步发展阶段。无论是交易规模还是采用量化交易的机构数目，以及对市场流动性的贡献，都落后于国际市场。诸如交易市场落后、交易理念落后，统计建模、内部管理、IT 系统、技术储备、人才储备等方面的问题还存在。但同时**量化交易即使在经济危机大势下，对比其他类型的基金也能收获相对良好的表现，有很强的抗压特性。**它收益较好，能对抗经济下行压力并分散投资组合的风险。

总的来说，**相对于发达的金融市场，国内发展中的金融市场往往存在更多的套利机会，更适合量化交易发挥作用。国内金融机构如果能够领先市场，充分发掘量化交易特色，走出自己的风格，相信能够收获不错的价值。**

问题 10：贵公司的股票量化策略应用到了现在较为前端的机器学习，目前效果如何？应用逻辑又是怎样的？

章友：在我司深度学习选股模型中，我们采用神经网络系统建立股票价格预测模型，识别因子与收益的非线性关系。**我司采用了二三十个选股模型，如 DBN（深度信念网络）、LSTM（长短期记忆网络）、MLP（多层感知器）、RBM（受限玻尔兹曼机）、ReLU（修正线性单元）、CNN（卷积神经网络）、RNN（递归神经网络）等预测股票收益。**将深度学习用于算法交易是与一些时间序列价格预测模型相结合，达到市场择时的目的，如通过 LSTM、RNN 等进行价格回归，或对市场的趋势进行分类，以触发买卖信号，如用 DMLP、CNN 进行因子选股或趋势分类。RNN 及其拓展 LSTM、GRU 等，被用于金融时间序列数据预测和金融文本分析。应用的效果还是比较明显的，可以捕捉因子之间的非线性关系。

问题 11：国内的市场相较欧美成熟市场有个较大的不同是散户投资者的比重仍比较大，您觉得这对机构来说是利是弊？

章友：对机构而言意味着更多的市场机会。

问题 12：2022 年的资本市场交易难度很大，包括市场一些知名的百亿私募都没能在市场上获利，衍盛投资 2022 年的表现如何？您觉得造成这种现象的主要原因是什么？

章友：2022 年，市场确实有一定的挑战，我们的中性产品收益也不大，处于过去五年最低水平，主要是 8 月之后逆周期的政策调整，导致基本面因子大幅回撤。

问题 13：针对 2022 年资本市场的变化，衍盛投资在交易策略上是否会做出相应的调整？

章友：我们认为 2022 年的市场有其特殊性，我们通过对这一年数据的分析，优化了现有因子，同时布局事件类策略，可以更好地应对极端市场行情。

问题 14：在不断变化的市场中，您觉得策略长期取胜的关键包括哪些方面？

章友：核心还是有持续研究和开发能力的投研团队，我们通过与重点高校合作，来确保团队的创造力。

问题 15：从 2022 年底到现阶段，市场迎来了一波较明显的反弹，也让部分机构缓了一口气，您觉得市场是否已经发生了转变？您对 2023 年的市场预期是怎样的？

章友：2022 年经济基数较低。疫情放开之后，经济指标大概率会有不错的表现，股市也处于一个相对低位，**个人判断市场风险不大，2023 年可能有不错的机会。**

问题 16：贵公司分别在北京、深圳、香港都设立了办公室，三地分别有什么样的职能？

章友：衍盛资产于 2014 年 6 月在深圳注册成立，公司持有中国私募证券投资基金经营牌照（备案编号：P1004055），并拥有观察会员和投顾资格。境外投资平台（衍盛中国香港）持有香港证监会核准的“资产管理资格”（9 号牌照），于 2021 年 5 月获批 QFII 资质，是一家全牌照的资产管理公司。深圳作为总部，汇集了投研团队、运营团队及市场团队，是衍盛核心输出与运营地。北京办公室也有投研团队及市场团队，香港办公室更多的是负责海外运营与策略。从规划与资质不难看出，**衍盛致力于为投资人打造全球化的资管平台，立志通过专业化管理为境内外的投资人提供稳定且可持续的投资回报。**

问题 17：在北京的量化投资实验室是与清华大学合作的，那么清华大学在其中扮演了什么样的角色？

章友：公司重视与高校合作，早在 2016 年就与清华大学合作创办了“量化投资实验室”，旨在为策略持续开发和优秀量化人才储备奠定基础。实验室的基本任务之一是打造量化交易平台，同时为教师和学生提供策略开发、风险管理、套期保值、套利交易，以及产品开发等金融交易的实践平台；为教师提供教学和实验模拟平台，搜集学生交易行为数据，支持金融市场及行为研究。同时实验室重在为市场与理论提供纽带，衍盛能够获得市场最新动态及其管理基金的最新信息，中心的研究员由金融系教师构成，其研究覆盖全球资本市场投融资理论和实证研究，清华大学大力发展实验室也能够更好地搭建基金经理与学术研究交流平台，推动前沿课题研究；同时通过讲座及合作案例开发等形式搭建教学平台，使学生将所学知识与实务有机地结合起来。

问题18：三地设有办公室，衍盛投资一定拥有一支优秀的投研团队，请您介绍一下衍盛投资的团队情况。

章友：团队方面，**公司投研和技术部门成员来自清华大学、中科大、美国纽约大学、杜克大学、英国帝国理工等海内外高等学府，拥有计算机科学、电子工程、数学、统计学、金融工程、人工智能等学科背景**。以我为代表的核心成员曾在美国高盛、城堡证券、Two Sigma、Man AHL、德意志银行等享誉全球的投资机构任职或长期从事咨询顾问工作，具备国际化视野和丰富的投资经验。同时，2022年9月，原全球顶级对冲基金Two Sigma的资深顾问、美国杜克大学金融学博士、拥有北美名校终身教授职称的刘教授正式加入我司股票量化团队。

问题19：指数增强的产品在2022年遭遇了较明显的月度回撤，这样的回撤在贵司的预期范围内吗？遇到这种情况，贵司的应对措施有哪些？

章友：**衍盛的特征因子注重可解释性和逻辑性，同时符合数学统计结果，因此往往在宏观和中观政策上保持连贯，以及在市场运行符合经济学逻辑时表现更好**。反之，在政策层面大转换，但未在个股基本面上反映出来的时间段中就容易出现回撤。由于政策的大转弯，公司确实在2022年8月后出现了明显回撤，但对未来回归正常我们很有信心。在策略方面，我们一直在做积极调整与改进，团队也一直积极持续地优化因子，从2022年8月开始陆续更新迭代了大量量价因子，10月工作重心开始转移至基本面因子，近期陆续上线了新优化的基本面因子。同时，我们将降低子策略间的相关性，适当降低分析师预期数据在我们策略中的比重并引入新的数据源。另外，更核心的工作是提升策略的分散度，原因子优化重点在覆盖面较广的基本面因子，下一步将针对覆盖面较小的事件驱动因子进行优化，这类策略的特点是，与团队现有的策略相关性非常低，并不过度依赖某一方面数据源。

问题 20：我们发现衍盛投资的其他多个策略产品回撤都控制得比较好，也请您谈谈衍盛投资的风控理念及制度。

章友：衍盛具有一套科学的风控体系，我司自主开发的交易系统加入了多个风险控制及内控模块，避免明显错误的价格及下单量，控制撤单量，并避免出现自成交等风险。我司拥有一套完善的事前、事中、事后的风控制度，保证在极端情况下风险可控。

问题 21：衍盛投资在 2022 年规模增长得很快，您觉得对一家私募机构来说，规模与收益之间需要做什么样的平衡？

章友：**在效益和规模之间需要平衡更多的是灵活性**。首先规模的增长当然是必要的，对于私募来说只有资本量足够大，才能够让公司把握更多的机会，更好地抵御潜在的风险，而不是一叶孤舟飘摇在浩瀚的资本海洋里。但**规模的增长要适度。不盲目于规模增长带来的好处而放纵"贪念"**。一家私募公司能管理多少资金要结合自身的实力，比如基金经理的能力和数量、投研团队的建设是否同步，以及可投资范围和资本市场的规模等来确定。大的不一定是最好的，只有适合自己的才是最好的。**投资是一场马拉松，持久才能创造稳健收益。**

问题 22：衍盛投资参与了由东航金融主办的"蓝海密剑"对冲基金经理公开赛，作为国内持续时间最长的实盘大赛之一，您在参赛过程中有什么感受，对"蓝海密剑"有什么期许？

章友：东航金融主办的"蓝海密剑"对冲基金经理公开赛在业内一直着有良好的口碑，**这次参赛衍盛在第二季度股票策略组荣获了第一名，在对冲策略组也收获了第二名的好成绩**。同时，在参赛过程中我们深刻感受到了主办方的细心与专业。作为国内持续时间最长的实盘大赛之一，大赛坚持与专业缺一不可，我们也很期待未来能够与"蓝海密剑"擦出更多的火花，期待"蓝海密剑"越办越好！

磐耀资产：

投资应该成长与价值并重

（刘健伟访谈整理）

辜若飞

上海磐耀资产董事长、基金经理，北京师范大学金融学学士，新生代绩优私募基金经理代表，业绩抢眼，风格灵活，管理产品穿越牛熊均取得正收益，代表产品磐耀三期成立7年多以来，7个完整投资年度连续正收益，同时注重回撤，以风险稳健著称。目前管理公司绝大部分的产品和规模，并且以优秀的业绩表现获得市场的认可，先后获得《中国基金报》一年期、三年期英华奖，《证券时报》一年期、三年期金长江奖，Wind三年期最佳私募奖，私募排排网五年期最佳基金经理，《中国证券报》三年期金牛私募投资经理奖等。

精彩观点

价格总是围绕价值变化，很多极端的波动往往会创造大的机遇。

我们一如既往围绕行业和公司基本面进行投资，注重选股的安全边际，分析风险、利用风险，同时结合相关风控，做到了平稳穿越。

磐耀资产投资理念的基础是立足基本面，做好长期研究、深入覆盖。

我们定义自己为长跑型管理人。

选股时要立足基本面，在进行个股选择的过程中，以注重公司个股基本面研究为导向，进行产业链调研和数据的证伪。

2022年，黑天鹅与灰犀牛频发，对于这种突发事件其实非常强调执行力和被动风控，守住净值回撤底线。

在宏观研究方面，磐耀密切跟踪财政、货币政策的变动，以及宏观的行业价格变动，同时结合行业、消费、融资增速等多维度进行分析。

在行业方面，我们跟踪行业中观数据、行业供需两端数据表现，以及行业整体的盈利数据和未来行业发展前景等多维度进行分析。

在个股方面，除成长性外，同时重视公司ROE与现金流，深入研究公司收入、费用、竞争力、融资力、管理层等多重因素；通过分析上市公司所处行业竞争格局，以及对上市公司上下游供需端数据进行紧密跟踪和公开数据的证伪来提高投资的确定性。

主要跟踪的财务数据有营业收入、净利润、现金流、毛利率、资产负债率、应收和预付账款、存货周转率、ROA、ROE 等。

市场经过 2022 年许多悲观因素的考验，底部夯实，其实也在为后续的行情孕育大机会。

我们对 2023 年还是非常有信心的。

我们认为产业背景和买方研究经验两者结合，对产业理解更加深刻，对于未来行业发展有更加独立性和前瞻性的判断。

我们会选择壁垒性最高、逻辑更为通顺的细分板块配置，进行行业估值的横向对比，不断优化我们的持仓结构。

军工是我们持续跟踪多年、长期看好的行业，也是确定性较高的行业，未来有望享受到利润、估值加资金超配带来的股价表现。

预计 2023 年第二季度左右消费将迎来困境反转的时刻，消费将成为拉动经济的主要力量，但是后续最终修复的高度仍值得关注。

在金融板块方面，公司看好财富管理型券商及绩优券商的中期市场趋势。

投资应该成长与价值并重，在投资的过程中，对于行业以及个股的选择以基本面研究为导向，注重选股安全边际的唯一原则，不给投资贴风格标签，对于估值合理的价值类公司以及优质的成长类标的都会进行选择投资。

A 股整体尚处于比较便宜的价格区间，仍旧有大把标的值得逢低布局，短期内没有受到资本追逐抱团，且长期具有坚实逻辑的标的比比皆是。

（2023 年）行业关注科技制造、自主可控相关板块，布局军工、医药等成长赛道；同时关注消费、出行等投资机会，以及持续关注科创板投资机会。

磐耀在立足价值、择股重质、控制回撤、组合投资、仓位灵活、严格风控的投资理念的基础上，深度研究几个长期好赛道的行业。当因为短期因素市场给了具备安全边际的价格时，进行行业跟踪，捕捉到行业基本面出现拐点后敏锐参与，不断权衡持仓组合的性价比，时刻做风险应对，才得以有效穿越牛熊，取得长期稳定收益。

问题1：辜总您好，感谢您和东航金融 & 七禾网进行深入对话。辜总有超过14年的投资经历，可以说见证了A股市场近10年来几个大的转折点，给您留下最深刻印象的时刻是什么？

辜若飞：2020年初疫情暴发，导致年后第一个交易日指数熔断，市场一片悲观。基于市场整体低位低估值，许多个股也跌出了安全边际，我们在随后两天进行了大幅逆势加仓。

问题2：磐耀资产成立近7年来均获得了年度绝对正收益，这7年我们知道A股市场经历了"股灾""熔断"等较大的风险性事件，也请您回顾一下磐耀是如何应对并且最终获得盈利的？

辜若飞：市场会受很多因素影响，导致很大的波动。**但价格总是围绕价值变化，很多极端的波动往往会创造大的机遇。我们一如既往围绕行业和公司基本面进行投资，注重选股的安全边际，分析风险、利用风险，同时结合相关风控，做到了平稳穿越。**

问题3：有观点指出，对一个职业投资人来说，其实股市波动越大越好，您是否认同这样的观点？

辜若飞：股市波动剧烈同时代表着风险性的提高，在短期或许会有部分套利机会，但对于长期来说，最本质的还是赚取优质企业成长和估值回归的钱，而不是跟随市场波动，**磐耀资产投资理念的基础是立足基本面，做好长期研究、深入覆盖。**当拐点出现且判断在底部时敢于配置，不论是价值投资还是成长股投资都是投资于有价值的企业，优选好行业、好模式、好公司、好价格，行业选择偏好低估值、高增长、低关注、低配置、有催化的长期赛道，这也是**我们定义自己为长跑型管理人**的原因。

问题4：有市场人士认为，选股一定要选"垄断型企业"，就是选品牌垄断、资源垄断或技术垄断的企业。您怎么看？

辜若飞：我们认为投资的收益主要来自上市公司本身的业绩增长和上

市公司的估值回归，而不是单纯地选择垄断性企业，所以选股时要立足基本面，在进行个股选择的过程中，以注重公司个股基本面研究为导向，进行产业链调研和数据的证伪。

问题5：磐耀资产有一个聚焦于100只左右优秀公司的核心股票池，那么能够入选这个核心股票池的公司的依据是什么？

辜若飞：核心股票池需由研究部向投资决策委员会提交上市公司的深度报告，“入池”需获得投资决策委员会赞成。行业分析师严格按照公司的内部流程撰写深度报告，研究报告将以优质成长定位的来源、融资支撑企业成长的能力、股东价值重点，以及外部因素分析企业收入业绩来源、费用、竞争力、融资能力、管理层和股东背景、宏观因素、行业景气度等方面为核心框架，在投研会上针对相关个股的深度报告进行讨论，七成以上投委会成员通过后方可加入公司核心股票池。研究部会定期监测核心股票池内个股的基本面情况，并提出调整建议。

问题6：有人说企业文化是企业的核心竞争力，也有人说核心竞争力是盈利能力，或是企业领导层、科研能力、市场销售能力等。在您看来，企业的核心竞争力主要来源于哪里？

辜若飞：对于不同的行业而言，企业核心竞争力的研究侧重点是不同的，如科技企业的核心是科研能力，消费行业的核心是品牌和市场推广能力。

问题7：当一个好企业出现哪些问题或哪些现象时，它可能在往坏的方向变化？

辜若飞：出现诸如行业竞争加剧、主动降价导致的利润率降低、业绩增速放缓、存活和应收账款增加等情况，可能意味着公司在边际变弱。

问题8：就您看来，怎样的企业，在十年、二十年后，依然还是优秀的企业？

辜若飞：有强大的技术或者品牌等壁垒，竞争格局稳定，最好是寡头垄断，下游需求稳定增长，长期业绩稳定并且能够持续保持竞争优势的公司。

问题 9：我们要怎么去评判整个股市或一只股票是高估还是低估了？

辜若飞：针对不同的行业、公司采取不同的估值方法来判断。**股票估值方法分为绝对估值、相对估值和联合估值。**绝对估值法：一是现金流贴现定价模型，二是 B-S 期权定价模型（主要应用于期权定价、权证定价等）。我们主要采用现金流贴现定价模型，也就是 DDM 和 DCF，常用的是 DCF 估值模型中的 FCFE 股权自由现金流模型。相对估值法包括 PE、PB、PEG、EV/EBITDA 等。在具体投研过程中，根据不同的行业和公司定估值法。联合估值法结合了绝对估值法和相对估值法，寻找同时股价和相对指标都被低估的股票，在长期投资标的的选择上，我们偏向于联合估值，综合分析判断股市和股价。

问题 10：您更偏好集中持股还是分散持股？

辜若飞：分散持股。在进行投资的过程中，首先会根据对市场的宏观判断决定产品持有股票和现金资产的整体比例，在确定比例后会选择 3~5 个长期覆盖且具备配置性价比的行业，每个行业中挑选 5~10 个核心的上市公司标的，根据整体配置的资金比例以及个股的流动性进行资金头寸的分配，通过组合分散投资降低风险，实现长期稳健收益。

问题 11：很多机构表示 2022 年由于各种突发事件，择时变得非常难，您怎么看？

辜若飞：**2022 年，黑天鹅与灰犀牛频发，对于这种突发事件其实非常强调执行力和被动风控，守住净值回撤底线。**在俄乌战争爆发后，全球市场巨幅波动，有系统性风险的可能性，我们及时进行了仓位降低，但短期突发事件并不能影响长期的投资逻辑，我们的持仓品种在本身估值合理的前提下又经过较大调整，安全边际明显，成长性凸显，价值又可以作为心中的锚去评估价格，所以在政治局会议后我们左侧加仓，逢低布局。

问题 12：磐耀资产的核心思路中提到“要做严谨的基本面研究者”，也请您分享一下应该如何去做好基本面研究？

辜若飞：从宏观、行业以及个股三个方面出发。**在宏观研究方面，**

磐耀密切跟踪财政、货币政策的变动，以及宏观的行业价格变动，同时结合行业、消费、融资增速等多维度进行分析。在行业方面，我们跟踪行业中观数据、行业供需两端数据表现，以及行业整体的盈利数据和未来行业发展前景等多维度进行分析。在个股方面，除成长性外，同时重视公司ROE与现金流，深入研究公司收入、费用、竞争力、融资力、管理层等多重因素；通过分析上市公司所处行业竞争格局，以及对上市公司上下游供需端数据进行紧密跟踪和公开数据的证伪来提高投资的确定性。

问题13：做基本面研究时，如何从上市公司的年报、季报、各类公开信息中，理出有价值的要点？

辜若飞：关注企业财务数据，分析企业获利能力、偿债能力、资金来源和资金使用状况，**主要跟踪的财务数据有营业收入、净利润、现金流、毛利率、资产负债率、应收和预付账款、存货周转率、ROA、ROE等，**密切跟踪财政、货币政策的变动，以及宏观的行业价格变动，同时结合行业、消费、融资增速等多维度提取数据，跟踪行业中观数据、行业供需两端数据表现，以及行业整体的盈利数据和未来行业发展前景等多维度进行分析。

问题14：磐耀提出要注重全产业体系深入调研，那么是否会去上市公司进行实地调研？如果去调研，主要应关注哪些方面？

辜若飞：会的。通过行业研究员的实地调研，约见行业专家、上市公司供应商、下游渠道，以及公司内部中层管理干部（如车间主任、区域销售经理等），对公司的业绩进行验证，同时关注企业的业绩、盈利等财务方面的指标以及内部管理方面的问题，如**关注企业的库存量、ROE、ROA和现金流变化。**

问题15：刚才提到了磐耀资产在运营过程中经历了“极端股灾”等风险事件的洗礼照样全身而退，那么在2022年，包括部分百亿私募在内的机构都没有获得盈利，磐耀的表现如何？您觉得是否比当年的股灾更难？

辜若飞：2022 年其实市场整体是低估，同时国内又是整体宽松的环境，但是灰犀牛和黑天鹅频发，这就给投资带来了太多的不确定性，所以整体投资难度系数是很高的。但**市场经过 2022 年许多悲观因素的考验，底部夯实，其实也在为后续的行情孕育大机会**。磐耀 2022 年出现了一定的回撤，但所持仓行业和个股安全边际明显，性价比突出，**我们对 2023 年还是非常有信心的**。

问题 16：我们发现磐耀包括辜总在内的多个核心人员均有着丰富的研究经验，可见磐耀投资是一家注重研究的机构，那么请您介绍一下磐耀的投研团队。

辜若飞：目前公司整体投资研究团队有 10 人，在投研人员的招聘方面，注重研究的专注度，半数以上的研究人员为产业出身，同时具备买方研究经验，医药行业研究员在医药科研，一、二级市场医药投资领域都有较长时间的涉猎，新能源行业研究员为车企工艺工程师，同时也在买方机构有多年买方研究经验。**我们认为产业背景和买方研究经验两者结合，对产业理解更加深刻，对于未来行业发展有更加独立性和前瞻性的判断**。

问题 17：我们从公开资料中发现，磐耀资产运行的产品也曾有过较大的周回撤，造成大幅回撤的原因是什么？这在预期中吗？

辜若飞：短期走势是投票器，取决于市场对短期因素的乐观或悲观态度，所以短期波动并不影响市场中长期逻辑。

问题 18：公司的宣传语中提及“安如磐石”，能否为我们介绍一下磐耀投资在风险控制上的制度及措施？

辜若飞：风险控制是本公司对各项业务活动所做的相互约束、相互制衡的机制安排和制度规定。具体措施有：

（1）事前、事中、事后风控措施。投资决策委员会与风控总监对投资管理部日常投资业务进行全面监督。要求基金经理在进行重大投资活动时均有投资计划，充分保证投资决策委员会及时、全面掌握基金投资运作情况。投资决策委员会与风控总监对基金经理的投资执行是否规范、准确，是否严格按照投资决策委员会的整体资产配置原则组织投资活动进行监督。当市场出现大幅度震荡，单日单边上涨或下跌幅度超过5%时，马上召开投资决策会议，商讨是否需要对仓位配置进行调整。决策结果交由各基金经理依照执行。

（2）投资组合的止损方案。基金的投资组合单日净值跌幅超过5%，则马上召开投资决策会议，商讨是否要马上减仓，以规避净值波动风险。

（3）非系统性风险的规避和控制。与持仓成本相比，单个投资品种累计亏损超过10%、投资组合累计亏损超过5%时，风控总监需提请投委会召开紧急会议，商讨并实施调整计划。

（4）下行风险控制。尽可能避免大幅下行的风险，当管理账户净值小于1时，主要采取仓位控制及更保守的策略，提高策略的正确率。

问题19：我们发现之前的“当红辣子鸡”——芯片、新能源、光伏等板块在2022年表现得并不好，部分板块权重股甚至掉回到2018年的价格水平，您觉得主要原因是什么？这些“网红”板块是否还有投资机会？

辜若飞：最主要的原因仍是2022年黑天鹅与灰犀牛频发，基本面与情绪面均弱。我们不但要面临超级美元周期、俄乌地缘冲突等外部利空因素，还要面对国内地产去杠杆以及疫情防控的压力。在俄乌战争爆发的初期，俄乌战争中体现出来的欧洲能源体系的脆弱性，以及目前光伏等新能源尚不能作为主力能源使用的前提下，会让市场上的一部分人认为欧洲会对能源路线进行重新修正，可能会进一步加大对传统能源的开发和应用，进而会压制光伏等新能源的装机进度。当时市场环境风声鹤唳，在这一部分投资者的预期影响下，光伏板块也同样跟随市场大幅调整，但是后续披露的海外光伏的需求数据以及欧洲公布的各种发展规划，彻底证伪了之前这批投资者的预期，当预期被证伪之后要做的自然是股价的修正。除此之外，很多并不是因为逻辑被证伪，而是短期暴涨之后的正常调整，并且新能源板块的上涨是有中长期逻辑支撑的，成长性是很高的，但很多细分方向的竞争格局较差，逻辑各不相同，所以**我们会选择壁垒性最高、逻辑更为通顺的细分板块配置，进行行业估值的横向对比，不断优化我们的持仓结构。**

问题 20：*您擅长军工、消费、金融等板块的研究，在您来看，这些板块在 2023 年是否具备好的投资价值？*

辜若飞：军工是我们持续跟踪多年、长期看好的行业，也是确定性较高的行业，军工行业进入了全面列装放量的阶段，未来随着国防军费的持续提升，行业景气度具备较高的比较优势，行业订单饱满，壁垒性高，业绩释放具备持续性。此外，军工行业整体估值偏低不存在估值泡沫化，市场认可度逐步提升，**未来有望享受到利润、估值加资金超配带来的股价表现。**

我们认为消费有望在 2023 年第二季度迎来复苏。短期防疫政策的放松对经济活动造成了不小的冲击，目前疫情也正处于快速扩散期，不过这次我们放开的速度是相对比较快的，部分省份以及城市已经率先进入疫后修复的阶段。因此随着这一轮冲击的结束，2023 年消费也有望迎来轻装上阵，从复苏的节奏来看，2023 年春节期间我们可能还会面临一定的疫情影响，因此**预计 2023 年第二季度左右消费将迎来困境反转的时刻，消费将成为拉动经济的主要力量，但是后续最终修复的高度仍值得关注。**

在金融板块方面，公司看好财富管理型券商及绩优券商的中期市场趋势。强美元周期渐入尾声、俄乌战争的影响逐步入价、经济托底政策在一次次重磅会议落幕后也在逐步出台，2022 年以来压制资本市场的因素都在转好，板块基本面转好，又有居民资产转移、个人养老金政策推动长线资金入市，降准降息等政策逐步叠加利好，所以也是公司较为看好的方向。

问题 21：*您有着“任凭风吹浪打，我自岿然不动”的性格，是否更适合做价值投资者，穿越牛熊？*

辜若飞：我认为**投资应该成长与价值并重。在投资的过程中，对于行业以及个股的选择以基本面研究为导向，注重选股安全边际的唯一原则，**

不给投资贴风格标签，对于估值合理的价值类公司以及优质的成长类标的都会进行选择投资。

问题22：根据三方机构的统计，2022年1月以来，多数机构增加了股票仓位，您怎么看？现在是不是比较好的买入时机？

幸若飞：A股整体尚处于比较便宜的价格区间，仍旧有大把标的值得逢低布局，短期内没有受到资本追逐抱团，且长期具有坚实逻辑的标的比比皆是。强美元周期渐入尾声、俄乌战争的影响逐步入价、经济托底政策在一次次重磅会议落幕后也在逐步出台。此外，国内短期虽正在遭受疫情冲击，部分城市在达峰后，出行数据已在改善，商业活力逐步修复。在经济预期稳定后，A股的底部也已经探明，市场的风险偏好也有望随着后续经济的回暖逐步抬升，2023年有望迎来逐步复苏的一年。

问题23：2023年磐耀重点会关注哪些行业及板块？

幸若飞：行业关注科技制造、自主可控相关板块，布局军工、医药等成长赛道；同时关注消费、出行等投资机会，以及持续关注科创板投资机会。

问题24：磐耀资产还是以主观交易为主，目前国内量化交易非常火热，也快速成长出了很多优秀的机构，您如何看待量化交易在国内的发展？磐耀资产会考虑参与量化交易吗？

幸若飞：短期内没有考虑，公司策略将仍以股票多头为主。

问题25：磐耀在成立之初就伴随着荣誉，获得了国内多个主流机构、媒体的奖项，您觉得磐耀有这样成绩的核心原因是什么？

幸若飞：核心在于磐耀对投资理念的坚持，**磐耀在立足价值、择股重质、控制回撤、组合投资、仓位灵活、严格风控的投资理念的基础上，深度研究几个长期好赛道的行业。当因为短期因素市场给了具备安全边际的价格时，进行行业跟踪，捕捉到行业基本面出现拐点后敏锐参与，不断权衡持仓组合的性价比，时刻做好风险应对，才得以有效穿越牛熊，取得长期稳定收益。**

问题26：磐耀资产参与了由东航金融主办的“蓝海密剑”对冲基金经理公开赛，作为国内持续时间最长的实盘大赛之一，您在参赛过程中有什么感受，对“蓝海密剑”有什么期许？

辜若飞：在参赛过程中，我感受到“蓝海密剑”公开赛的赛程安排合理，赛制以及选拔规则非常公平，并且赛事体系也不断扩大，赛事服务机构能力不断增强。

古木投资：

2023年，波段和套利交易有望表现突出

（翁建平访谈整理）

徐洁

古木投资创始人，交大安泰EMBA，交大安泰在校生联合会首任会长，在资本市场有十五年的资产配置及衍生品等投资经历，有超过十年的阳光化私募产品管理经验，经历过多次牛熊市，对市场、策略的周期性和风险控制有深刻见解。目前重点围绕商品期权、股指期权卖方策略及套利策略进行投资交易与策略研究。

精彩观点

好的风控，没有统一的标准，是根据策略特性、基金经理风格量身定制的，要既能控制住风险，又不过多影响收益。

没有哪一个策略可以真正穿越周期，都会经历顺风期、逆风期，而且，需要根据市场变化不停迭代，否则就会被拍死在沙滩上。

每一个基金经理都必须充分认识自己的优劣势，然后选择自己最适合的沙场——找到最匹配自己性格的细分策略，然后在这一领域持续深耕，在这一领域积累优势，找到风险和收益的平衡点，坚守和迭代，才有可能在资管市场上有自己的一席之地。

目前我国沪深总市值接近100万亿元人民币，那么全市场权利金可以到10万亿元人民币，而目前我国场内期权市场的品种只有40多个，1万多个合约，期权市场沉淀资金不到千亿元人民币。

期权策略有波动率方向策略、波动率套利策略、指增策略和定价轮动策略。

目前市场上，ETF套利策略中做波动率套利策略的较多，其也是目前期权策略中应用最广、容量最大的策略。

做买方要获取较大收益，需要对行情的方向、趋势强度和点位等有清晰、准确的判断，难度较大。但是买方是权利方，做风控比较容易。卖方的容错率较高，但是对团队风控水平要求比较高。

买方面对的风险是保证金常常归零的风险。卖方需要预防小概率行情的发生，及在某一品种某一执行价上碰到极端的反向、强趋势性行情，方向和波动率同时朝不利方向剧烈波动导致的大幅亏损。

古木的期权卖方策略是结合品种合约的到期时间来确定对应虚值幅度的。交易品种到期时间越长，虚值幅度要求越大；临近到期，虚值幅度会逐步减小。

期权既可以在趋势市中有所作为，也可以在震荡市中有所作为，这是期货所不具备的。期货属于线性工具，而期权属于非线性工具。

一般来说，执行价格与市场价格的差额越大，时间价值就越少；差额越小，则时间价值就越大。

当一种期货处于极度实值或极度虚值时，其时间价值将趋于零；而当一种期权正好处于平直期权时，其时间价值达到最大。

豆菜粕市场风险溢价明显偏高，可在波动率较高时轻仓做空隐波；油脂三大品种中可考虑多棕榈油隐波、空豆油隐波；原油价格预期期权波动率和标的价格延续负相关关系，若行情延续宽幅震荡，可构建卖近买远的日历价差。

经历了极端困难的2022年，随着美联储加息边际影响降低、中国疫情防控政策调整和2023年经济的逐步恢复，2023年的权益市场有望走出低谷，迎来春天。2023年的股票策略产品表现值得期待。

2023年大宗商品价格仍将维持宽幅震荡，欧美通胀或在货币政策紧缩的过程中见顶回落，政策预期转向、宏观环境的改善、中国需求的释放，将令价格呈现前弱后强的走势。新的一年，商品大的趋势性机会难觅，但是波段和套利交易有望表现突出。

问题1：徐总，您好！感谢您在百忙之中和东航金融&七禾网进行深入对话。首先，请您介绍一下个人的投资经历，您是怎么走入投资行业的？

徐洁：因为对金融行业的憧憬，毕业后我进入了长江期货，从业伊始就接触衍生品投资，还是非常幸运的。期货行业培养了我勤勉的工作态度，也让我对市场风险足够敬畏，对于风险控制极其重视。在期货公司的这个阶段，我对于各类套利策略有了深度了解，并有了丰富的实操经验。但是期货公司这个平台，在 2010 年前后还是以经纪业务为主，能给客户提供的价值非常有限，甚至往往跟客户利益还是冲突的。我们期待能有一个正规的平台，与客户共同成长，帮助客户在市场中存活得更久、更长，于是 2011 年古木投资应运而生。我们希望能在这个私募平台上与客户利益深度绑定、长期发展，为客户提供更多的价值。

问题 2：这么多年的投资经历，您有哪些感悟？对市场又有哪些深刻的见解？

徐洁：第一，活着是第一位的，所以，风险控制极其关键。好的风控体系，能够保障我们碰到极端风险时，按预期控制住回撤，不至于被市场淘汰。任世事浮沉，唯古木长青。活着，才有更多的发展良机。**第二，好的风控，没有统一的标准，是根据策略特性、基金经理风格量身定制的，要既能控制住风险，又不过多影响收益。**如何平衡好风险和收益，是每一个基金经理需要深入思考的问题。**第三，周期。市场有周期，策略亦有周期。没有哪一个策略可以真正穿越周期，都会经历顺风期、逆风期，而且，需要根据市场变化不停迭代，否则就会被拍死在沙滩上。第四，每一个基金经理都必须充分认识自己的优劣势，然后选择自己最适合的沙场——找到最匹配自己性格的细分策略，然后在这一领域持续深耕，在这一领域积累优势，找到风险和收益的平衡点，坚守和迭代，才有可能在资管市场上有自己的一席之地。**

问题 3：作为一名私募“女掌门”，在您看来，女性和男性相比有哪些优势和劣势呢？

徐洁：优势是更有韧性、耐心。劣势是需要承担更多的家庭责任，用于社交、应酬的时间会比男性少。

问题 4：您当时创办古木投资的初衷是什么？想把公司打造成一家什么样的私募公司？

徐洁：初衷是能与客户建立利益共同体，能为客户创造长期、稳定的收益。希望把古木打造成一家受客户尊重、受员工热爱，真正能创造长期社会价值的公司。

问题5：公司发展10多年，有没有遇到比较棘手的事情，您又是如何克服的？

徐洁：公司成立10多年，经历了好几次至暗时刻。比如，2013年财务投资人的退出、2018年基金经理的离职，这两次事件对公司都产生了比较大的冲击。2013年财务投资人退出后，我承担起了全部的成本，公司团结一心，2014年、2015年陆续发了20多只产品，挺过了那个艰难时刻。2018年，核心基金经理离职后，很多机构投资人撤资观望。我们一方面及时找到另一基金经理替代，另一方面公司也开始深入反思自身的发展模式、战略方向。2019年重新引入了一个财务投资人，同时，将公司整体战略做转型，从单策略转为多策略、多基金经理的模式。在2022年各类主流资产和策略均表现不佳时，公司的商品期权卖权策略规模逆势新增1亿多元，业绩表现抢眼。多策略、多基金经理的模式经受住了考验。

问题6：古木投资的核心竞争力在哪？

徐洁：衍生品领域多年的深耕，公司在这一领域沉淀了人才梯队、投研及风控体系。这两年这些沉淀帮助公司牢牢抓住商品期权这一细分策略领域的机遇。

问题7：古木投资在股票、期货、期权领域都有涉及，目前为何主做期权？

徐洁：古木目前是多策略、多基金经理的模式，目前股票、期货、期权都有不同的基金经理和团队在管理。

期权的话，目前公司有两个团队：一个由公司的总经理来管理；另一个由一个台湾的基金经理来管理。**公司这阶段期权倾斜的资源较多，一方面是因为商品期权近两年处于发展红利期，策略收益非常有吸引力，也能较好发挥团队多年在商品期货领域的投研优势**；另一方面，是因为其他资产和策略的发展环境较差，竞争也尤为激烈，相对收益较差。

问题8：国内期权品种不断扩容，您认为国内的期权市场处于什么阶段？发展空间及发展方向如何？

徐洁：国内的期权市场还在发展初期，未来发展空间巨大。目前美国场内期权市场的品种有6000多种，共计88万个合约，一年的权利金交易规模约4万亿美元，而美国股票市场市值规模约为40万亿美元，也就是说美国股票资产的场内保险费市场规模已达到美国股票资产存量的10%。参考这个数据，**目前我国沪深总市值接近100万亿元人民币，那么全市场权利金可以到10万亿元人民币，而目前我国场内期权市场的品种只有40多种，1万多个合约，期权市场沉淀资金不到千亿元人民币**。期权市场还有很长的路要走，也有非常多的发展良机。

问题9：期权大致都有哪些交易策略呢？用得最广泛的策略有哪些？

徐洁：**期权策略有波动率方向策略、波动率套利策略、指增策略和定价轮动策略**。波动率方向策略可分为卖方策略和买方策略。商品期权的卖方策略这两年才兴起，以机构投资者为主。买方策略个人投资者占比较大。波动率套利策略可分为波动率定价套利和统计套利。**目前市场上，ETF套利策略中做波动率套利策略的较多，其也是目前期权策略中应用最广、容量最大的策略。**

问题10：不少投资者认为，做买方比做卖方更“划算”，因为买方只需付出权利金。您怎么看？买入期权和卖出期权怎么选择？

徐洁：这类策略的风险收益特征不同，买方损失有限、收益无限，但胜率低、常常归零；卖方胜率高，但是收益有限、损失无限。买方和卖方交换的东西是盈亏的不对称性和胜率的不对称性。到底是做哪一方，要看投资者的资金属性和专业程度。**做买方要获取较大收益，需要对行情的方向、趋势强度和点位等有清晰、准确的判断，难度较大。但是买方是权利方，做风控比较容易。卖方的容错率较高，但是对团队风控水平要求比较高。**

问题11：有句话叫“买方收益无限，风险有限；卖方收益有限，风险无限”。期权买方的风险和卖方的风险有哪些区别？

徐洁：**买方面对的风险是保证金常常归零的风险。卖方需要预防小概率行情的发生，及在某一品种某一执行价上碰到极端的反向、强趋势性行情，方向和波动率同时朝不利方向剧烈波动导致的大幅亏损。**

问题12：如何判断一个期权是实值、虚值还是平值呢？一般选哪一个更好？

徐洁：实值期权包括两种：行权价低于标的价格的认购期权以及行权价高于标的价格的认沽期权。实值期权可以理解为假设当下立刻行权可以带来收益的期权。实值期权内在价值大于零。平值期权是指行权价等于标的价格的认购期权和认沽期权，可以理解为假设当下立刻行权不赚不亏的期权。虚值期权是指行权价高于标的价格的认购期权，以及行权价低于标的价格的认沽期权。虚值期权可以理解为假设当下立刻行权将带来亏损的期权。

具体选哪类期权，要结合具体策略特性来决定。**古木的期权卖方策略是结合品种合约的到期时间来确定对应虚值幅度的。交易品种到期时间越长，虚值幅度要求越大；临近到期，虚值幅度会逐步减小。**

问题13：在众多的期权品种里，投资者该如何选择？您比较看好哪个品种或者哪几个品种？

徐洁：做好期权，需要对期权对应的期货标的有非常深入的了解。投资者应该优先选择自己最熟悉的商品期货对应的期权，其次再考虑品种的活跃度、流动性等。像豆粕、棉花、甲醇、PTA、原油这些品种都是比较活跃、成交量大、运行周期较长的品种。

问题14：同品种既有期货也有期权，您觉得什么时候更适合选择期权？

徐洁：期货是二维交易工具，方向看对了赚钱，看错了就亏钱。期权是多维的交易工具，维度除了交易方向，还有波动率、时间维度。如果我们有多维的判断分析能力，期权是更适合的工具。所以，**期权既可以在趋势市中有所作为，也可以在震荡市中有所作为，这是期货所不具备的。期货属于线性工具，而期权属于非线性工具。**只要我们有观点，那么在期权策略的集合中都可以找到对应的策略去匹配我们的判断。

问题15：在您看来，影响期权价格波动的因素有哪些？是不是和期货有很大的不同？

徐洁：一般来说，影响期权价格的主要因素有：①期权合约的有效期。期权合约的有效期是指距离期权合约到期日剩余时间的长短。在其他因素不变的情况下，期权合约有效期越长，其时间价值越大。期权的时间价值与期权合约的有效期成正比，并随着期权到期日的日益临近而逐步衰减，在到期日时，时间价值为零。**②相关期货合约价格的波动。**在其他因素不变的情况下，相关期货合约价格的波动增加了期权向实值转化的可能性，权利金也会相应增加，而且价格波动幅度越大，期权权利金就越高。**③执行价格与市场价格。**执行价格和期权合约标的物的市场价格是影响期权价格的最重要因素。两种价格的关系不仅决定着内含价值，而且影响着时间价值。**一般来说，执行价格与市场价格的差额越大，时间价值就越少；差额越小，则时间价值就越大。当一种期货处于极度实值或极度虚值时，其时间价值将趋于零；而当一种期权正好处于平直期权时，其时间价值达到最大。**

影响期货价格波动的因素有很多，主要有以下几个：供求关系、经济周期、政策影响、政治因素、投资者心理、季节因素、相关商品价格等。期货和期权的影响因素有很大不同。

问题16：如何利用波动率的变化来控制期权的盈利？

徐洁：可以做多波动率或者做空波动率来获取收益。做多波动率策略有买进跨式组合、反向套利、日历套利等；做空波动率包括卖出跨式和宽跨式组合等。波动率方向策略中的卖权策略，本质是赚钱波动率下降和时间价值的收益，也是一类做空波动率策略。

问题17：在目前的行情下，有哪些波动率交易机会？

徐洁：**2023年元旦后，可关注以下品种的波动率交易机会。豆菜粕市场风险溢价明显偏高，可在波动率较高时轻仓做空隐波；油脂三大品种中可考虑多棕榈油隐波、空豆油隐波；原油价格预期期权波动率和标的价格延续负相关关系，若行情延续宽幅震荡，可构建卖近买远的日历价差。**

问题18：在期权交易中，末日期权是如此的诱人，您觉得“末日轮”行情值得参与吗？有哪些需要注意的地方？

徐洁：艺高人胆大。如果没有丰富的期权交易经验和严格的风控措施，不推荐参与末日轮行情。虽然，末日轮行情一旦赌对，收益巨大，但是概率上，归零的风险也是极高的。如果一定要参与，也要严格控制投入资金的占比，匹配严格的风控措施。

问题19：面对复杂纷繁的市场变化、不断迭代的策略节奏，古木在风控这方面是如何布局的？

徐洁：古木针对不同策略、不同基金经理的产品量身定制风控方案。除了产品层面的风控条款，公司内部还有更细化的风控细则，确保产品回撤在可控的范围内。公司层面有完善的事前、事中、事后风控体系。

市场变化纷繁复杂，策略有效周期缩短，策略失效的可能性也越大。公司层面通过建立对策略、基金经理的筛选、淘汰和整合的体系，也是为了建立一套量化的人才优胜劣汰机制，保持投研团队的持续生命力，避免被市场淘汰，一方面，通过策略组合平滑净值波动；另一方面，不断引入新生力量，形成人才梯队，让公司的发展摆脱对单一策略、单一团队的依赖，发展能更平稳。

问题20：古木投资擅长基金经理的甄选，入选贵公司的基金经理必须具备哪些特质？

徐洁：**一是有多年的投资经验、相对成熟的投资体系；二是近三年业绩良好、稳定；三是自有资金收益佳，满足自有资金跟投产品规模有最低比例限制；四是有自己独特的风格、擅长的领域；五是与古木现有团队或**

策略形成差异化。

问题 21：最后，您如何看待 2023 年的市场，有哪些投资机会？

徐洁：经历了极端困难的 2022 年，随着美联储加息边际影响降低、中国疫情防控政策调整和 2023 年经济的逐步恢复，2023 年的权益市场有望走出低谷，迎来春天。2023 年的股票策略产品表现值得期待。

2023 年大宗商品价格仍将维持宽幅震荡，欧美通胀或在货币政策紧缩的过程中见顶回落，政策预期转向、宏观环境的改善、中国需求的释放，将令价格呈现前弱后强的走势。新的一年，商品大的趋势性机会难觅，但是波段和套利交易有望表现突出。

商品期权市场还处在市场红利期，品种持续扩容，成交量在快速放大，还有非常广阔的发展空间。主流机构投资人还以观望为主，还没有配置到这类策略中来。古木的卖权策略成立于 2021 年 12 月，2022 年在市场同类策略中表现优异，已有 20 多家机构投资人认购产品，占领了一定先机。这些机构投资人有的管理着规模最大的私募 FOF、各大期货公司的自营资金、各类金融机构的资管 FOF、财管的 FOF 基金、信托的 TOF 等。还有多家机构投资人在密切跟踪产品表现，2023 年有望投放到产品中。艳阳系列产品已经发行到 4 号，预计 2023 年管理规模将爆发。

鹿秀投资：

赚认知范围内的钱，在细分策略上形成竞争优势

（傅旭鹏访谈整理）

鹿秀投资

青岛鹿秀投资管理有限公司，是一家专业的私募证券基金管理公司，2022年底在管净资产规模超过60亿元，策略包含一级半对冲策略、指数增强策略、复合套利策略、高收益债策略、主观权益多头策略，遵循“赔率守正、投行出奇、套利为王”的投资理念，为专业服务机构投资人及高净值人群，提供定制化的资产配置方案。

么博　创始人/董事长

毕业于北京大学，获得管理学与经济学学位。

先后任职于中信证券、第一创业摩根大通证券、鹿秀投资，从事投资银行业务8年，资产管理业务7年，负责公司整体运营与投研管理，凭借对资本市场的深刻认知与丰富的投行及投资经验，形成一套独特的投资体系，擅长发现资本市场的定价偏差与套利机会。

精彩观点

从“道”上来看，我司对于自身的能力圈有清晰认知，绝大部分资金仅在能力圈内投资，少部分资金在能力圈边缘尝试。

从“术”上来看，每笔投资均注重收益与风险的平衡，具体计算风险与收益，风险与收益不匹配的投资坚决不做，能管住手，不乱投资。具体来说，严格控制敞口、选股、对冲、交易细节等风险因素，做到积小胜为大胜，从不大败。

我们的投资出发点是计算风险和收益，尤其是计算其赔率，收益能覆盖两倍以上的风险我们才会扣动扳机。

一级半市场相关的投资机会要靠投行资源和努力才能获得，具有门槛；二级市场的投资机会任何人都能获得。根据有效市场理论，越是唾手可得的投资机会越没有超额收益，因此带有门槛的投行项目往往能提供超额收益。

我们在一级半市场，发现很多高赔率的投资机会，在具有对冲工具的前提下有的甚至是套利投资，我们将这些投资机会打包成为一个组合产品，就能实现超越市场的业绩表现。

我们希望做能力范围内的事，赚认知范围内的钱，利用自身的专业和资源优势，选择一级半市场细分赛道作为突破口，在细分策略上形成竞争优势。

我们把产品的业绩稳健与长久良性发展作为更重要的考量，不盲目追求规模增长。同时我们积极对现有产品线继续深耕，进一步提高投研能力和产品风险收益比，开发新的投资机会，扩大产品容量。

我们对2023年的股市行情整体持有乐观态度，我们认为随着疫情管控放松，基本面的压制因素有较大幅度的缓解，且政策面和企业的发展意愿方面，也都开始朝着积极方向发展，经济预期向上好转，因此我们认为股市整体会是向上的表现，在投资方面可考虑配置部分多头资产。

我们对2023年行情持乐观态度，认为指数增强、权益多头、高收益债等也是很好的投资机会。

问题1：鹿秀投资您好，感谢您和东航金融 & 七禾网进行深入对话。2022年在股市整体不乐观的情况下，贵司的绝大部分产品仍然有不错的收益。请问贵司能取得这样优秀的业绩，主要是哪些方面做得比较好？

鹿秀投资：从“道”上来看，我司对于自身的能力圈有清晰认知，绝大部分资金仅在能力圈内投资，少部分资金在能力圈边缘尝试。

从“术”上来看，每笔投资均注重收益与风险的平衡，具体计算风险与收益，风险与收益不匹配的投资坚决不做，能管住手，不乱投资。具体来说，严格控制敞口、选股、对冲、交易细节等风险因素，做到积小胜为大胜，从不大败。

问题2：2022年，疫情、战争等国内外形势，对资本市场造成了较大的冲击，这对贵司的投资产生了怎样的影响？贵司又是如何应对的？

鹿秀投资：在行情不乐观的阶段，我们主动降低了多头敞口比例，降低多头敞口的回撤影响；部分再融资项目因疫情和股市下跌因素延迟发行，我们积极开拓和把握新的投资方向，落地了询价转让、GDR 对冲、可转债、可交债等项目。

问题 3：据介绍，贵司的创始人/董事长么博先生，曾在中信证券、第一创业摩根大通证券从事投行工作 8 年，请问这些投行的工作经历，对后期做一级半市场交易以及组建交易团队，有哪些帮助？

鹿秀投资：借助投行的工作经历，么博先生在一级半市场的投资逻辑、政策方向等方面形成深刻认知，在出现该类投资机会时及时把握，快速建立起竞争优势，形成品牌效应。

投行工作中积累了大量优质的上市公司和股东资源，在一级半项目价值判断、项目和券源的获取等方面，形成独特优势。

同业机构合作伙伴的积累，实现了全面覆盖券商资本市场部、两融部门、衍生品业务部门等，高效对接项目、券源、交易方案。

问题 4：据了解，贵司的投资理念是：赔率守正，投行出奇，套利为王。请问能否详细阐释一下，这一理念的内涵，以及在交易中的体现？

鹿秀投资：赔率守正：**我们的投资出发点是计算风险和收益，尤其是计算其赔率，收益能覆盖两倍以上的风险我们才会扣动扳机。**

投行出奇：**一级半市场相关的投资机会要靠投行资源和努力才能获得，具有门槛；二级市场的投资机会任何人都能获得。根据有效市场理论，越是唾手可得的投资机会越没有超额收益，因此带有门槛的投行项目往往能提供超额收益。**在利用二级市场投资机会创造流动性的同时，要靠一级半市场的投资机会实现出奇制胜。

套利为王：基于“赔率守正”的理念，如果一个投资机会是套利投资，相当于风险为零，收益/风险的比值无限大，提供了最优赔率。在符合收益预期的情况下，这类套利投资是王冠上的明珠，是我司追逐的首选投资机会。

我们在一级半市场，发现很多高赔率的投资机会，在具有对冲工具的前提下有的甚至是套利投资，我们将这些投资机会打包成为一个组合产

品，就能实现超越市场的业绩表现。

问题5：贵司表示，想赚市场中价差产生的稳健利润。请问为什么选择主要做价差套利，而不是做单边为主？

鹿秀投资：我们希望做能力范围内的事，赚认知范围内的钱，利用自身的专业和资源优势，选择一级半市场细分赛道作为突破口，在细分策略上形成竞争优势；一级半套利可以为投资组合贡献良好的安全边际，符合高夏普比率投资目标，有利于在低风险的前提下，为投资人的财富实现保值增值。

问题6：据我们了解，贵司参与了不少一级半市场项目，业绩也十分优秀。请问贵司为什么会选择证券一级半市场，作为公司比较重要的一个投资领域？

鹿秀投资：符合我司高赔率、高夏普比率的投资目标和理念。

在鼓励实体经济发展、再融资环境进一步宽松的大环境下，一级半市场规模广阔，策略容量较大，且投资价值较高。

创始人具有8年的投行从业经验，一级半市场资管业务可高效嫁接复用前期资源。

问题7：我们分析发现，贵司参与一级半市场的产品年化收益率相对较高，而最大回撤基本只有10%以内。请问参与一级半市场交易，主要存在哪些风险？贵司主要通过哪些方式，将最大回撤控制得比较好？

鹿秀投资：我们主要参与竞价类定向增发、大宗交易、询价转让、GDR，认购后存在半年的锁定期，因此存在锁定期内股价下跌的风险。我们利用融券对冲方式，实现全比例或部分对冲，在折价认购的基础上，锁定部分收益，进一步提高安全边际。

部分项目存在多头敞口，因此我们在选股方面，也会有一套严格的标准，包括投前调研，借助券商自营审票风控，选择市值百亿以上公司、行业龙头等，把控标的质量。

在融券对冲部分，广泛覆盖法人券、公募券等来源，在出现断券风险时积极从各渠道融入新的券，或使用同行业券、行业 ETF、宽基指数等方式对冲敞口，控制回撤风险。

问题 8：据了解，贵司在股票、基金、债券、衍生品等方面均有相应的套利策略，请问在这些不同类型的投资领域中，贵司的资金是如何分配的？

鹿秀投资：根据投资机会多寡、预期收益、用款周期的测算，灵活调整分配比例。

问题 9：据我们了解，贵司的指数增强策略，为复合指数增强策略，业绩表现也十分稳健。请问这一策略中的仓位是如何配置的？

鹿秀投资：15%~20%的仓位配置中证 500、中证 1000 股指期货，保持产品 β 倍数为 1 倍，不去博取择时收益，只获取贴水收益；

80%~85%的仓位配置套利策略，包括一级半市场套利、可转债套利、IPO 打新套利、期权期货套利，获取套利超额收益；

0~10%的仓位配置不对称指增场外期权，该部分在指数上涨时可取得 200%涨幅收益，下跌时承担 100%的跌幅，获取上涨超额收益。

问题 10：据介绍，么博先生管理的主要基金产品中，年化收益超 14%。近年来资本市场的行情变化较快，请问么博先生后期是否有信心继续保持这样的稳健业绩？

鹿秀投资：我们对 2023 年行情整体乐观，对于策略运行也有不错的信心，争取对冲策略业绩保持在 6%~15%。

问题 11：据我们了解，贵司从 2019 年，管理净资产规模 6 亿元、总资产规模 6 亿元，增长到 2022 年 12 月底，管理净资产规模 61 亿元，总资产规模 77 亿元。在管理的资金量迅速增长的过程中，贵司的交易方法、交易策略是否做出了一定的调整？

鹿秀投资：在一级半对冲策略上，积极把握投资机会，开拓新的项目类型，包括大宗交易、询价转让、GDR 的对冲交易，进一步扩充策略容量。

同时整体上我们进一步丰富产品线，在大力深耕一级半对冲策略的基础上，新开辟指数增强策略、复合套利策略、高收益债策略、主观权益多头策略，在多条产品线全面发力。

问题12：随着管理规模的较快增长，请问贵司怎样平衡管理规模和收益率之间的关系？

鹿秀投资：我们把产品的业绩稳健与长久良性发展作为更重要的考量，不盲目追求规模增长。同时我们积极对现有产品线继续深耕，进一步提高投研能力和产品风险收益比，开发新的投资机会，扩大产品容量。

问题13：请问贵司的交易策略，预期的资金规模、容量可以达到多少？

鹿秀投资：根据市场规模、同业可比产品规模等统计，预期主要策略的容量可达百亿元以上。

问题14：2023年疫情管控措施有所放开，不少交易者预期宏观政策方面也会有诸多利好。请问贵司对2023年的股市行情怎么看？

鹿秀投资：我们对2023年的股市行情整体持有乐观态度，我们认为随着疫情管控放松，基本面的压制因素有较大幅度的缓解，且政策面和企业的发展意愿方面，也都开始朝着积极方向发展，经济预期向上好转，因此我们认为股市整体会是向上的表现，在投资方面可考虑配置部分多头资产。

问题15：就贵司看来，2023年有哪些比较好的投资机会？

鹿秀投资：定向增发、大宗交易、询价转让、GDR等类型的对冲交易仍然是提高安全边际的不错选择，同时**我们对2023年行情持乐观态度，认为指数增强、权益多头、高收益债等也是很好的投资机会。**

问题16：鹿秀投资成立于2016年，现在私募团队和机构众多，各有各的特点，请问贵公司的核心优势在于哪些方面？

鹿秀投资：（1）团队优势。创始人有8年投行从业经验，曾创立国内首家A股定增与大宗交易互联网投行，积累大量优质客户关系，覆盖1100余家上市公司，其中核心上市公司100余家，资管业务嫁接复用前期资源。

（2）交易结构。行业内高效交易结构开创者，与券商存在大量未了结合约，可用于冲抵保证金，提高资金使用效率，发邮件可立即执行交易。

（3）投资经验优势。在交易结构搭建、融券交易等细节实操中，积累了丰富经验，执行力强，项目落地概率高，定增对冲市场份额占比约10%。

（4）决策机制优势。选定至少两家券商作为场外衍生品的潜在交易对手方，若其中一家临时无法交易，确保有备用方案，决策效率高，机制灵活，可打保证金，有利于高效锁定券源和项目额度。

问题17：请介绍一下贵司交易团队的情况，有多少成员组成？分工是怎样的？

鹿秀投资：公司交易团队由两名人员组成，一名人员主要负责交易统筹，及场外衍生品交易条款谈判、场内证券交易下单，另一名人员主要负责融券交易、期货交易等。

问题18：请谈谈贵司未来的投资规划，以及团队的发展愿景和规划。

鹿秀投资：未来公司继续把握市场机会，提高一级半对冲策略方面的竞争优势，同时在指数增强策略、复合套利、高收益债、主观权益多头策略上继续深耕。计划在交易部门、投行业务部门、市场部门分别新增一到两名人员，助推公司继续高质量发展。

问题19：鹿秀投资参与了由东航金融主办的“蓝海密剑”对冲基金经理公开赛，作为国内持续时间最长的实盘大赛之一，贵司在参赛过程中有什么感受，对“蓝海密剑”有什么期许？

鹿秀投资：鹿秀投资从2020年开始参加“蓝海密剑”对冲基金经理公开赛，并多次荣登年度、半年度、季度榜单前十名，在此过程中，公司管理规模也不断增长，实现鹿秀投资与“蓝海密剑”相伴成长，非常感谢“蓝海密剑”提供这么好的展示平台和机会，祝愿“蓝海密剑”比赛越办越好，祝愿参赛的投资机构伙伴业绩长虹！

吾执投资：

量化交易人工智能体系是一个逐步提高生产力的体系

（李晋成访谈整理）

上海吾执投资管理有限公司

上海吾执投资管理有限公司，是专业从事投资管理业务的私募基金管理人，注册地为上海，注册资本 1000 万元。公司于 2020 年 10 月 16 日完成中国证券基金业协会备案，登记编号 P1071408。

上海吾执投资管理有限公司以追求绝对投资收益为己任，产品以对冲复合策略为主，拥有股票、期货、期权三条特色对冲产品线，擅长做多资产配置的风险对冲型量化产品。秉持“科学、敏捷、稳健、实用”原则，在股票、期货、期权等多条产品线上，拥有市场长期验证有效的交易策略（10 年以上）。一流团队的敏捷项目迭代、一体化策略上下线流程，多维度“科研化”特质使得团队具有高效的策略产出效率。

精彩观点

人工智能，顾名思义，“像人一样工作的智能”，它自带高效算法处理过程，或者算法与系统的优化。它的参与，第一个优点是大幅提高优化计算过程中的算力。第二个优点是决策流程变得高效，交易策略本身直接扩容。

信息是物质（实质）的，信息也是盈利的来源。

从传统的手动交易到量化交易，再到人工智能交易，这就是量化交易人工智能体系。基本上是一个逐步提高生产力的过程，也是一个版本不停升级的过程。

Timing 是基于市场数据的系统化策略。国内很多手动传统交易员，特别是股票交易员，比较看重择时，对他而言选择进出场的时间点位非常重要。这是 Timing 策略的关键点。

危机的发酵，它是有过程的。

问题 1：孙总，您好！感谢您百忙之中与东航金融进行对话。据我们了解，吾执投资的交易团队运行近 10 年了，历史业绩也是位于前列。可以介绍一下你们的团队吗？

吾执投资：吾执团队秉持“科学、敏捷、稳健、实用”的态度，核心交易团队合作已逾八年。在股票、期货、期权等多条产品线上，拥有十年以上市场长期验证有效的交易策略。一流团队的敏捷项目迭代、一体化策略上下线流程，多维度“科研化”特质使得团队具有高效的策略产出效率。团队科学研究氛围浓厚，整体扁平化管理，注重人才的长期培养。拥有严格的人才引进机制，团队人员拥有若干数学博士、物理博士及物理奥赛获奖者。

问题2：您的团队是国内最早将人工智能应用于量化交易的团队之一，可以谈谈人工智能在量化交易中的优势吗？

吾执投资：人工智能，有着广泛应用场景，它与交易结合，是这个时代技术进步的必然结果。

我们从交易方式的角度来阐述人工智能量化交易与传统量化交易的区别：传统的交易方式，一般是交易员靠人工判断决策的手动交易，这可以算作交易的1.0版本。

到了量化交易时代，交易系统整个搭建在以数量化为基础的信号与模型之上，这是一套完整的系统化投资体系，可以直接代替人工决策。我们基于这些已经系统化的量化信号，再以程序下单的方式做交易（执行）。所以，当交易方式演变到这种量化的、系统化的、程序化的状态时，传统手动交易相当于升级到2.0的量化交易版本。

人工智能技术的概念比较宽泛。实际上，涉及交易相关的人工智能的技术应用，只是所有可能性中的一小部分。

在整个交易信号产生的过程中，我们需要适配多种特定场景交易决策做优化算法。人工智能的这些特殊算法，可以理解成原来量化交易模式或者整个“人工智能交易体系”的加速器版本。人工智能自有的科学构建体系，使得算法实现与算出交易决策的过程大大缩短，所以，我们可以将它理解为交易信号的2.5版本（量化交易的升级版），或者是3.0版本（人工智能交易体系）。

人工智能，顾名思义，“像人一样工作的智能”，它自带高效算法处理过程，或者算法与系统的优化。它的参与，第一个优点是大幅提高优化计算过程中的算力。第二个优点是决策流程变得高效，交易策略本身直接扩容。流程高效这点，非常重要。

有些流程，通过人与人之间的工作角色的对接完成流转。如果一个人做完第一步，再对接给另一个人做第二步，这个流程下来可能要一天到两天。但如果他把所有步骤集成打包在一起，在一个算法里，融入人工智能算法交易体系，就大大简化了流程，提高了工作效率。

从传统的手动交易到量化交易，再到人工智能交易，这是量化交易人工智能体系。本质上，它是一个逐步提高生产力的过程。

问题3：正确的投资理念是投资成功的关键，请问吾执投资的投资理念是什么呢？

吾执投资：吾执的投资理念是：“Information is physical，information is profitable.”

这是什么意思呢？翻译成中文即**信息是物质（实质）的，信息也是盈利的来源。**

这表示整个交易策略团队非常看重“信息”的价值。“不管白猫黑猫，能捉老鼠就是好猫。”所以，我们核心团队的组成非常丰富：有传统交易出身的，他们处理来自基本面的信息；有做短线波动交易、日内手动交易出身的；有纯数理背景交易建模的或者擅长其他技术的。

为什么提到信息这个概念？对我们来说，无论你从市场上得到了什么有用信息，是对市场当前的一些判断也好，或者对未来可能发生事情的预测也好，还是当前决定采用什么策略也好，它的本质都是底层信息的交互。所以这结论引导我们，不排斥任何一种有效交易手段。在团队组建过程中，我们会尽可能多地囊括各种背景的策略者与交易者。

问题4：您是如何看待传统量化交易和人工智能量化交易的？

吾执投资：从传统的手动交易到量化交易，再到人工智能交易，这就是量化交易人工智能体系。基本上是一个逐步提高生产力的过程，也是一

个版本不停升级的过程。

问题5：请问你们是如何应用择时策略的呢？

吾执投资：这是我们团队交易体系中的特色。其实，“应时”是一个更接地气的说法，因为这套策略其实在海外有个标准的学名叫作 Market Timing。

Timing 是基于市场数据的系统化策略。国内很多手动传统交易员，特别是股票交易员，比较看重择时，对他而言选择进出场的时间点位非常重要。这是 Timing 策略的关键点。比如看多的时候，我在合适的底部时间加仓加杠杆，在高点附近再及时减仓，或平仓出掉。这种带着择时 Alpha 的浮动头寸的资金配置方案，如果成功率高会让整个收益更丰厚。

但是，吾执产品体系中主要的 Timing Model 并不这么看。更多时候，我们把它当作一个偏风险类的策略，是更偏向于风险控制的策略应用。

我们过去用 Timing Model 的大部分场景，是对当前市场和未来市场的风险预判，以及在这种判断之后，再做一个整体产品的风险控制。

总的来说，传统的择时模型更多的是应用在加杠杆上，这就意味着更多的风险暴露，而吾执的择时模型更多时候在减小头寸，是服务我们的风险控制体系的。

问题6：吾执投资的量化策略是如何布局的呢？

吾执投资：吾执的产品策略，往往提前几年布局方向。这也是我个人的工作习惯。

到目前为止，我们拥有股票、期货和期权三条产品线。追求在主要大类资管方向上的平衡，每个方向都有一两个有特色的产品。这三条产品线的核心策略都是有容量的，这是一个关键的前提。

例如，比较受市场追捧的高频交易策略，它的资金容量比较小，这样不太便于后期扩容，也就不能成为产品线的主要分类。

我们前期的产品布局工作，就是把大方向都定好，突出产品线的特色。然后在交易量达到一定程度的产品线上，再进行优化配置。往后，我们也会在保证这三条主产品线的策略基础上，对核心策略进行打磨，自营盘中定时更替优质新策略。

问题 7：在不同类型的策略中，您的资金是如何分配的？

吾执投资：从大类资产配置角度来看，股票、期货和期权，它们资金比例大概是这样的：

一般而言，管理人优秀的期货策略资金容量是同样优秀的股票策略资金容量的 1/10。从量化同行的总量来看，两者间的市场体量差距，一般也是差一个数量级。

在期权产品线上，因为我们的期权是主要做类似固定收益的，以期权套利为主的产品比较稳健。到目前为止，我们会尽量让它的策略容量打满格，目前的市场容量大概在 10 亿元。

这是一个相对比较大的体量，我们的策略会尽量满足这个体量需求。我们最主要做的是股票市场的期权，商品期权因为交易方式和流动性一直不是很活跃，所以我们在商品期权上做得很少。

问题 8：可以谈谈吾执的产品体系吗？

吾执投资：首先，从交易品种来说，我们分股票线、期货线、期权线。

其次，我们会面对高净值客户做更多灵活配置的组合产品，通常归为组合类产品体系。

我们的组合类产品体系，一般根据组合的预期产品收益风险分为四档：稳健、平衡、主动、进取。

稳健型的年化预期收益为 8%~10%，产品波动控制在 1%左右，这是常见的类固收。

最有弹性的是进取型策略，这档产品在牛市的预期收益是年化收益超过 25%，产品波动控制在 10%以内。

这是两种极端的情况。一般我们会从股票、期货和期权这三条单线中挑选策略，再做风险匹配与优化组合。

问题 9：吾执 CTA 系列产品历史业绩都很优秀，可以分享一下经验吗？

吾执投资：这个其实不敢当。我们会尽力持续更新策略，保持扩充策略的成长性。如果说经验的话，就是我们在这些策略上一直是非常勤勉地去做自己的本职工作：常规性地检测风险参数和我们新策略的开发，基本保持每人平均一月一个新策略的频率。

所以我们一直在努力保持这个节奏往前推进，一直在更迭。这可能就使得整个产品的生命周期会相对更持久一些。

问题10：吾执投资是如何兼顾收益与回撤控制的？

吾执投资：对于大部分市场上的策略而言，无论是股票策略还是期货策略，无论趋势类的、套利类的，还是反转类的策略，基本上而言，有容量的优秀策略中，它的实际收益风险比在2.5以上，就是比较好的策略。长期来看，保持3以上，则基本属于非常优秀的策略。

吾执的核心产品，在兼顾收益和风险回撤上，最注重的一个指标，就是收益除以最大回撤后的比率（收益风险比），我们会以这个指标去框定我们所有上线策略的下限，内部所有策略都是基于这个标准。

总的来说，就是风险收益比在3以上的策略才够上线标准。当我们把这些符合标准的策略组合在一起，再来看吾执历史的业绩就会相对优秀了。

当然，市场未来的一些扰动变化，包括一些行情的变化，或各种各样的执行误差，也会导致这个指标有小幅的浮动。

问题11：我们了解到您的核心策略不断在升级，未来有何打算？

吾执投资：如果是期货类策略，其实我们一直保持更新，在期货策略上一直以来都有比较创新性的研究，会尽量保持领先同行一年到两年的这种创新性的策略开发。

例如像人工智能技术的交易策略，其实我们很早就有了。未来，我们还会做更多的新策略体系测试，其实目前在某些方面已经在做了，但这个都需要时间，慢慢地就可以体现出来。

问题12：如今越来越多的期权品种上市，吾执投资在期权市场有没有布局？未来有没有计划在此方面发力？

吾执投资： 因为商品期权有流动性的问题，还有欧式和美式的区分，所以我们暂时没有计划在这个方面布局。

未来要是有一些特别活跃的品种，偏国际化的品种，那么有可能会去适当做一些，前提还是得有流动性。

问题 13： 您认为量化投资最大的难点是什么？

吾执投资： 我觉得最大的难点其实在于量化投资本身是一个纯程序化的东西，也就是说当程序化或者这种模型写出来的时候，它是基于历史的某个时间点做出来的，在那个时间点上它是最优策略的一个程序化。但是碰到市场行情突变的时候，你得有一套替代方案或者说替代策略去替换它。也就是说，首先你需要对市场行情的变化比较敏感，然后也知道什么时候去做好策略的更替，这样量化交易才能更好地发挥出它的优势。

问题 14： 据了解，您擅长多因子投资策略，那您是如何构建多因子模型的呢？

吾执投资： 多因子策略，我们一般在股票里面应用得比较多，分析股票的多种影响因素去架构我们的策略，期货这一块跟股票不太一样，一般不太会用这个策略。

问题 15： 资料显示，短线交易、中长线交易您都有涉及，在策略设计上会有哪些差别？

吾执投资： 短线交易和中长线交易，对应行情的周期不一样，所以说不同交易特点可能在策略上差别非常大，有时候可能会是相反的表现。

就像有些行情中，如果从短线看它是震荡，在中长线看可能是趋势，我们主要是根据市场当前的情况来设计最适合的策略。

问题 16： 您怎么看待基本面分析和技术面分析？

吾执投资： 在期货上，因为期货的一些基本面数据，如库存、销售等数据，如果真实，那还是有用的，但如果数据质量不是很好，就肯定不是很有用了。所以吾执在信息收集这方面，技术性的数据会收集多一些。总的来说，我们会尽量收集真实的数据。

问题17：吾执团队成立以来，让您印象最深刻的一次交易经历是什么？

吾执投资：可能是今年（2022年）6月中的那段商品期货交易。从三月到五月底，上海因为疫情风控，到了6月才恢复生产，然后所有人处于一个比较懵的状态，那时候因为我们有这个Timing Model，就是择时模型，所以我们当时的看法是：市场后期会有一波比较大的波动率拉升与释放，会有商品期货的大趋势出来，所以我们当时配了不少的中长线策略。其实在这个时间点之前，整个商品市场处于震荡中，很多同行都没有去配置这样的策略。

解封之后两周左右，市场就出现了非常剧烈的单边行情波动，那时候这种长线的策略就表现得非常好。

这主要是基于我们的择时模型，它能适时发现一些有价值的行情变化与机会。

问题18：您在的投资生涯中，遇到的最大困难是什么，是依靠什么走出了困境？

吾执投资：心境。

我觉得交易心境是比较重要的。很多时候，我们的策略判断，比如说择时模型在某个时间点上给出的信号，你回头来看，它都是对的。但因为出现在右侧比较早的时候，在当时来看，很多投资人可能会不理解，他可能觉得你是做了一个莫名其妙的判断，是跟同行、跟别人、跟所有人反向的动作。更不巧的是，可能这个时间还恰好在你的产品回撤期，产品波动很大，一般投资人不能理解管理人的行为。

但这种独特的少数人的观点，往往是正确的。所以有很长一段时间我会觉得跟投资人的沟通比较困难。就像我们在做一些习惯上正确的事情，很努力、很理性，但很不合群，还是会不被大多数人理解和接受。但后来我也就慢慢习惯了，不然也不会从事这个行业这么久。

问题 19： 从事这个行业这么久，您有哪些感悟可以分享吗？

吾执投资： 我认为要强调理性交易的准则，如果掺杂太多情绪的因素，那么交易结果可能就变得不可控了。

这也是很多传统手动交易者比较强调和注重的地方。

问题 20： 对于 2022 年的中国期货市场，吾执投资有什么样的看法？

吾执投资： 我觉得 2022 年的期货市场可能是一个变盘之点，其实就和我们 2021 年看当年的第四季度股票市场上的一个变盘之点一样。

2022 年初的时候大家一直在提倡说 CTA 是危机阿尔法，我觉得，从年初到现在，过了一年，发生了很多危机，但是好像 CTA 赚的钱不是很多，有些可能还亏钱了。

我认为危机还没有真正到来。

举个例子，2008 年金融海啸那波也是这样。最开始是从雷曼银行的倒闭开始，大家其实并不知道当前市场上发生这个动作是多么有变革性的事件，大家只是觉得这可能是一件普通的日常发生的事情。实际上整个 2008 年市场中各种极端事件与突发情况发酵，中间还有趋势的各种反复，然后很多人去抄底，但又抄在山腰上。这事情它就是一个危机，它不是一瞬间的，可以理解为它是一个完全不可控的过程。**危机的发酵，它是有过程的，**所以我还是觉得我们要到 2023 年后再做判断。

总体来说，CTA 策略还值得投资，因为毕竟它跟主流的权益类产品在相关性上还有比较突出的差别，并且它能抓住极端行情下的一些波动。

百奕投资：

致力于成为量化的前行者

（顾小艺访谈整理）

上海百奕投资管理中心（有限合伙）

上海百奕投资成立于 2015 年 4 月，基金业协会登记编号 P1014097。百奕投资专注于量化投资技术，为投资者提供一系列多元化的产品组合，以稳定的资本增长为目标。百奕投资与投资人如同家人般一同成长，“客户利益第一”永远是百奕投资所优先考虑的。对于家人们的幸福及人生梦想，百奕必竭诚努力，不负所托。

精彩观点

只要能做出稳定的收益，那就能够创造出需求。

我们应该要反市场而行，因为机会都在这个情绪里面，情绪的恐慌带来的机会，我们更应该好好把握。

我们做交易，都是在博弈，博弈的话，你尽量要站在少数人的那一端，大家都在恐慌的时候，你反而要贪婪一点。

在行业里发展，你必须把自己维持在这个行业的前 10%来确保自己的优势存在，要不然一不小心走错一步就可能满盘皆输了。

问题 1：百奕团队好！感谢你们百忙之中与东航金融 & 七禾网进行深入对话。百奕投资专注于量化投资，请问你们的“初心”，也就是团队的初衷是什么呢？

百奕投资：百奕投资专注于量化投资技术，为投资者提供一系列多元化的产品组合，包括管理期货、量化选股、量化对冲、分级基金套利、可转换公司债套利、事件驱动交易、相对价值交易，以稳定的资本增长为目标。

问题 2：可以简单介绍一下你们最有特色的策略吗？

百奕投资：我们比较有特色的专业是可转债套利策略，是一款市场中性的量化对冲基金，在利用优秀的金融模型筛选标的同时，使用股指期货或融券对冲风险，目标是不论市场好坏，均创造长期稳健的回报率。目标年化回报率为15%~20%，目标月波动率控制在3%以内。

问题3：你们布局多策略、多市场，有怎样的想法或者收益表现可以和我们分享一下吗？

百奕投资：我们以提升产品盈利能力为核心，不追求快速扩张，确保在策略收益不被稀释的前提下逐渐扩张管理规模。同时发展多条产品线，以策略差异化提供不同收益来源并以此对冲风险，如境外股票多空、全球资产配置、跨市场套利等策略，都是未来布局方向。

问题4：可以谈谈你们对各种不同策略的看法吗？特别是CTA策略，是怎样的比重？

百奕投资：目前我们主要的策略是可转债套利，可转债市场会存在更多的不效率性，因此可转债套利策略的收益也会更好。CTA策略也是我们需要大力发展的一条线，国内商品波动高于全球平均，对于CTA是利好。

问题5：请问你们的策略差异化在哪里？核心竞争力是什么？

百奕投资：我们在境外长期操作全球可转债套利策略，对于转债的定价模型有充足的研发经验及优化迭代的过程，对于从可转债市场中套利有更加深入的研究。团队来自CTA、可转债及股票等领域，跨界结合可以激发出更多的可能性。

问题6：可以谈谈你们的投研理念吗？

百奕投资：我们从来不追求快速致富的方法，我们专注于慢慢致富，我们相信正确的投资模式胜过短期的输赢，投资如同马拉松赛跑，合理的财富增长速度才能够带来长久的胜利。

问题7：请问你们觉得量化投资最难的，或者最重要的是什么？

百奕投资：量化模型的建立基于对历史规律的回测，历史规律不必然于未来复现。最难的就是要捕捉某个规律，然后这个规律是不会改变的规律，而且还要避免过度拟合的问题。

问题 8： 你们是如何看待中国量化市场发展和竞争格局的？

百奕投资： 中国量化市场的发展还是非常迅速的，好的量化私募也很多，百家争鸣。百奕投资在产品线的布局上，会尽量采取差异化的操作，如我们不会发行股票指数增强这类产品。目前中国量化行业的问题在于同质性太强，大家都在做一样的策略，所以我希望能够有更多的差异化。另外大家都集中在人民币这一种币别的资产上，像境外的对冲基金，不会单押，而是全球布局。我认为下一步应该要出海，把你的风险或收益来源分散到全球。比如这一波美元升值，如果你有布局美元资产你就受益了。如果真的要做到全天候，你不分散到日本的房地产、巴西的农产品、美国的股市，那么就没有办法真正做到分散，而我们是希望做一些海外布局的，这样策略也能更加丰富。像 REITs 类的产品，做量化的其实很少，我们也想去布局，提供另一个收益风险来源，而不是往拥挤的赛道里走。

问题 9： 请问你们对于策略的更新或者是调整是如何看待的？请结合市场表现谈谈。

百奕投资： 市场一直都在变化，策略的迭代更新是必然的，就拿可转债来说，当市场氛围比较亢奋的时候，选择相对估值低的、具有进攻性的可转债；当市场低迷的时候，就要选择绝对估值低的可转债进行交易，转入防守型。对百奕来说，我们花在交易跟投研上的时间是 1∶10，我们每周都要研究模型，发现存在的问题，检讨并且开发出新的能赚钱的模式。所以我们在建立模型、投研上无时无刻不在钻研。如果是短期的市场原因造成的，我们也不会轻易去改变模型策略。比如 2021 年下半年商品的波动率，几乎是我们观察发现的 5 年来零分位数，是市场波动率最低位的时刻，但它不是一个常态，那我们就不会根据这个去调整模型策略。本质上，我们的量化模型是捕捉历史规律。

问题 10： 在风险控制方面，百奕投资有何独到见解？

百奕投资： 对于产品来说，控制回撤是非常重要的。我们回撤控制的目标，是避免突破最大回撤。目前量化产品大部分都突破了历史最大回撤，但我们没有。因为不想去突破历史最大回撤，接近最大回撤时在仓位上我们会放得比较轻，然后去等待后面的回升。

问题11：请问你们如何看待市场中的绝对收益？如何获得？

百奕投资：股票市场中性策略市场规模太大，想要获取绝对收益相对比较难，可转债套利策略，近一两年，会是一个比较不错的赛道。

问题12：请问百奕的CTA产品特点是怎样的？

百奕投资：我们的产品与CTA趋势跟踪产品同质性低，比如2021年、2022年，我们能做出差异化，在于我们有一个抓反转出场的设计。所以在这两年波动率大，但持续时间短，市场特征出现大V形反转行情的时候，我们的反转策略通常都能多单走在高点或空单平仓在低点。我们比较擅长捕捉中度周期的行情，能够在反转前就了结仓位。

问题13：如何看待规模？

百奕投资：规模适当就好，不盲目追求规模扩张。目前我们的主线在可转债和CTA策略，其他的也在布局。

问题14：百奕投资有深厚的国际市场交易背景，请问你们如何看待目前的中国市场及其与自己的优势背景相结合的呢？

百奕投资：我们有着比较丰富的经验，国际市场上的一些策略可以结合国内市场的情况进行调整，或许会取得不错的效果。我们的优势在于，我们经历过2008年的金融海啸，因此对于这种极端风险的控制，我相信我们可以比其他同策略的管理人做得更好。有些交易策略，短期看是一个低波动的稳健策略，但它可能隐含了很大的极端风险，我们就会避开。我们宁可承担短期高一些的波动，也不要去承担有尾部风险的标的或策略。

问题15：百奕投资发展到今天，在市场上你们是如何看待自己的呢？

百奕投资：我们致力于成为量化的前行者。百奕会更关注冷门的赛道，关注冷门的资产。**只要能做出稳定的收益，那就能够创造出需求。**我们的资产为什么要出海，因为大家需要更低相关性的资产降低风险。我们今天除了把业绩做出来，还有一部分价值在于降低大家手上资产的相关性，所以我们会更多在境外还有冷门的市场里面发力。

问题 16：在发展的过程中你们最深的感受是什么？印象最深刻的投资经历是什么？

百奕投资：印象最深刻的投资经历就是 2008 年金融海啸的时候。那个时候全球资产都崩溃了，在众人都悲观到极致的情况下，其实创造了很好的投资机会。比如当时你在不合理超跌的转债上去做投资，你放到一年后，这个收益率是 200%~300%，而你只需要持有一年。因为那个时候在极度悲观的情况下，资产都是极度便宜的，所以**我们应该要反市场而行，因为机会都在这个情绪里面，情绪的恐慌带来的机会，我们更应该好好把握**。例如一些比较小的恐慌，这两年的转债市场，只要每一次杀估值，未来一季的收益率都会特别好。所以**我们做交易，都是在博弈，博弈的话，你尽量要站在少数人的那一端，大家都在恐慌的时候，你反而要贪婪一点**。

问题 17：公司未来发展有什么样的目标与规划吗？

百奕投资：以可转债套利为核心，发展多条产品线，以策略差异化提供不同收益及风险来源，持续寻找优质人才加入团队，强化策略的竞争能力。规模上没有太大的理想，维持一个偏小而美的公司也不错。

问题 18：对于 2023 年的市场，有怎样的看法？期待自己有什么样的表现？

百奕投资：依然比较看好可转债市场，期待我们能维持年化 15%~20%的收益。其实 2022 年整个市场都太闷了，整体行情都非常低迷，下半年一直都没有起色，不管是商品市场还是股票市场的波动率都在下降，成交量也在下降。我认为 2023 年，它应该有一个气氛的回升，我们在等待赚钱效应的回归。我相信这种低迷的现象会在 2023 年得到提升，因为真的闷了太久了，整个 2022 年下半年成交量及波动率都不反弹，所以对于 2023 年，我会持相对乐观的态度。

问题 19：对于整个金融行业未来发展趋势，你们的看法是什么？

百奕投资：行业越来越规范是必然的，小私募的运作会更加艰难，未来恐怕至少会有三成的管理人消失。因为 Alpha 会越来越少，**在行业里发展，你必须把自己维持在这个行业的前 10%来确保自己的优势存在，要不然一不小心走错一步就可能满盘皆输了。**这很现实，也很惨烈，这个行业是不能够停下来休息的，因为它是很严苛的。

问题 20：请问百奕投资参加创富榜大赛，有怎样的心得和期望吗？

百奕投资：我们在 2021 年、2022 年都报名参加了创富榜，在这个比赛上看到自己的排名靠前，我们自己也比较安心，说明自己是有竞争力的。这是一个比较客观的平台，我们拿它来激励自己、警示自己。优秀的管理人很多，我们还需要继续努力。

钧誉资产：

高频交易没有不适应的行情，只有机会的多少

（傅旭鹏访谈整理）

钧誉资产管理有限公司

成立于2016年4月，由境内外资深的金融业人士共同创立，是一家由中国投资基金业协会审核通过的多元化、复合型的国际性投资机构，拥有顶尖的投资团队、一流的技术人才、高效的运营架构，以及专业的风控团队。

侯勇

2011年进入期货市场，一直从事量化交易研究，包括各种中长线策略、短期策略、高频策略、资金管理等。早期主要以中长线策略为主，2015年开始研究高频交易策略，2017年对高频交易策略有所突破，最长连续37个交易日盈利。目前日胜率90%、周胜率95%、月胜率100%。

精彩观点

做量化交易最大的感受，首先是要控制好风险；想要盈利的话，要看这个市场的行情。

波动越大，价格越容易出现一些不理性，这种时候只要速度足够快，就会抓住那些不太理性的价格。

（高频交易）没有特别适应或者不适应的行情，只是这个市场的机会多与少。比如说机会多的时候，资金曲线可能上升的速度会快一点；机会少的时候，上升的速度会慢一点。

做高频交易比做传统的趋势交易、短线交易都要难很多。首先，高频交易是没办法进行回测的，或者回测结果是不准确的。其次，高频交易有策略、有思想，在无法准确回测的情况下，就必须要进行实盘尝试。

我们的传统CTA策略，对于品种分配更为讲究一些，因为涉及一些品种的波动率问题，波动率越大，对CTA策略来说越好一些。

对长周期策略来讲，它本身的持仓周期，包括价值的体现都会比较长，所以对于长周期的参数调整，包括训练时间的窗口期，以及它后面的样本外的时间都会更长。

对高频来讲，不同品种的资金大部分都是平均分配的，但是个别手续费比较高的品种，我们做得可能非常少，相对资金分配得就比较少。

问题1：侯先生，您好！感谢您和东航金融 & 七禾网进行深入对话。我们了解到，您之前就职于银行。请问后来是在怎样的机缘巧合下，进入期货市场中的？

侯勇：之前在银行做的是理财经理，当时就对投资比较感兴趣。在境外的时候，也做过外汇的交易，知道国外的 MT4 是可以自己编程的，然后就去学了量化交易。因为兴趣爱好，离职后到了一家投资公司，公司主要也是做国内期货程序化交易研究的。那个时候其实国内程序交易刚刚起步，我就这样进入了期货市场，在投资公司没待多久，我又到了期货公司，大概就是这样的一个过程。

问题2：据您介绍，您 2011 年进入期货市场，一直从事量化交易研究。请问为什么您一开始做期货，就选择量化交易，而不是主观交易？

侯勇：我最初接触到投资交易，做得更多的就是按照一定的方法来做期货或者股票。那个时候有些股票软件，也会给出一些指标来进行选股，我发现这种方法比自己手动去选要好一些。最早的量化交易，也是基于固定的方法进行交易，做期货也是这样。我个人认为，按照一些固定的方法来做，相对来讲效果会好一些。后来我就通过这种积累，逐步实现了程序化交易。

问题3：做了 11 年的量化交易，您最大的感受是什么？

侯勇：我觉得**做量化交易最大的感受，首先是要控制好风险；想要盈利的话，要看这个市场的行情。**

问题4：您早期主要以中长线策略为主，从 2015 年开始研究高频交易策略，2017 年高频交易策略有所突破。2013—2015 年，从中长期来看是单边下跌行情，中长线策略还是相对比较容易盈利的。请问您当时转向做高频交易策略研究的主要原因是什么？

侯勇：当时中长线策略虽然好做，但是2013—2015年的时候，我在期货公司，没有能够接触到太多的资金。而中长线的行情也不是每年都有，甚至一些比较成熟的交易者也不是每年都能够赚钱的。当时我在期货公司，很多时候也会和机构打交道，那个时候我就发现资管已经开始形成，大家都喜欢做或者是投一些比较稳定的交易策略或者方法。当时对于作为研究员的我来讲，就在想以一种什么样的方式才能呈现得更稳定一些？所以那时我就想，把中长线的交易策略，在某种程度上频率提高，就去尝试做一些高频的交易。也是机缘巧合，当时正好在一家投资公司工作，算是上海的第一批私募，帮他们去做了一些高频的研究，他们也提供一些资金做尝试，大概是在2017年的时候就有了一些突破。

问题5：在您做高频交易的这7年时间中，从高频交易的角度来看，您认为国内期货市场的行情走势特点、投资者结构等方面主要发生了哪些变化？是否觉得越来越难赚钱？

侯勇：这两年做高频相比前两年来讲，确实是难了很多。第一，做高频的机构越来越多了；第二，股指受限以后，做高频交易更难了。

投资者结构发生变化以后，定价也更理性了。除了这两年波动比较大，趋势性行情其实在2020年以前并不是很多，所以对于高频来讲，难度确实有所增加。但是这两年因为波动大，所以高频的机会其实还是比较多的，但是波动下来以后，高频的机会也会随之下降。

问题6：近期受到国际局势等方面的影响，行情波动非常大。从高频交易的角度来看，这样的行情中高频交易是否也更容易盈利？

侯勇：理论上是这样的。**波动越大，价格越容易出现一些不理性，这种时候只要速度足够快，就会抓住那些不太理性的价格，同时对于预测类的高频策略也相对容易。**

问题7：您在七禾网实战排行榜展示的账户“卡卡2”，资金曲线一直都非常平稳。请问您的高频交易策略，有没有特别适应的行情，或者特别不适应的行情？

侯勇：基本上讲，没有特别适应或者不适应的行情，只是这个市场的机会多与少。比如说机会多的时候，资金曲线可能上升的速度会快一点；机会少的时候，上升的速度会慢一点。

问题8：您表示，交易周期越短，赚钱越难，高频交易及短线交易不适合所有人。就您看来，想要做好高频策略，关键要克服哪些困难和瓶颈？

侯勇：做高频交易比做传统的趋势交易、短线交易都要难很多。首先，高频交易是没办法进行回测的，或者回测结果是不准确的。其次，高频交易有策略、有思想，在无法准确回测的情况下，就必须要进行实盘尝试。实盘尝试就涉及资金，就可能产生一些成本或者损失。这可能是很多个人投资者，包括一些机构投资者，都比较难以承受的一点。我们在速度上面，要比其他的一些个人投资者甚至机构投资者追求更快，比如要进行机器的托管，机器的托管也会涉及一些成本。各个期货公司、证券公司的接口都是不一样的，就需要IT针对不同的接口来开发接口的程序。而且现在期货公司高频交易的柜台还在不断更新，包括之前的CTP，现在的艾克朗克、易达等，这些接口也在不断更新，这也需要IT不断去应对接口的一些变化。所以不管是从资金，还是从硬件成本或者是人力资源的角度来看，高频交易都是有挑战性的。

问题9：据您介绍，您的高频交易策略，日胜率90%、周胜率95%、月胜率100%！您在七禾网实战排行榜展示的账户，目前已累计连续36个月保持盈利。请问您能保持如此高胜率的主要原因是什么？后期是否有信心继续保持这样的高胜率业绩？

侯勇：做高频策略，我们也有很多种方式。这个展示的账户，频率也不是特别高，还是基于一些特定的机会，才做交易。持仓时间相对来说是比较短的，所以相对来说还是比较稳定的。我们做高频交易也不是说为了交易而交易，也要去抓一些值得交易的机会。我个人觉得后面大概率会保持目前这样的一个曲线，因为我们在其他的一些市场，比如股票市场，是同样适应的。

问题10：请问您目前的实盘策略主要有哪几套？每一套策略的主要特点是什么？

侯勇：大的方面主要分高频策略和传统类策略两大类。

高频策略按照类型来分，主要分为两类。第一类是making，第二类是taking。making主要是做市类的策略，taking主要是做一些拿单策略，或者是日频的策略。比如我现在看到某个价格我会打掉，然后等待几秒或几十秒，获得一个收益。当然makeing和takeing也有不同的子策略，子策略方式方法也不尽相同。

传统的CTA策略，也分为两个方向。第一个方向就是我们大多数个人投资者，也包括机构投资者，利用K线、量价等传统时间序列的择时，主要分为长中短。第二个方向是基于多因子的预测，这个预测是基于日频的。比如通过基本面因子、量价因子、一些情绪化的因子，来预测每一个品种或者板块在后面一段时期的收益率。所以CTA也分为传统择时和多因子预测，当然多因子预测的时间周期会比较长，传统的择时则长中短都有。

问题11：在这些不同类型的策略中，您的资金是如何分配的？

侯勇：不管是高频策略，还是传统的CTA趋势交易，或者是套利策略，都要进行品种资金的分配。我们在个别品种上也会出现一些亏损，但是不能集中在一个品种上做交易，大部分情况下我们是总体平均分配的，但是也会根据品种的表现，适当地在表现好的品种上面配置更多的资金。

我们的传统CTA策略，对于品种分配更为讲究一些，因为涉及一些品种的波动率问题，波动率越大，对CTA策略来说越好一些。像一些波动率比较小的品种，对预测类策略和传统择时策略都不太友好。所以对于传统CTA策略，波动率是非常重要的一点，但总体来讲，还是大部分品种都要去配置。

问题12：您的交易周期，从Tick级别至日线都有，请问不同周期的交易策略，在设计思路和逻辑上主要有哪些不同？

侯勇：从量价方面来讲的话，特别是越短的 Tick 级别策略，短时间的成交量，包括盘口，都是要利用一些因子的。但是日线级别的话，可能相对来说对因子的要求就没有那么多。比如说看一下 K 线形态，或者部分的指标，包括成交量就可以了。所以各个级别的因子还是有一些差别的，但总体都是以量价为主。

多因子这一块，它可能涉及一些基本面的因子，所以它的设计逻辑可能有点不一样。但是我们大部分基于量价因子的策略，是大部分人都在用的因子，差别倒不是很大。小周期的话，比如 Tick 级别，可能会用到五档行情，相对来说比大周期考虑得更多一些。

问题 13：在您看来，对于一个高频量化交易策略来说，需要达到哪些条件、经过哪些步骤，才有可能被您纳入实盘策略中？

侯勇：对于高频交易策略，我们需要在实盘当中拿钱去测试。第一，测出来一段时间能够赚钱；第二，对盈利进行一个复盘。这个复盘不光是指再去回测，还要对它的逻辑进行一些验证。经过一段时间，比如说一两个月，在它还是能够保持比较稳定盈利的情况下，我们再对多个品种进行尝试。如果多个品种大部分都能够赚钱，那么我们认为这个策略它的普适性还是比较好的。此外，我们也会根据人的一些工作经验，比如说策略有没有一个硬的止损？比如说流动性不好的时候，什么时候出场？比如说遇到涨跌停情况怎么样去处理？在把这些风险点全部考虑进去以后，才能进行一个搭配。

问题 14：短线、高频策略的有效性是量化交易者比较关注的地方，请问您如何看待高频策略的有效性？如何判断一个策略是否已经失效？

侯勇：对于策略有效性的判断，我觉得最重要的一个方法，就是看它的收益情况。像我们高频交易，我遇到过连续三天亏损，但连续三天亏损在历史上只有一次。如果三天都发生亏损，可能这个策略在这一段时间，有一些参数是需要马上进行调整的。为什么参数要进行调整？是因为可能市场最近发生了剧烈的动荡，高频的策略可能需要更谨慎一些，因为市场比较平稳的时候，高频的策略可能稍微好一点。其实最好的办法就是根据策略的表现情况加一些调整。

对长周期策略来讲，它本身的持仓周期，包括价值的体现都会比较长，所以对于长周期的参数调整，包括训练时间的窗口期，以及它后面的样本外的时间都会更长。交易的周期越短，参数迭代的过程可能会越快一些，所以我们会根据收益率来判断策略是否失效。

问题15：短线、高频策略交易中滑点是非常重要的一环，请问您在高频交易策略实盘中，是如何控制滑点的？

侯勇：不管对短线还是高频策略，我们都要托管。首先，我们行情速度会比大部分的个人投资者快一点，下单的报单速度也会快一些。其次，各个期货公司的高速柜台，提供的一些行情，要比我们传统的CTP快一些。还有一点就是我们策略的算法，比如我们认为有一些单我们是非常想去拿的，可能就打二档；不是很想拿的，我们就去做making；比较想拿的，我们就去打一档。通过这种方式，按照不同的档位去发单，当然能够拿到就拿到，拿不到也没有办法。

我们在这个过程当中，在硬件上面都会有一些升级。比如说我们接收行情是通过FPGA这种方式，我们对收到的行情进行解析以后，以最快的速度去发单。这个也是高频里面大家都在竞争的一个点，也是控制滑点的一个方向。当然有些时候流动性缺失，也没有办法，我们也会遇到这种情况。

问题16：我们分析发现，您的展示账户"卡卡2"，相对来说交易频率并不是特别高。请问您的高频交易策略，是否比较注重对行情的过滤，尽可能做高确定性的行情？

侯勇：是的，会去做那种比较高确定的行情或者是把握机会。这个账户其实是我们高频策略当中的一个策略或者是两个策略在里面跑，并不包含所有的策略，所以展示的这个账户频率并不是很高。

问题17："卡卡2"账户，交易胜率达到55%，而普通的CTA交易策略通常胜率在40%左右。请问您能做到高胜率的主要原因是什么？

侯勇：交易胜率比较高的原因，主要是会去抓一些比较特定的机会。比如说市场稍微波动大一点的时候，交投很活跃，可能一些个人投资者或手工交易的投资者，他们都很急切地去拿单，那他们拿单的价格有的时候其实已经不太理性了。我们认为价格不太理性的时候，我们就可以把他的单吃掉。这种时候我们可以从定价上面来进行理解，这种定价出现偏差的时候，我们认为就是有机会。我们不是为了拿单而去拿单，总体来讲要看定价。

问题18：我们分析发现，“卡卡2”账户只交易上期所和能源交易中心的品种，请问您为何只做上海的品种？您选品种的标准和依据是什么？

侯勇：其实这个账户只是我们自营中的一个小账户，实际上我们是所有交易所都交易的。这个展示的账户只做上海的品种，是因为我们只托管在了上海，我们还有郑州和大连的服务器托管。如果我们一个账户在上海托管，就只能做上海的品种，没办法同时再去做大连的品种。

问题19：对于不同的品种，您又是如何分配账户资金的？

侯勇：对高频来讲，不同品种的资金大部分都是平均分配的，但是个别手续费比较高的品种，我们做得可能非常少，相对资金分配得就比较少。

问题20：我们发现，“卡卡2”账户主要利润来源于镍，而镍近期盘口挂单量比较少，买一价和卖一价相差较大，容易造成滑点损耗加大。请问您是怎么看待和解决这个问题的？

侯勇：镍这个品种其实最近盘口价差才比较大，之前相对来说是比较好的一个品种。现在镍出现买一和卖一价差大，并且交易成本比较高的情况，我们其实在镍上面的配置已经开始减少了。这种时候其实更适合做市策略，不太适合taking策略。因为taking策略，第一拿单率下降，第二成本也会比较大，所以这种时候making策略发挥了它的作用。这么高的成本，对高频做日内不是特别友好，所以现在镍这个品种我们已经减少配置了。

问题21：目前不少品种的手续费提高得较多，高频策略的交易成本显著提高。请问后期您是否会考虑将更多的资金转做中长线策略？

侯勇：第一，现在手续费对我们确实有一些影响，但还没有影响到我们策略不能做。第二，随着手续费提高，我们现在又有了一些新的高频策略在实盘，实盘效果也挺好的，我们现在就通过锁仓的方式来做。中长线策略是我们布局的另外一个方向，跟高频这块是不冲突的，我们研究高频的人员，和研究中长线策略的人员是不相同的。

问题22：钧誉资产管理有限公司成立于2016年4月，贵司取名为“钧誉资产”，请问“钧誉”的含义是什么？

侯勇：“钧誉”的含义是力敌千钧，誉满天下。

问题23：现在私募团队和机构众多，各有各的特点。您认为一个优秀的量化团队和机构需要具备哪些要素？贵司的核心优势在哪里？

侯勇：对于一个私募或者团队来讲，运营成本其实是蛮高的。首先，就是要有足够强的资金实力，或者是团队、投资人，这一点我觉得是很重要的。其次，投资人也好，团队也好，都需要有一定的耐心，要有一定的稳定性；否则事情做到一半可能就做不了了。我们现在国内很多大型的私募，他们背后的实力都是很强的。最后，就是要有人才、客户。大家都知道，人才是需要在市场当中去发掘的，已有的人才还需要我们自己去带，包括招聘的一些高学历、名牌大学的学生，需要我们带他的同时，给他机会去接触一些新的东西，去打开自己的格局。这也是需要过程和时间的。所以我觉得，硬件实力和公司的成长软实力，要同时具备。我们有足够的资金实力让我们去做这些研究、研发。同时在研究研发的过程中，也需要让团队见识到更多、做得更好，或者是提出一些比较成熟的方式方法。

钧誉最大的优势是，公司相对来说比较稳定。公司员工离职率几乎为零，主要也是老板愿意给每一个员工机会。

问题24：请您介绍一下您的交易团队的情况，有多少成员？分工是怎样的？

侯勇：有 19 位成员。其中有 6 位 IT 人员，有 13 位是和研究相关的。研究相关的人员包括风控、量化研究员，还有一小部分是基本面研究的研究员。

分工的话就是有研究高频的，也有研究传统趋势类策略的。

问题 25：请谈谈您未来的投资规划，以及团队的发展愿景和规划。

侯勇：我们现在会逐步地对外去推一些 CTA 产品，这个 CTA 是以中长线为主的，后面也会考虑把 CTA 尽量做大做强。同时我们也在布局股票类的产品，包括指数增强中性的一些产品，一些主流的大型私募，他们做的产品现在我们也都在布局。

津泰投资：

交易策略追求模糊，不求精确！

（傅旭鹏访谈整理）

津泰投资

福州津泰量化投资，2013 年开始进入大宗商品投资领域。团队成员多数来自大型网络游戏公司，具有丰富的程序开发经验，自主开发了回测、交易、风控一体的高度定制化智能交易平台，可以满足任意交易需求。

2014 年实现了全自动化交易，以趋势追踪为交易理念，研发出涵盖长中短多周期的交易策略组合，至今已经连续八年稳定盈利，平均年化收益超过 30%。目前管理资产达到 5 亿元规模。

精彩观点

这几年我们在交易方法与交易细节上做了很多优化，具体体现在开、平仓的时机，品种与周期的选择，以及一些子策略的组合方法上。

在交易方法上，主要是针对不同的行情进行了适应，研发了更多的策略，从最早比较单一的长线趋势追踪，到现在有更多的策略组合、品种组合、周期组合。

从资金配比及组合效果来考虑，目前精选了五套策略组合运行，每个子策略都有各自的优势，也有各自的不适期，不同的策略可以捕捉到不同类型的行情。多个策略组合在一起可以收到互相补充、削峰填谷的效果。

你可能想选择最好的参数或者最好的周期，但它很有可能是巧合，在过去的很多年份这个参数或周期每次都凑巧吃到了最多的利润，这在未来很可能是无法重现的。我们通常会选择一个参数区域，挑选多个参数来做组合。我们追求模糊的、平均的结果来降低拟合的可能性。

市场是盈亏同源的，你获取某种利润，必然付出了某种风险或者某种代价。短线和套利策略为什么收益高回撤小呢，因为它们付出了杠杆风险，也就是需要重仓交易。

中线趋势策略付出的代价是持仓体验极差，因为胜率低，反复割肉极度痛苦，这也使得大部分交易者都无法坚持执行。

交易多品种，整体收益率自然会被拉低，毕竟其他品种业绩都不如黑色品种。除了品种的选择，周期和参数的选择都面临类似的问题。

我们在周期的选择上是很模糊的，30 分钟、4 小时或者 8 小时其实都是可以的，我们设计的策略遵循“追求模糊，不追求精确”的原则。我们认为精确的系统容错率往往非常低，因为它的参数误差很大。如果一个策略必须要在一个确切的时间点交易，那么这个系统是很不可靠的。反之，如果可以在一定时间范围内任意时点开、平仓都能获得相似的收益率，这样的系统才有足够的稳定性。

一个好的交易系统，我们必须知道它在什么时候赚钱，在什么时候亏钱，不同的行情应该有什么样的表现。我们对自己的交易系统一旦有充分的理解，那么对回撤也就不会太担心了。

从长期看，未来全市场收益率一定是会逐步下降的。这两年期货市场扩容显著，市场的拥挤度越来越高，随着更多的交易者加入进来，市场整体收益率都会陆续下降。同时因为大数据以及人工智能的发展，在产业结构上，产业链条会不断缩短，商品的周转率会不断提高，市场的运行结构也会发生变化，比如宽幅震荡会增多，一旦产生趋势行情，行情幅度会更大，持续周期会更短。

我们会对风险做更多的考量，尤其是对未来可能会发生的风险做更多的评估和假设，提前做好应对措施。在整体交易风格上，我们不是很激进，是属于偏保守的。

问题1：“津泰投资”您好！感谢您和东航金融 & 七禾网进行深入对话。距前一次的对话已经过去5年，这5年中您对交易以及市场有没有新的感悟和理解？您的交易理念、交易方法有哪些变化？

津泰投资：在市场待的时间越长，对市场的理解肯定是越深的。交易理念上其实没有太大的变化，因为我们主要做趋势追踪交易，这个交易理念的大框架是不会变的。**这几年我们在交易方法与交易细节上做了很多优化，具体体现在开、平仓的时机，品种与周期的选择，以及一些子策略的组合方法上。**

问题2：在从事期货交易的10年中，您的交易理念、交易方法有过哪些变化？

津泰投资：交易理念还是刚才说的，一直没有太大的变化。**在交易方法上，主要是针对不同的行情进行了适应，研发了更多的策略，从最早比较单一的长线趋势追踪，到现在有更多的策略组合、品种组合、周期组合。**较之早些年的交易系统，现在我们对市场有了更强的适应能力和防守能力，对极端行情也有了更强的生存能力。

问题3：据介绍，您之前是网络游戏创业者，目前全职做量化交易。全职交易往往心理压力会比较大，请问您在怎样的情况下转为全职做交易？转为全职后心态有哪些变化？

津泰投资：当时创业做游戏失败才转型做了量化交易，同样还是在创业，压力自然是非常大的，起初的每一步都如履薄冰。

刚开始时对自己的交易系统难免信心不足。每次遇到回撤都会有些紧张，不过随着交易系统逐渐稳定，连续几年收益还不错，也就越来越有信心了。

问题4：请问您目前期货交易实盘一共有几套交易策略？每一套策略

的主要特点是什么？

津泰投资：我们开发了很多不同的策略。**从资金配比及组合效果来考虑，目前精选了五套策略组合运行，每个子策略都有各自的优势，也有各自的不适期，不同的策略可以捕捉到不同类型的行情。多个策略组合在一起可以收到互相补充、削峰填谷的效果。**

问题5：在这些不同类型的策略中，您的资金是如何分配的？

津泰投资：首先是按照不同的周期去分配，长周期的策略分配资金最多，接下来是中周期，短周期分配得最少。

还有一些策略没有办法直接分配到资金，因为策略很多，如果每个策略都按需分配，资金再多也是不够用的。这时候我们会用现有的仓位去做撮合操作，比如已经持有多头头寸，这时候策略要开空，那么撮合后会做一个平多头的操作。

问题6：您有一个观点：量化的结果必然有一定程度拟合，所以选择防守能力强的组合，而不是收益率最高的组合。请问您在开发策略以及组合实盘策略的过程中，是否会特别注重策略的止损和对回撤的控制？

津泰投资：因为量化是依据历史数据的，量化的结果可能反映了某种规律，当然也可能是某种巧合。国内期货的历史比较短暂，只有二十来年的时间，以前没有发生的，说不定未来会发生。所以量化必然是有一定拟合的，而且这种拟合是很难避免的，因为你很难判断它是不是拟合，我们只能考虑怎么去降低拟合。

比如这种拟合通常会体现在参数和周期选择上，我们会研究这个参数或周期是不是有单调性，参数误差大不大。**你可能想选择最好的参数或者最好的周期，但它很有可能是巧合，在过去的很多年份这个参数或周期每次都凑巧吃到了最多的利润，这在未来很可能是无法重现的。我们通常会选择一个参数区域，挑选多个参数来做组合。我们追求模糊的、平均的结果来降低拟合的可能性。**

我们设计一个策略总是优先考虑它的风险，检视它曾经出现的风险，评估它未来可能出现的风险，优先控制回撤，其次才考虑收益。

问题7：您认为，我们应该控制利润，避免利润过高，过高的利润可能会暴露未知的风险。请您具体阐释一下，如何主动控制利润？

津泰投资：市场是盈亏同源的，你获取某种利润，必然付出了某种风险或者某种代价。短线和套利策略为什么收益高回撤小呢，因为它们付出了杠杆风险，也就是需要重仓交易。在这种情况下，一旦某种未知的黑天鹅风险出现，很容易就会击穿风控，导致爆仓。

而中线趋势策略，回撤大，夏普率低，收益曲线难看得多，但由于通常只有20%左右的仓位，即使面对系统性风险，爆仓的可能性也不大。**中线趋势策略付出的代价是持仓体验极差，因为胜率低，反复割肉极度痛苦，这也使得大部分交易者都无法坚持执行。**

对于利润过高的交易系统，若我们找不到它付出了什么风险或者代价，那才是最可怕的，这个风险在历史上没有发生过，但未来有一天却可能会发生，只去依据历史并不可靠，因为历史太短暂了。在未来，历史很可能会被打破。之前没遇到这种风险只是因为幸运。

怎么去规避这种未知的风险呢？一个较好的方式是将风险分散。我们可以组合更多的品种或者更多的策略来降低单品种失效或者单策略失效的风险。

比如过去十年表现最好的还是黑色品种，单做黑色品种就能获得相当可观的投资业绩。可未来它会不会变差？这是很有可能的。但如果交易的品种比较多，即使未来黑色品种表现不太好，也还有其他品种可以顶上。不过**交易多品种，整体收益率自然会被拉低，毕竟其他品种业绩都不如黑色品种。除了品种的选择，周期和参数的选择都面临类似的问题。**

再比如，很多团队会在交易系统达到历史最大回撤的位置加仓，如果系统比较稳定，运气又比较好，系统极值没有被打破，这样的操作可以大幅度提高收益率，一年下来盈亏比和卡码率都会高得惊人。但万一运气不好，系统极值被打破了，这时候加仓就会超过历史最大亏损，甚至有清盘的风险。所以，即使这种风险出现的概率很低，我们也要避免这样的操作，抵制住诱惑，拒绝这种由巨大风险代价换来的利润。

问题8：据我们了解，您在2015年3月出现最大回撤38%，此后对系统进行优化，最大回撤控制在了20%左右。请问2015年当时出现较大回撤的主要原因是什么？2015年后您主要从哪些方面优化，从而降低了最大回撤？

津泰投资：2014年我们自营账户开始只有500万元的规模，恰逢牛市启动，触发了股指的开仓信号。以当时的资金规模做股指其实是比较勉强的，随着股指加仓，很快账户就接近了满仓，股指也带来了不菲的利润。但到了2015年初，由于两融、降息、降准这些政策的出现，市场产生了巨大的波动，股指反复跳空、反复亏损，此时一些商品合约在3月也出现了很大的回撤，使账户叠加产生了38%的最大回撤。

此后我们就把整体仓位降到10%左右了，又增加了一些不同性质的策略来改善交易系统，直到2016年年底，我们才把仓位恢复。

问题9：您表示，您的交易周期为30分钟至8小时的多周期组合，请问为什么选择4小时这样不常用的周期？

津泰投资：实际上，**我们在周期的选择上是很模糊的，30分钟、4小时或者8小时其实都是可以的，我们设计的策略遵循“追求模糊，不追求精确”的原则。我们认为精确的系统容错率往往非常低，因为它的参数误差很大。如果一个策略必须要在一个确切的时间点交易，那么这个系统是很不可靠的。反之，如果可以在一定时间范围内任意时点开、平仓都能获得相似的收益率，这样的系统才有足够的稳定性。**

问题10：对于中长线交易策略而言，用指数合约出信号，映射交易主力合约这样的交易方式，会造成实盘和回测有较大的误差，您是如何看待和处理这个问题的？

津泰投资：如果用指数去做信号，用主力去交易，这种交易方式是非常粗糙的，有误差也是必然的。在期货市场是有期限结构的，不同合约的升贴水是不同的，期限结构的变化对收益的影响很大，所以我们没有采用这种方式，我们有一套合成主力合约的算法，其中就有期限结构因子。交易与信号是同一套数据，甚至实盘用什么数据，回测也用什么数据。对于交易频率较低的中长线策略，回测可以和实盘高度一致，基本没有太大的误差。

问题11：据您介绍，您的交易标的覆盖了市场上一半的品种。请问您选品种的具体标准是什么？

津泰投资：我们首先考虑成交量比较大的品种。因为成交量太小的品种无法承载较大规模资金，即使是盘口上的量足够成交，但是持仓量占市场比重也会太大，我们会尽量避免这种情况发生。

其次还要考虑品种本身的趋势性是不是较好。比如有些农产品可能几年才来一波趋势行情，这样的品种我们也是不太会考虑的。

还有一些品种的历史不足两年，我们也会剔除。

问题12：对于不同的期货品种，您的仓位和资金是如何分配的？2022年化工、有色等品种的行情波动很大，您有没有重点配置这些品种？

津泰投资：我们设计了品种仓位配置的算法，比如成交活跃的会偏重一些，过往历史的盈亏比较好的会偏重一些；过去回撤周期较长的会偏轻一些。还要考虑到整体策略的容量，大周期交易的偏重一些，小周期交易的偏轻一些。

2022年化工、有色虽然行情波动很大，但是历史上它们的盈亏比偏差，风险度偏高，所以它们仓位占比配置不是很高。

问题13：我们观察到，您在七禾网的展示账户“天马基金”，还有在交易焦炭。而目前焦炭手续费提高得非常多，并且限仓非常严格，流动性下降较多。请问您在焦炭上的交易策略，是否做出了一定的改动？

津泰投资：焦炭合约价值比较大，考虑整体系统的权重占比，焦炭主要做中长线交易。以目前的流动性，中长线交易是没问题的。中长线交易对手续费也不是很敏感。所以目前尚未做仓位的调整。当然我们也会密切观察，如果后面它会发展成2021年动力煤的情况，我们会慢慢减仓，甚至会暂停交易。

问题14：我们分析发现，“天马基金”账户，在白银、苹果等趋势性比较好的品种上面，反而是亏损的，请问其中的主要原因是什么？

津泰投资：白银、苹果这些品种，最近两年在有些子策略上的表现是比较好的，但在某些子策略上表现不是特别好，不过由于都符合系统回测结果，长期看我们认为问题不是很大。

问题15：2016年商品行情波动也很大，但贵司的自营基金，当年的收益率相对略微偏低，请问其中的主要原因是什么？

津泰投资：在2015年年初，我们遭遇了一个非常大的回撤，于是把整体的仓位降到了很低的程度。直至2016年底，我们才慢慢把仓位恢复回来，也导致了2016年这波商品牛市行情没有吃到。

问题16：您的展示账户“天马基金”，2017年年底至2018年年底，经历了为期一年的回撤，请问在漫长或者大幅的回撤期中，您的心理上是否出现过一些变化？

津泰投资：2017—2018年，虽然回撤时间较长，回撤幅度也较大，但那时团队心态上已经比较成熟了。最痛苦的时期还是在2014年自动化交易刚启动的时候，有长达三四个月的回撤期。那时对交易系统还是有一些疑虑的。不过随着我们交易阅历的逐步增加，对市场运行机制以及对交易系统都有了更深入的理解，这些疑虑就慢慢消失了，面对回撤也越来越从容了。

我们认为对于**一个好的交易系统，我们必须知道它在什么时候赚钱，在什么时候亏钱，不同的行情应该有什么样的表现。我们对自己的交易系统一旦有充分的理解，那么对回撤也就不会太担心了。**

此外，我们还可以通过横向对比，去看看行业内其他团队是什么样的表现。如果大家近期表现都比较差，说明当下是一种系统性风险，就像2022年第一季度的股市，谁都逃不掉。反过来，如果别人表现都不错，只有我们表现差，这显然说明我们的系统是有问题的。

问题17：我们了解到，您至今已经连续七年稳定盈利，平均年化收益超过30%。目前期货行情的走势特点变化较快，请问您在未来的行情中，是否有信心继续保持这样的优秀业绩？

津泰投资：实际上我们已经超过八年较为稳定地盈利了，平均达到30%年化收益率。

从长期看，未来全市场收益率一定是会逐步下降的。这两年期货市场扩容显著，市场的拥挤度越来越高，随着更多的交易者加入进来，市场整体收益率都会陆续下降。同时因为大数据以及人工智能的发展，在产业结构上，产业链条会不断缩短，商品的周转率会不断提高，市场的运行结构也会发生变化，比如宽幅震荡会增多，一旦产生趋势行情，行情幅度会更大，持续周期会更短。不过单从策略拥挤度来看，中长线趋势策略本身不适期非常长，持仓体验非常差，我们认为在未来它还有较长的有效期。我们也会根据市场的变化不断调整策略。

问题18：据我们了解，贵司自主研发了“天马智能交易平台”，请问这一平台主要有哪些优势？

津泰投资：它是全自动化的系统，具有自动交易、风控、监控、报警、核对、结算、分析等功能，可以做到全自动运行，无须人工盯盘。

后台的警报系统会实时监控所有交易的运行情况，系统出现异常情况会尝试自动修复，如果是无法修复的问题会及时通知工作人员。一般第三方的软件是没有办法做到这一点的。

因为是自主开发的交易平台，在交易的细节上可以做深度优化，例如追单的交易，我们可以用各种算法来降低滑点损失，不但能进一步提升策略的收益，也能降低由于管理规模过大对市场造成的冲击。诸如此类的DIY优势有很多，无法一一列举。

问题19：现在私募团队和机构众多，各有各的特点，请问贵司的核心优势在哪里？

津泰投资：我们会对风险做更多的考量，尤其是对未来可能会发生的风险做更多的评估和假设，提前做好应对措施。在整体交易风格上，我们不是很激进，是属于偏保守的。

我们的优势在于生存能力。我们更注重防守性，进攻性自然会弱一些，因为这是个平衡问题。

问题 20：请您介绍一下交易团队的情况，有多少成员？分工是怎样的？

津泰投资：目前我们团队一共有 7 个人。交易决策委员会有 3 个人，做 CTA 研究的有 2 个人，做期权研究的有 1 个人，以及做股票研究的有 1 个人。

问题 21：请谈谈您未来的投资规划，以及团队的发展愿景和规划。

津泰投资：我们对管理规模其实是没有太高预期的，顺其自然就好了。至于未来的规划，我们希望交易系统除了 CTA 还能组合期权策略和股票策略，使用多市场组合来增加组合的维度，这样整体系统会有更强的抗风险能力。这样也会得到更多资金的信任，管理规模自然也就增长了。

安恒德泰投资：

趋势跟踪是市场上最简单、最有生命力的策略

（傅旭鹏访谈整理）

李国庆

安恒德泰投资总经理，中国人民大学会计学专业本科、清华大学MBA，曾供职于国家部委、渣打银行、花旗银行等机构，对经济周期、投资市场、行为金融学等领域有深入研究，擅长投资系统分析规划、风险控制体系建设。2013年进入期货市场，从事多周期策略量化交易。

精彩观点

期货市场本身是一个对商品价格大幅度波动进行对冲的市场，它的前提是商品一定会有大幅度的价格波动。基于这样的一个认知，我们确定在期货市场上挣什么钱——挣商品价格大幅度波动的钱，而相应的策略就是趋势跟踪策略。

趋势跟踪是这个市场上最简单的策略，也是最有生命力的策略！

如果我们对交易的时间要求不是那么高的话，滑点也可以很好地控制，这对规模来讲也是一件好事。

我们现在有四套策略在运行，有三套策略是趋势跟踪，另外一套策略是反转策略，有点类似于索罗斯的反身性。

其实大回撤，往往是在大机会之后产生的，所以我们的反转策略，它的核心就是去捕捉市场的这种反转的可能性。

一个策略是否已经失效是没办法去判断的。要判断它是否失效，一定不能基于短时间的效果来看，但是如果时间太长，肯定又承受不了这个风险。

判断一个策略是否失效在于它的核心逻辑，如果核心逻辑没问题，就不用太担心，反而当它产生回撤的时候要更乐观。

不管是股票还是期货，预测不是最重要的，重点在于市场怎么走，你有什么应对方案，这个应对方案一定是形成闭环的，有进有出。

我们不能因为预测去采取行动，而要根据市场走势采取相应的行动。

如果你预测了，但市场没有走出这样的走势，你就不能不顾一切地去做。如果按照这种方式去做的话，会带来很大的不可知的风险。

投资是有周期的，我们要去理解和接受周期。我们的投资策略要能规避周期的系统性风险。

问题1：李总，您好！感谢您和东航金融&七禾网进行深入对话。据我们了解，您之前先后供职于政府部门、房地产公司、保险、银行，后于2013年进入期货市场。请问当时是怎样的机缘巧合，让您进入到期货市场中？

李国庆：我做投资首先是从研究股票开始的，为了研究股票，我读了很多书，然后就发现期货市场也是一个非常重要的市场，其实有很多关于交易方面的书，核心是写期货市场的。所以我算是先了解了理论知识，然后对这个市场感兴趣，再进入期货市场的。这样看来，影响我的是那些能写书的交易高手，当然也有一些我觉得是属于伪交易高手，他可能整理出来的是一个阶段的规律，甚至是虚假的规律，因为这个，前期其实我也走了很多弯路。

问题2：2022年是您做期货交易的第十年，做了近十年的期货交易，您最大的感受是什么？

李国庆：说到期货交易，大家都会觉得期货交易是风险很大的交易，但是在我看来，期货交易其实恰恰是风险很小的交易，当然这取决于交易者本身怎么去思考这个问题。风险大，主要说的就是一个杠杆的问题，就是我们怎么去认识杠杆。

对我来说，可能有一个先天的好处，我是从理论出发，一开始就认识到这个杠杆问题。比如，账上100万元的资金用完了，其实不是满仓，而是可能达到十倍杠杆的概念，那么高的杠杆，你的风险当然就很大。理解到这一点，有助于我们在期货市场上有一个比较平和的心态。在风险可控的前提下，来做期货交易，我们不能说比股票的收益更好，但是至少这是一个不会让我们产生恐惧感的市场，在这个市场上保持心态的平和是比较关键的，我想这个可能是最根本的。这也是跟我们公司名字中的“安恒”

相符，就是要安全、安心，才能做到恒久。

问题3：在从事期货交易的十年时间中，您的交易理念、交易方法有过哪些变化？

李国庆：我觉得这也是在体现“否定之否定”的认知规律。一开始我接触到的资料都是讲趋势交易的，因为趋势交易最简单，然后就做了一段时间的趋势交易。现在回过头来想，那个时候的趋势交易其实做得也不太好，因为是人工做，不具备对市场机会完备性的把握，有时候做得好，有时候做得不好。总体来讲收益也一般，有时还会由于心理的原因违背规则去扛单，甚至逆向加仓。现在我们都知道这些就是属于作死的行为，所以有时候甚至还会产生巨额的亏损。

后面慢慢地对这一套东西产生了怀疑，之后自然地就会去追求那种收益也还可以，但风险更低的模式，包括高频交易、套利。但是当你想到这个解决方案，实际上也会带来新的问题，为了解决高频交易、套利交易，会面临更多的问题，它其实是一个不断滋生问题的过程。一个问题会变成两个问题，两个问题变成四个，四个变成八个，如此不断地循环下去。当然也可能是我们采用的技术和方法，还有一定的局限性，所以在那些策略上还没有真正实现能够长期持续的可能性。在这个过程中，我们发现有一点很重要：每个方法都是有优点和缺点的，要去接受它的缺点。当然，看你最看重的是什么，这会导致每个人不同的选择。

所以后面又回归到趋势投资，这也是基于我们对期货市场本质特征的理解。因为**期货市场本身是一个对商品价格大幅度波动进行对冲的市场，它的前提是商品一定会有大幅度的价格波动。基于这样的一个认知，我们确定在期货市场上挣什么钱——挣商品价格大幅度波动的钱，而相应的策略就是趋势跟踪策略**。有了这样的一个前提之后，我们无非就是去找到怎么样更好地来做趋势跟踪的方法，或者找到让自己在没有趋势的时候还能活下来的方法。在这个过程中，我们慢慢地理解到：**趋势跟踪是这个市场上最简单的策略，也是最有生命力的策略**！

另外，**如果我们对交易的时间要求不是那么高的话，滑点也可以很好**

地控制，这对规模来讲也是一件好事。所以这些都是在不断否定的，现在，我们回归到一个可以长期去做的事情上，不再去追求短期的精准，而是着眼于长期逻辑，用最简单的方法去进行交易。

问题4：请问您目前期货交易实盘一共有几套交易策略？每一套策略的主要特点分别是什么？

李国庆：我们现在有四套策略在运行，有三套策略是趋势跟踪，另外一套策略是反转策略，有点类似于索罗斯的"反身性"。三套趋势策略是主要的策略，反转策略是在极端情况下启动的，它有很严格的前提条件。不产生极端行情，反转策略是不会启动的，在极端行情下去启动它，相当于是一种风险对冲的管理。

其实大回撤，往往是在大机会之后产生的，所以我们的反转策略，它的核心就是去捕捉市场的这种反转的可能性。比如说多头的时候，反转一定是基于我有多头的仓位，而不会轻易去做空的。这样做的好处就是在大幅度上涨之后，反转来临的时候，我受到的冲击相对比较小。完全不受到冲击不可能，但是至少可以做到受到冲击的幅度比较小，这样相对来讲，会让整个资金曲线更好一些，能够更好地控制波动的风险。

我们采用的趋势策略，是基于不同的周期，当然也有不同的方法。这些方法的核心还是对波动幅度的衡量，这其实是趋势策略最原始的逻辑。当然在不同的周期上，衡量波动的方法有一定的区别。这样就构建了基于5分钟K线、15分钟K线和60分钟K线的策略，这三个策略各有各的特点，它们反应的灵敏性不一样。比如说5分钟策略，反应会更快一些，15分钟会慢一点，60分钟是最慢的。我们做一个假设，在趋势很明显的情况下，这三个策略是一致的，相当于是在仓位上就加强了。但是在震荡的时候，有可能它们仓位就不一样，那么就产生一种对冲的功能。当然这个要取决于具体的市场行情，如果市场的反复波动幅度比较小，那么实际上这个对冲也不太可能产生。就像最近的行情一样，有比较多的反复，大家的策略都是在来回折返跑，几个策略都会有一定的回撤，但在我们看来，这是交易者必须接受的前提。像2021年5月和10月之后的行情，周期长一点的策略都产生了回撤，但是5分钟的策略，甚至15分钟的策略，在那个时候还表现得比较稳定，这样的话是能够合理控制回撤的。

问题5：在这些不同类型的策略中，您的资金是如何分配的？

李国庆：我们的三个主导趋势策略的资金都是平均分配的，但是事实上，在我们运行的过程中，因为策略内部的逻辑和交易信号产生的不一致，实盘上会产生不同的仓位。这是根据它的信号来的，有可能5分钟已经反应过来了，它的仓位就重一些，也有可能长周期的还没有平仓，短周期的就先平仓了，那个时候长周期策略的仓位就重一些。

对于反转策略，我们的逻辑思路是：第一，单个品种不能太高仓位；第二，单个品种的仓位，会根据趋势策略的持仓来进行合理的确认。这也就是说，原则上不应该偏离趋势策略持仓太多，比如说上涨的时候出现极端情况，可以把空头的仓位多建一些，但是不会偏离太多，反转策略主要的功能还是在于对冲。

问题6：据您介绍，您的交易策略从5分钟起到日线，各周期均有部署。请问您的短线交易策略和长线交易策略相比，在策略设计、逻辑原理上有哪些区别？

李国庆：我们是基于主观判断日线策略的，因为要实现完全的量化比较困难，我的日线策略的逻辑是看大周期的趋势，等到合理的回调点，找到逆小势顺大势的一个点入场，这样短期的冲击会小一些。在日线上，上涨过程中的一波回调，7%、8%的回调，对整个策略的净值也会有比较大的冲击。所以我会非常严格地去把握入场点，我不会在突破的时候进，而是在回调的时候进。当然做空的时候也是如此，在反弹的时候进，而不是在向下突破的时候进，这是一个核心区别。

但是从短周期来讲，我们就应及时地反应，突破了该进就进。在同一个时点上，对于机会的把握，短周期最灵敏；长周期会慢一点，但它的好处是相对稳定。在有的行情下，长周期也能够产生非常好的效果，比如2021年12月到2022年3月的行情，长周期整体都表现得非常稳定。但是短周期从2021年11月到2022年的2月下旬，一直在往下走，但组合起来就会好很多。这个阶段的60分钟周期策略，表现真的是出乎我们意料，3个月时间，其收益达到了40%。

问题7：就您看来，一个量化交易策略需要达到哪些条件、经过哪些步骤，才有可能被您纳入实盘策略中？

李国庆：我觉得有两个关键点。一个关键点是这个策略本身的逻辑，逻辑是最重要的。我们做量化的，很看重数据，这是没问题的，但最重要的还是在于逻辑本身，这个逻辑一定要经过千锤百炼。所以这也是为什么我们不轻易去尝试机器学习，它背后的逻辑你是不知道的，它是一个黑箱，所以我们要很谨慎。

第二个关键点就是我们的流程。这个流程在我们的认知里，它虽然不能够确保我们绝对正确，但是它能让我们少犯错误。经过这种严密的流程之后，错误的概率会降低。同时再加上多策略、多周期、多品种的模式，这些错误产生的风险，相对来讲是在我们认为可控的范围内，所以做起来会安心一些。当然这两个因素里面，我们认为逻辑最重要，逻辑认知越深入，你的心就会越安定。

问题8：小周期策略交易中滑点是非常重要的一环，请问您的5分钟等偏短线交易策略实盘交易时，滑点是如何控制的？

李国庆：我们的滑点控制，核心还是在于策略逻辑本身。因为我们不是以瞬间的突破去做交易的，而是在K线结束的时候交易，从短周期来讲，价格剧烈波动的这个阶段有可能就过了。所以那个时候的滑点，有可能还会是有利的滑点。

在长周期的策略里，止盈出场的时候会用到瞬间价，在这种情况下往往可能也是正向的滑点，因为它是顺着趋势方向去做的出场。对于这种主动止盈出场，有可能你平多不会在高点、平空不会在低点，但是从长期来看，这样做是有利的。

问题9：中短线策略的有效性是大部分量化交易者比较关注的地方，请问您是如何看待中短线策略的有效性的？如何判断一个策略是否已经失效？

李国庆：实事求是地说，我觉得**一个策略是否已经失效是没办法去判断的。要判断它是否失效，一定不能基于短时间的效果来看，但是如果时间太长，肯定又承受不了这个风险。**所以说我们最终要回到策略的逻辑本身，你的策略逻辑本身是不是具备长期性？是不是具备可持续性？

我们现在为什么选择趋势跟踪策略作为我们的主体？说白了就是因为市场的根本逻辑。趋势跟踪失效是什么时候失效？是期货市场没有存在的必要了，也就是说没有商品价格的大幅度波动了。但是客观上讲，不仅期货市场存在的逻辑是这个，其实整个市场经济存在的逻辑也是这一点。只要是市场经济，一定会有商品价格的大幅度波动，做趋势策略的挑战是在没有大幅度波动的时候怎么去进行风险控制，降低回撤。目前我们采取的多策略、多周期、多品种的模式，在市场没有大幅度波动的时候，也能够很好地控制好回撤。策略的回撤可能 10%、20%，甚至再多一点，但是不可能让你亏损百分之四五十。只要亏损是合理控制的，未来机会一旦出来，你的策略自然就会创新高。所以说，我觉得**判断一个策略是否失效在于它的核心逻辑，如果核心逻辑没问题，就不用太担心，反而当它产生回撤的时候要更乐观。**

问题 10：自 2020 年以来，期货行情波动巨大，2022 年受国内外形势的影响，市场仍然保持着高波动率。请问您是否会考虑增加短线策略的配置比重？

李国庆：我们现在也在开发一些新的策略模式，比如可能用日内策略去做一些顺趋势的加仓。就是日内策略去加仓之后，如果不出现日内的出场点，就一直持有。进入第二个交易日之后，我们会去调整它的出场点，相当于用日内策略做低成本加仓。但它的前提是基于前面有趋势出来，只是做一个加仓的设置。核心在于什么呢？不能因为你加大了短线策略的配置，就增加更多的风险，我们投资的根本收益来源不在于风险的承担，而在于你对市场机会的客观把握，收益的增长和风险的增长不能同步；如果同步，还不如把原来的策略加仓，增加策略一定是收益增加要大大超过风险增加的。

问题11：您表示你们是全市场覆盖交易，流动性和波动性比较强的品种都会做。请问您选品种的标准是什么？

李国庆：标准就在于两个指标：流动性和波动性。另外，我们也设计了比较简单的数字标准。比如说交易金额50亿元，看它三个月的平均指标，如果不符合，我就移出，如果符合就加入。

新品种的话，我们也是看一个季度，一个季度跑下来没问题的，我就放进来，很简单的一种筛选方法，我们要避免因为主观选择带来的一些误差。毕竟对于市场，我们的一个核心观点是，这个市场是我们无法去精确感知的，我们只能做到模糊的正确，甚至我觉得连模糊的正确都不一定做得到。但是只要做到我的选择行为能够给我带来长期合理的回报就可以了。

问题12：对于不同的期货品种，您的仓位和资金是如何分配的？2022年化工、有色等品种的行情波动很大，您有没有重点配置这些品种？

李国庆：资金分配在策略端来讲是完全平均的。比如，一个策略的资金是1000万元，假设有30个品种，那每个品种就分配（1000÷30）万元。当然策略在运行过程中，会由于品种本身的波动性，导致有没有信号产生，有可能有的品种的配置会重一些，有的品种的配置会轻一些。我们不会根据行情波动的大小来主观地调整配置，而是体现在策略逻辑里面，波动小的时候，配置会逐渐地增加；波动大的时候，配置会慢慢地减少，甚至是迅速地减下来。因为有多策略的模式，趋势强的品种，不同策略都会有持仓，客观上它的仓位就一定会相对比较高。

问题13：我们观察到，您在七禾网的展示账户“致中和”在交易焦煤、焦炭，而目前这两个品种手续费提高得非常多，并且限仓非常严格，流动性下降较多。请问您在这两个品种上的交易策略，是否做出了一定的改动？

李国庆：我刚才一直强调，我们做策略要有长期可持续性。选品种的逻辑，实际上在于考虑流动性和波动率，手续费不是我们考虑的核心，甚至我们都不考虑手续费，因为我们交易的频率本身是比较低的，如果成功，它带来的收益远远超过手续费的变化，所以我们不单独考虑这一块。重要的是让策略保持运行的完整性，在我们的策略理念里，任何成功的交易都不能够被漏掉，每一笔交易，该做的我一定要做到，就这么简单。

当然我们也理解，交易所要提高手续费，背后肯定是有一些原因的。我觉得会有一个相互影响的过程，比如说手续费提得特别高，包括对持仓的限制，像动力煤，它一定会影响流动性的，我们该把它移出就移出，比如红枣，我们一开始是做的，但是后来因为流动性也把它移除了。

问题 14： 您有这样一个观点：期货市场并非零和博弈市场，而是一个风险转移的市场，投资者通过承接实业资本的风险转移而拥有持续盈利的可能。请您详细阐释一下这一观点。

李国庆： 其实这一点我也是经过很长的时间之后，慢慢意识到的。因为我们本身有一个更大的逻辑，就是我们做投资是不是对这个社会有贡献，这是最关键的。所以有段时间我也很苦闷，因为大家都认为期货市场是负和博弈，就好像是大家在里面互砍，那砍来砍去的意义是什么？那种内心的苦闷也从策略上给我们带来一些问题。

我从期货市场的根本功能来考虑期货市场为什么存在这个问题，它是为实业资本在经营过程中提供对冲商品价格波动风险的工具，它真正的功能在于能帮助实业去更平稳地经营。正常的利润假设是 10%，通过期货市场来对冲，能实现合理的长期回报，因此付出一定的代价也是合理的。但是可能现在很多在市场里面做套保或者做锁定价格的实业资本，他们还没有真正意识到这一点，所以他们希望做这个事情能赚钱，从所谓的套保慢慢做成投机。

我觉得市场永远有这么一个规律，你偏离了你的核心目标，你可能就会踏入各种坑。当我意识到这一点，我的想法就从期货市场是零和博弈，甚至负和博弈转成了市场其实是一个正和的博弈。这个过程对实业资本的生产经营有利，这样的话他也愿意付出一些成本代价。其实这也相当于是做生意，只不过不是通过签订合同，而是通过市场交易行为来获得利益，实业资本把风险转移出来，我们承接了风险。只要我做到一个前提，我们的风险控制是合理的，最后我就一定可以获得长期持续的利润，所以这就是我们做期货的根本出发点。当这个市场对你不利的时候，你肯定是要承担回撤的，你不可能做到完美得没有回撤，或者回撤很小，回撤的时候我们就坦然接受，只要相信这样的一个根本前提就可以了。

问题15：您表示价格是市场上最重要的信息，围绕价格信息做投资是长期稳定盈利的根本。请问您后期是否会考虑适当地结合基本面的信息，和量化结合起来做交易？

李国庆：我觉得这个跟上一个问题其实是相关的。现在有一些期货的参与者认为期货的价值投资是做基本面的研究，通过预测未来基本面供需的变化，并据此来设定仓位头寸来挣钱。在我看来，这样的一个思路，它不应该是价值投资，反而是一种投机，因为供需是不断变化的，不是一个确定性的东西，人是没有可能完美地理解和预测的。而且期货也不像股票，一个上市公司，拥有长期的竞争优势，做价值投资相当于去入股这家公司，然后跟它长期相伴，这个长期确定性是价值投资的一个关键核心问题。

我们刚才说的供需，是短期变化的东西，短期变化的东西一定是投机。就像我们做股票一样，做一个波段，也是投机，哪怕做的是价值投资的标的。做期货也是这样。我们自己做期货的根本逻辑是风险的转移，我通过自己的风险管理来承接风险，这就是一个长期的事业，所以我想这才是核心的价值。

现在我们也有研究员提出来做基本面。这个研究我们会很小心，这里面有个根本逻辑，其实价格已经反映了所有的信息了，如果你去研究它的局部，它的有效性是不是比整体更高？当然回过头来看，这也是我们研究的一个根本出发点。我研究一个东西，从根本逻辑去研究了之后，如果有新的东西，不管是加入还是替代，一定是它的逻辑要强大到比原来的逻辑更强大，我才用它，否则我宁愿不用它。这也是为什么我们现在对很多策略的选择，虽然有这种储备，但并不会说它看来有效我就会去使用它，而是要经过很严格的对比和筛选。就我原来的策略来讲，它一定有很强大的逻辑，而且确实从数据的表现来看，它能够比原来表现要高一个维度，我才会用它。但是现在来看的话这可能很难，它要比原来我们的趋势跟踪逻辑更有效的话，是很难的。当然我想，可能在不同的周期里会有不同的表现，但是我觉得很难完美地去把握周期，所以在这种情况下我们就宁愿去做这种简单的、模糊的东西，而不去做精确的。

问题16：贵公司也做股票产品，2022年以来上证指数下跌幅度较大，一度跌破3000点。请问您对于后期股市怎么看？

李国庆：关键在于时间，如果真的是长期，比如说五年，我一定是看好的，这就是为什么股票上我们的核心是要做价值投资。但是如果说把这个期限放到2022年或者一到两年内，我的判断是两个方向：一是不乐观；二是充满了不确定性。这两点也是相辅相成的。为什么说不乐观？我在2021年就研究过这个问题，如果从连续三年的复合收益率来看的话，过去三年很多基金都已经达到了30%以上的年化收益率，这样的收益率显然是不合理的。

我们从另外一个维度，长期收益率来看，股票多头的长期收益率达到15%~20%，已经是一个极致的业绩。巴菲特确实非常厉害，50年的周期里做到接近21%的年化收益率。我们的研究发现不管是国内还是国外，只要是十年以上的基金，它的长期年化收益率达到15%~20%，就是一个顶尖水平。从2021年下半年来看，整个市场短期收益率已经超越了这个水平，而且是大幅度超越，那么意味着长期来讲它会有一个回归的可能性。当然我们不知道什么时候回归，或者以什么方式回归，但是我们要去做风险防范。

这个风险防范也不能说我们意识到问题之后就马上去行动，它跟期货类似，要根据市场的运行来做调整。比如说在我们复合策略基金里，2022年春节之后我们做了减仓的动作，为什么呢？因为我们有自己的一套分析判断体系，前面探测到了有风险，但是还要等市场走出来，市场是决定一切的。**我们不能因为预测去采取行动，而是要根据市场走势采取相应的行动。如果你预测了，但市场没有走出这样的走势，你就不能不顾一切地去做。如果按照这种方式去做的话，会带来很大的不可知的风险。**这也是很多宏观策略，我认为它充满了风险的原因，因为你一旦做对了，可能收益非常好，但是你做错了怎么办？而且还不知道什么时候该止损，那就很痛苦，我觉得人不能陷入痛苦的境地。所以我们的交易，**不管是股票还是期货，预测不是最重要的，重点在于市场怎么走，你有什么应对方案，这个应对方案一定是形成闭环的，有进有出。**

说白了，我觉得最重要的是有这个纠错的机制。如果你做错了，有没有对应的纠错机制，做对了，当然没问题，那就很开心。但是做错了怎么办，这是最关键的问题。

问题 17：安恒德泰投资管理有限公司成立于 2016 年，请问贵公司取名“安恒德泰”的含义是什么？

李国庆：这是一种偶然。因为当时注册的时候，两个字、三个字都有很多重名的，所以后来就想取四个字。我觉得偶然中也有一种必然性，包括它的含义，实际上是我们后来逐渐地去为它注入了一定的意义。

第一个字“安”就是安全、安心。不仅是投资要安全，我们要安心，我们的客户也要安心。在这个市场极度不利的时候，客户想到我们的业绩或者想到我们做的事情他能够安心。

第二个字“恒”，就是持久永恒。

第三个字“德”。在古汉语里面，这个“德”的意思是顺道而行，就是我们要走大道，投资一定是要走大道，不是把自己看得很大，可以战胜市场，而是说去接受和顺应市场。

第四个字“泰”，也有美好的含义。有个成语叫否极泰来，但在我们看来是叫泰极否来。在《易经》里面，泰卦之后就是否卦，但是从否卦到泰卦，要经历一个循环。股市上就很明显，一个大牛市之后跟着大熊市。但是大熊市要回归到大牛市，就要走很长的周期，所以说这也是在提醒我们，**投资是有周期的，我们要去理解和接受周期。我们的投资策略要能规**

避周期的系统性风险，尤其在股票上，其实期货还好，因为期货的周期在我们看来相对比较短，可以是几个月，但是股票的周期是年，最小的周期是三年，长一点就是七年甚至十年，所以在股票里，对系统性风险的防范很关键。

问题18：现在私募团队和机构众多，各有各的特点，请问贵司的核心优势在哪些方面？

李国庆：我们的核心优势，在于我们是把投资当作一个长远的事业。长远的事业要有一个最核心的东西，即什么东西能够决定我们这个事业长期存在。我想这里面的关键就在于我们对投资本身的理解，就像我之前说的，投资一定是向善的、利他的，或者说是对社会经济发展起到贡献的。

从客观上讲，不管是做价值投资还是投机，我们每个参与市场的人都在做贡献，只是贡献的大小不同而已，包括在市场上制造噪音的投资者或投机者也是有贡献的，因为它会形成价格，就像刚才我们说的，价格是最重要的。但它不一定正确，可能形成一种误导。比如股票，由于庄家的炒作、游资的炒作，有些股票可能大起大落，但是实际上它就是市场上的一种噪音。从长期来看，有认知的投资者会看到这样的规律。低波动的股票，反而长期收益更好，高波动的股票长期收益比较低。它会给我们带来认知上的不同，价格的形成，认知的提升，对所有的参与者都是有帮助的。当然我们在有帮助的前提下，怎么去做到更有帮助呢？就要符合投资的“道”，实际上我觉得这是最重要的。怎么符合投资的“道”呢？只有去提升人的认知。你要去认知这个“道”，还要去践行这个“道”，所以“顺道而行”叫作德。我想这是我们最根本的东西，而且我觉得它的重要性是远远高于策略本身的。策略是什么？策略是要靠人去认知和执行的。如果没有人去做好对策略的认知和执行，做到对“道”的顺应，就很难去持续地做到。

在投资过程中，会有各种各样的风险，当遇到风险的时候，你可能就会偏离你的初心，这就会形成巨大的风险。那种风险会让你慢慢地从心理上产生问题，行为产生偏差，最后形成恶性循环。这是最重要的一点认知。这个认知不在于我们的策略有多先进，不在于我们有多少人，也不在于我们的资金有多少，而在于对投资本质的认知。我们在这个市场上要不断地修炼自己。像目前这种行情，我们持仓主要是多头，今天大跌，肯定是亏损的，但是这个时候就是在磨炼我们自己。你怎么去客观面对？讲了半天说要平淡地接受市场的回撤，但是回撤真正来的时候你怎么办？这个时候你可能内心还是会有影响的，但是这恰恰是磨炼自己的机会。

从人的角度去看投资，能做到的应该还不多，这也是我们现在坚定要走的方向。你能坚定走下去，其实就是实现长期可持续性，最后就会形成滚雪球效应。经过很多周期的运行之后，你的业绩会不断地往上走，你的客户也会更信任你。甚至我们还可以主动地去把我们的很多理念传递给客户。最后，我们这种长期竞争优势就会显露出来，而且最重要的是让我们自己，包括我们的伙伴，我们的客户对市场、对投资都不要有太高的非理性的预期，保持自己的谦卑，在市场面前的谦卑，这样大家就能够一起走得更远。

问题 19：请您介绍一下您的交易团队的情况，有多少成员？分工是怎样的？

李国庆：我们现在成员大概有 15 人，绝大部分都是研发人员。关于投资的角色分工，我们也都叫作研发，包括我们之前说的交易系统的开发，也叫研发。理论上来讲，我们不存在所谓的交易员这个职位，现在名义上是交易员，实际上核心还是做研发，所有跟投资相关的都叫作研发。所以我想这是我们一个最重要的点，研究是最重要的方向。当然研究不等于说我们不断地要去迭代策略，就像我刚才说的，我们研发策略的目的就是来检验我们现在的策略，它跟现有的策略相比逻辑有什么不一样，数据表现有什么不一样，对现有的策略有什么认知提升或启发。

现在来讲，研发最大的意义是做检验，提升我们的认知，一个人的成长和策略的研发是相辅相成的，我们希望每一个研究人员都能够独立地去做研发。第一个是策略思维，就是逻辑的挖掘。第二个是能够去做量化研究，我们希望每个人都要做到。现在可能还不能完全做到，但是慢慢地已经开始在往这个方向走了。

问题20：请谈谈您未来的投资规划，以及团队的发展愿景和规划。

李国庆：从投资规划上来讲，或者从策略角度来讲，我们一直是秉承多市场、多策略的维度。大的方向就是股票市场和期货市场，这是我们最重要的两个市场。

现在股票市场风险收益不是很合理，我们减少了这方面的投入，不等于未来不去做，而是可能会等一些机会，这个机会有可能是市场恢复之后再进入，也有可能是市场真的出现所谓的大熊市，会在大熊市所谓的底部区域进入。当然没办法去精确地捕捉到底部，但是出现了我们所定义的底部信号之后，我就会陆续地去建仓。

另外，就是我们期货上的布局，三个主要的趋势跟踪策略和一个反转策略，这是毫无疑问我们要持续执行下去的。我们的规模还不大，还有很大的空间。从周期的角度来看，我们判断，期货市场未来的周期就是一个高波动的周期，因为全球产业链已经成型。在这个情况下，任何对全球产业链产生冲击的事件都会让期货价格产生大的波动，这是期货市场价格大幅度波动的潜在原因。只要期货市场存在大幅度波动，我们的策略就一定是可以赚到钱的，而且这个波动现在看上去还不会小。这也是我们的回撤这两年会加大的一个原因，不是策略本身的原因，而是市场的波动加大，其实收益率也在加大，应该说收益率的加大是大于回撤的加大。所以从这个维度来看，我们就要坚定不移地去执行好我们的策略配置，然后在表现不好的时候能够持续拥有信心，而且还要把这个信心传递给客户，这就是我们的投资规划。

对于团队的发展，我们其实有一个最核心的点，就是我们这个平台对内来讲，要追求全体员工的物质和精神幸福。不仅是物质幸福，更重要的是精神幸福，我们要体会到工作本身的意义、乐趣。有效的工作，能够带来合理的物质回报，而且我们还能去认清物质回报的价值。不要被物质回报困扰，不管赚多赚少，它的本质在于你工作的价值。你工作有了价值，自然物质回报就高。我觉得真正的自由不是在于你财富的多少，而是在于你认知到这个工作的意义。只要做出有价值的工作，收入就不可能低，我觉得这是真正的自由，它不是取决于你有多少钱。我们在市场上看到有很多人曾经很有钱，但是最后变得一无所有，实际上那就叫所谓的财富幻象。

对于团队，我们就是要让大家去修炼，去认知到这些逻辑，能够每天该干什么就干什么，而且很开心地去干这些事情，就像巴菲特说的一样，跳着踢踏舞去上班。当然这可能是一个长期的想法。因为做私募基金、做投资，实事求是地讲，它会有一个规模限制，在你的认知前提下，你的规模做到一定的程度很难再提升，或者说规模、收益和风险，这三个是一个不可能兼得的三角形。你做到一定的规模之后，团队可能就会分出来，或者产生出新的团队，到那个时候，我们公司这个平台也会去支持这些团队，前提是在我们这个平台上，他们已经被证明是很成功的。这样的话，你可以去独立地建平台，前期运营包括资金都不用考虑，只要在策略上做好，在投资布局上做好就可以了，相当于可以去孵化一些新的团队。当然这是远期规划了。

总的来讲，我们的愿景就是要成为奋斗者的幸福家园。为客户创造长期持续的幸福，这是我们最重要的一个愿景。

恒诚量化：

价值严重偏离时就是下单时机

（傅旭鹏访谈整理）

周焱

恒诚量化核心成员。恒诚量化致力于通过数据、引擎、策略模型等技术手段改变传统投资方式。团队由BAT等科技公司出身的顶尖工程师和多年从事投研/交易的策略精英组成。

精彩观点

刚开始的时候基本上都是追涨杀跌比较多，而现在的交易基本上是基于交易心理跟周期理论，而这两年加了期权的对冲在里面。

期货的资金大概只有10%~15%，期权占到80%~90%。因为如果说期货的头寸一旦大了的话，账户的波动性会加大很多，基本上是以期权去赚取一个时间价值，增加交易的稳定性。

我们有很多都是期权的卖权，对冲了风险，但如果我们的卖权变成实值的话，我们会提前去用期货做对冲，所以我们回撤会小一点，基本上大的风险全部对冲掉了。

有三套策略。一套是CTA策略，它是赚取超额收益的。另外一套是平价期权的策略，套利的，它是用来对冲风险跟无风险套利的。然后还有一套期权卖权策略，它是赚取时间价值和降低账户的整体波动率的。这三套策略都是互相促进的。

（品种下单）主要看我们的量化系统的价值偏离预警，它的价值严重偏离的时候，我们会去下单。不同品种的资金，我们基本上是平均分配的，一个品种最多10%，如果说超额的话，可能就是到15%。

符合基本面要求的技术信号出现才会去做单，两边要一致。

如果说没有趋势的话，我们的期权策略会赚取时间价值。如果有趋势的话，CTA策略的爆发性也会很高，所以我们基本上不吃行情。

问题1：周先生，您好！感谢您和东航金融&七禾网进行深入对话。据介绍，您2015年开始做交易，当时您还在上大学，请问是怎样的机缘巧合，使您进入到期货市场中？

周焱：当时很多朋友都在做外汇、黄金、原油，大学同学都在做，然后自己也做一点。当时比较喜欢炒股，那个时候是牛市，然后就参与进来了。

问题2：您2015年开始做交易，至今已有7年时间。在这交易的7年时间中，您的交易理念、交易方法有过哪些变化？

周焱：刚开始的时候基本上都是追涨杀跌比较多，而现在的交易基本上是基于交易心理和周期理论，而这两年加了期权的对冲在里面。

问题3：据介绍，您前年开始接触期权交易，请问您的期货交易逻辑和期权交易逻辑，有哪些区别？

周焱：逻辑其实区别不是很大，但主要是利用期权的一些工具，对冲了风险，缩小了一些波动率。因为我们买权卖权都会做，但卖权风险较小一点。

问题4：请问在期权交易和期货交易中，您的资金是如何分配的？

周焱：期货的资金大概只有10%~15%，期权占到80%~90%。因为如

果说期货的头寸一旦大了的话，账户的波动性会加大很多，基本上是以期权去赚取一个时间价值，增加交易的稳定性。

问题5：据了解，您目前是专职交易，专职交易往往心理压力会比较大，请问您是在怎样的情况下转为专职做交易的？专职后心态有哪些变化？

周焱：之前做的一些业务的市场不好做了，后面又没什么项目可做，而交易情况一直还可以，就专门做交易了。

压力还是比以前大一点，因为会太在意交易的结果，对心情的影响比较大。

问题6：据介绍，您今年交易盈利120%，最大回撤15%。请问其中主要利润来源于哪一波行情？当时又是如何判断并抓住这波行情的？

周焱：我们主要利润是来自2022年6月那波下跌行情。至于怎么判断的，主要还是根据周期理论，还有就是公司的量化指标。有一些品种的价值偏离预警，如果出现预警的话，我们会考虑去做多或者做空。那个时候是已经偏高很多了。

问题7：据我们了解，您的交易频率整体偏中长线，而您2022年的最大回撤只有15%，相对较小。请问您主要是通过哪些方式把最大回撤控制得比较好的？

周焱：因为**我们有很多都是期权的卖权，对冲了风险，但如果我们的卖权变成实值的话，我们会提前去用期货做对冲，所以我们回撤会小一点，基本上大的风险全部对冲掉了。**

问题8：我们了解到，您的交易策略中有浮盈加仓的思路，但是近期期货行情波动巨大，反转行情也较多，浮盈加仓的思路可能容易来回止损。请问在这样的行情中，您是否会对浮盈加仓的思路做一定的修改？

周焱：我们加仓的都是近月的期权，期货是不会去浮盈加仓的。除非那种非常极致的反转，一般的行情对我们的影响很小，并且我们不会只做单个方向，我们两个方向都会做，所以说这种加仓的思想，对于我们来说影响很小。因为我们不是一直在浮盈加仓，不是期货意义上的那种浮盈加仓。

问题9：我们分析发现，恒诚量化组合1号策略的实盘业绩胜率高达70%以上，请问您主要是通过哪些方面来提高交易胜率的？

周焱：主要是通过期权的虚值卖权，因为卖权的实值概率很小，所以我们的胜率会一直很高。

问题10：我们分析发现，您的交易账户仓位大部分时间在90%以上，近期行情波动依然很大，请问您敢于重仓的主要原因是什么？

周焱：因为我们做的是虚值卖权，风险很小，每天都可以赚取时间价值。所以我们不怕重仓，并且我们是多方向的。

问题11：最近半年，大部分CTA策略都出现了较大回撤，请问您的CTA策略业绩表现如何？大部分CTA策略都出现了大幅度回撤，是否意味着即将有较好的趋势性行情？

周焱：我们的CTA策略还行。我们的CTA策略不会单一使用，我们实盘有三个策略，所以对于我们来说影响不是很大。后面应该会有趋势行情，也可能在2023年二三月份出现。

问题12：请问您在CTA业绩回撤的过程中，是否会修改策略或者参数？

周焱：一般不会。除非偏离值太大了，才会去修改策略。

问题13：请问您目前期货交易实盘一共有几套交易策略？每一套策略的主要特点是什么？

周焱：有三套策略。一套是CTA策略，它是赚取超额收益的。另外一套是平价期权的策略，套利的，它是用来对冲风险跟无风险套利的。然后还有一套期权卖权策略，它是赚取时间价值和降低账户整体波动率的。这三套策略都是互相促进的。

问题14：在这些不同类型的期货交易策略中，您的资金是如何分配的？

周焱：10%的CTA策略，20%的套利，70%的卖权。

问题15：对于中长线交易策略而言，用指数合约出信号，映射交易主力合约这样的交易方式，会造成实盘和回测有较大的误差。您是如何看待和处理这个问题的？

周焱：因为我们的周期都是比较长的，然后加上我们有期权做对冲，所以对于我们的影响不会很大。如果说短线的话，可能影响就会大了，但是我们的周期比较长，基本上对我们产生不了影响。

问题16：您表示，您主要做原油、股指、油脂、金属等品种，请问您选品种的标准是什么？在不同品种上资金如何分配？

周焱：**主要看我们的量化系统的价值偏离预警，它的价值严重偏离的时候，我们会去下单。不同品种的资金，我们基本上是平均分配的，一个品种最多10%，如果说超额的话，可能就是到15%。**

问题17：最近纯碱、铁矿石等期货品种上涨趋势比较流畅，请问您有没有重点配置这些品种？

周焱：重点配置了铁矿石。现在还是一个小亏的状态，但是铁矿石应该还是会下来，不过我们做的是期权。

问题18：据您介绍，您的交易中基本面和技术面都会用到，请问基本面和技术面，具体是如何结合起来做交易的？

周焱：**符合基本面要求的技术信号出现才会去做单，两边要一致。**

问题19：现在私募团队和机构众多，各有各的特点，请问贵司的核心优势在哪些方面？

周焱：我们的收益好，稳定性较高。不是特别吃行情，可能别的策略，比如CTA策略，要有趋势才赚钱，但是**如果说没有趋势的话，我们的期权策略会赚取时间价值。如果有趋势的话，CTA策略的爆发性也会很**

高，所以我们基本上不吃行情。

问题20：请介绍一下贵司交易团队的情况，有多少成员？分工是怎样的？

周焱：有20个人。一半研发，一半做交易，差不多这样配置。

问题21：请您谈谈贵司未来的投资规划，以及团队的发展愿景和规划。

周焱：现在主要先把资金规模做大，然后手上多一点资金，后面的事情，其实也是根据市场来说，要是产品做得好的话，以后再说。主要还是看产品，因为时间还是比较短，如果时间长了很多事情就好谈了。

附录一：

“蓝海密剑”中国私募基金创富榜

一、大赛规则

1. 参赛条件

大赛面向全市场私募基金机构管理的私募产品，不指定托管人或经纪商。需符合以下条件：

（1）参赛机构需为中国证券投资基金业协会登记备案的私募基金管理人；参赛产品在参赛前已完成在中国证券投资基金业协会的备案。

（2）同一参赛机构最多可以报名 8 个产品进行比赛，同一组别下同一机构最多可以报名 3 个产品进行比赛。

（3）产品规模需在 1000 万元以上。

2. 比赛时间

2022 年 1 月 1 日—2022 年 12 月 31 日。

3. 报名方式

网上 Web 端活动页面报名。

手机移动端 H5 页面报名。

随时可以报名。

4. 参赛须知

（1）主办方会根据报名情况对拟参赛的机构及产品进行审核，并反馈是否报名成功。

（2）管理人报名参赛即视为其已承诺将如实填报管理人信息及净值等数据。

（3）参赛机构应于每周三（节假日顺延）17：00前到大赛指定平台录入上周最后一个交易日的累计单位净值等数据。主办方工作人员将会对净值进行审核，因参赛私募机构报送错误或报送不及时产生的排名误差，参赛私募机构自行负责。

（4）大赛期间收益率为负的产品，不参与年度获奖评选。

（5）参赛私募自负盈亏，参赛私募需保证报送的数据及时、准确、全面，参赛私募应签署授权书，授权主办方及联合主办方获取比赛相关数据，并可在官网、微信、微博、App等其他系统中进行合规宣传或披露。

（6）2022年1月1日前报名的产品，以2021年12月31日的净值等数据为初始成绩；2022年1月1日后报名的产品，以报名后录入的最早净值等数据为初始成绩。

（7）每季度后，排行前三名的参赛机构，应主动提交经托管人确认的季度净值数据到大赛指定邮箱（lhmj@ kiiik. com），以便大赛组委会进行核对。

（8）参赛产品要求真实有效，且持续净值更新。若经大赛组委会核实净值有误，或净值一个月以上未更新，主办方有权取消参赛资格。

（9）东航金控种子基金，将对部分参赛私募机构产品进行跟投或合作发行产品。投资前，私募机构需与资方进行商务洽谈。

（10）本次比赛为私募机构实盘交易比赛，参赛机构自行交易，所有交易须遵守相关法律法规。主办机构发现或有人举报，经核实认定参赛机构确有舞弊行为或操纵市场等嫌疑的，立即取消参赛机构的参赛资格；由此产生的一切后果由参赛机构承担。

（11）机构参与比赛，则视为同意东航期货、云纪网络获得及使用机构按大赛要求提供的所有数据。当主办方提出查验数据真实性时，参赛机构应当配合提供比赛期间的经托管人盖章的相关数据。如果查验数据发现虚假数据或未配合提供托管人盖章数据，则不参与榜单排名。

（12）本次比赛排名收益率仅供参考，不构成任何投资建议。

（13）比赛结束后，主办方将以电话或电子邮件方式通知获奖机构的报名联系人，若无法与获奖机构的联系人取得联系，则视为获奖机构自动放弃获奖权益。

二、比赛分组

参赛策略：

（1）股票策略（主要投资于股票市场，且总头寸占比超60%）。

（2）对冲策略（同时持有资产相关、规模相当的多空头寸策略，且总头寸占比超60%）。

（3）CTA及衍生品策略（主要投资于商品及金融衍生品，且投资比例超60%）。

（4）混合策略（采用多种投资策略，且每种策略的投资比例不超过60%）。

（5）其他策略（包括固收、日内等其他各种策略）。

三、评分方法

1. 评比规则

大赛将按照股票策略、对冲策略、CTA及衍生品策略、混合策略及其他策略共5项策略进行评比。周三晚（节假日顺延）更新综合排名。

2. 评分方法

主办方根据产品参赛期间的净收益率，以及年化夏普比率、最大回撤等风险调整指标综合评价产品的表现，同时主办方专家评审结合产品规模、当赛季累计收益额、参赛时长、管理人在参赛期间的整体表现等情况进行综合打分。

	维度	权重/%
综合评分	参赛期间净收益率	40
	年化夏普比率	20
	参赛期间最大回撤	20
	专家评审	20

四、奖项设置及比赛奖励

1. 奖项设置

组委会根据参赛策略分设年度前三奖项。排名前位的机构有机会获得种子基金支持及商务合作机会。参赛策略报名后当赛季内不得更改。获奖产品当赛季须盈利为正。

2. 比赛奖励

获奖机构和产品有机会获得如下奖励：

（1）东航金控十亿种子基金跟投；

（2）东航金控、东航期货白名单准入资格；

（3）入选东航金融推广渠道精选产品名单；

（4）媒体宣传推广及基金经理专访；

（5）参加线下资金对接会；

（6）受邀参加“蓝海密剑”中国对冲基金公开赛颁奖典礼、年度策略闭门会议；

（7）恒生子公司云纪网络全面系统服务（CBS），支持资产管理、风险控制等；

（8）程序化产品有机会使用交易所机房托管服务，享受高速交易通道。

五、风险免责说明

（1）本次比赛参赛机构自行交易，所有交易须遵守相关法律法规。参赛机构确如有舞弊行为或操纵市场等行为，立即取消参赛机构的参赛资格；由此产生的一切后果由参赛机构承担。

（2）本次大赛组委会将本着勤勉尽职的态度竭力保证大赛的顺利进行，但不对参赛产品的任何投资风险、投资损失承担任何责任，也不对因不可抗力的因素或非主办机构所能控制的情况所导致的任何风险、系统故障或由于网络问题导致的系统故障等原因对参赛选手收益率及排名产生的影响等承担任何责任。

（3）参赛产品管理人应就产品参赛事宜向产品持有人进行披露并获得同意，管理人因产品参赛事宜与产品持有人发生纠纷的与大赛主办方无关，所有纠纷及其产生的一切法律和经济责任均由产品管理人自行承担。

（4）本次比赛的最终解释权归大赛主办方所有，主办方有权根据实际情况对大赛规则进行修改或调整，并通过相关途径进行公告。

附录二：

第十四届“蓝海密剑”中国对冲基金公开赛奖项公示

【年度先锋勋章】

【年度前六】

序号	资产账号	参赛名	单位净值	奖金（元）
1	811＊＊＊＊	时光笔墨 dh	73.6811	60000
2	01192090＊＊＊＊	时光笔墨 zt	71.4613	5000
3	02091683＊＊＊＊	时光笔墨 22	36.1435	4000
4	000110081＊＊＊＊	澄慧	17.9288	3000
5	018308＊＊＊＊	最野的狗	16.9057	2000
6	603＊＊＊＊	王常河 lbx	13.3499	10000

【年度各军种前三】

【基金组】				
序号	资产账号	参赛名	单位净值	奖金（元）
1	000110788＊＊＊＊	豆你玩	2.7778	500
2	851＊＊＊＊	Sonof Mr H	2.3210	3000
3	01133940＊＊＊＊	依依东望	1.9325	200

续表

【集团军】				
序号	资产账号	参赛名	单位净值	奖金（元）
1	005971＊＊＊＊	培元	2.6592	500
2	01071667＊＊＊＊	追梦候希白	2.5935	300
3	002212＊＊＊＊	開凰一号	2.5885	200
【导弹部队】				
序号	资产账号	参赛名	单位净值	奖金（元）
1	870＊＊＊＊	爆仓二十二号	10.2976	5000
2	00689800＊＊＊＊	段力铭 281426351	3.3927	300
3	01821818＊＊＊＊	牛头	3.2608	200
【空军】				
序号	资产账号	参赛名	单位净值	奖金（元）
1	870＊＊＊＊	雪雨星 2020	7.1870	5000
2	875＊＊＊＊	小呆瓜	4.6017	3000
3	858＊＊＊＊	一心向东	3.8602	2000
【海军】				
序号	资产账号	参赛名	单位净值	奖金（元）
1	01681250＊＊＊＊	dxm	3.9879	500
2	872＊＊＊＊	水无常	2.2097	3000
3	013093729＊＊＊＊	木易孝	2.1768	200
【陆军】				
序号	资产账号	参赛名	单位净值	奖金（元）
1	000210＊＊＊＊	赚钱养俊俊	11.2813	500
2	01823090＊＊＊＊	chedan	7.8359	300
3	007252607＊＊＊＊	赚点小钱	6.5280	200
【预备役】				
序号	资产账号	参赛名	单位净值	奖金（元）
1	018308＊＊＊＊	OneFurion2	11.7569	500
2	007890091＊＊＊＊	稳步攀升 2 号	7.1398	300
3	873＊＊＊＊	心性之刀	6.8967	2000

续表

【期权】

序号	资产账号	参赛名	单位净值	奖金（元）
1	000110778＊＊＊＊	錢鎕	12.7733	500
2	858＊＊＊＊	天使来临	7.5074	3000
3	872＊＊＊＊	人性的杠杆	4.0562	2000

【机枪手】

序号	资产账号	参赛名	单位净值	奖金（元）
1	877＊＊＊＊	好多鱼	2.5544	5000
2	780＊＊＊＊	今天赚一千	1.7245	3000
3	810＊＊＊＊	初级士官_ 7577	1.4833	2000

【高地军旗手】

资产账号	参赛名	奖项说明	记录值	奖金（元）
811＊＊＊＊	时光笔墨 dh	期货年度收益率记录	7368.11%	10000

【晋衔奖】

【“元帅”】累计盈利：1 亿元（含）以上

资产账号	参赛名	累计盈利额（元）	历史最高衔级	第十四届衔级	晋衔奖金（元）
01133940＊＊＊＊	依依东望	207783874.6	“五星上将”	“元帅”	20000

【“将”级】累计盈利：1000 万（含）~1 亿元

资产账号	参赛名	累计盈利额（元）	历史最高衔级	第十四届衔级	晋衔奖金（元）
851＊＊＊＊	Son of Mr H	54394593.22	“上将”	“五星上将”	100000
872＊＊＊＊	鳄鱼捕食 1 号	39655028.06	“大校”	“上将”	17000
000110788＊＊＊＊	豆你玩	38904479.22	“士兵”	“上将”	20000

续表

资产账号	参赛名	累计盈利额（元）	历史最高衔级	第十四届衔级	晋衔奖金（元）
881＊＊＊＊	量化精选一期	35227587.50	“中将”	“上将”	—
880＊＊＊＊	森林3号	32067938.71	“中将”	“上将”	100000
00528003＊＊＊＊	雷神	31476895.75	“中将”	“上将”	10000
01138512＊＊＊＊	广聚星合信天翁10号	28533064.27	“少将”	“中将”	5000
019612＊＊＊＊	九阳神功	27726032.50	“少将”	“中将”	5000
020588000＊＊＊＊	方山	21335892.34	“少将”	“中将”	5000
00102008＊＊＊＊	羲然投资	20773516.02	“少将”	“中将”	5000
0123520＊＊＊＊	闲情逸知	20437187.32	“士兵”	“中将”	10000
000277＊＊＊＊	童话	20108773.34	“少将”	“中将”	5000
01010900＊＊＊＊	广聚星合信天翁11号	19901317.31	“中校”	“少将”	4000
015509＊＊＊＊	合顺一号A	19589864.39	“上校”	“少将”	3000
02072080＊＊＊＊	如漾投资	18354259.15	“上校”	“少将”	3000
02072080＊＊＊＊	欣欣向荣	18277592.81	“士兵”	“少将”	5000
00371700＊＊＊＊	非花非雨	17243671.97	“士兵”	“少将”	5000
00102001＊＊＊＊	风谷	15870662.01	“士兵”	“少将”	5000
002212＊＊＊＊	開凰一号	14430097.65	“士兵”	“少将”	5000
881＊＊＊＊	量化精选二期	14074911.10	“大校”	“少将”	—
02072000＊＊＊＊	证期之家盘手库25组	13401415.12	“上校”	“少将”	3000
013910599＊＊＊＊	良时一号	12371123.38	“大校”	“少将”	2000
780＊＊＊＊	Melin	11740169.97	“大校”	“少将”	20000
870＊＊＊＊	爆仓二十二号	10889013.45	“少校”	“少将”	45000

【“校”级】累计盈利：100万（含）~1000万元

资产账号	参赛名	累计盈利额（元）	历史最高衔级	第十四届衔级	晋衔奖金（元）
007252600＊＊＊＊	传奇量化超组2	9931881.1	“中校”	“大校”	2000
022398＊＊＊＊	锦海1号	9242879.61	“上校”	“大校”	1000

续表

资产账号	参赛名	累计盈利额（元）	历史最高衔级	第十四届衔级	晋衔奖金（元）
006066070020＊＊＊＊	汉云多策略进取一号	8730960.52	“中校”	“大校”	2000
01781008＊＊＊＊	顺然多策略8号	8389214.13	“中校”	“大校”	2000
00689800＊＊＊＊	段力铭281426351	8352503.54	“上校”	“大校”	1000
007252601＊＊＊＊	传奇量化中性2	8229169.73	“士兵”	“大校”	3000
002226＊＊＊＊	桑叠资本	8123154.14	“中校”	“大校”	2000
01359521＊＊＊＊	圣诞新人	7968288.12	“上校”	“大校”	1000
0177856300＊＊＊＊	沐杰十九号	7653994.01	“上校”	“大校”	1000
01101811＊＊＊＊	锐进南华	7575517.44	“士兵”	“大校”	3000
007252601＊＊＊＊	传奇量化小周期2	6951714.46	“中校”	“大校”	2000
011693＊＊＊＊	昊沣	6910957.68	“少校”	“大校”	2500
007252601＊＊＊＊	七禾科技传奇壹号	6848902.87	“少校”	“大校”	2500
01358873＊＊＊＊	江浩	6813770.4	“上校”	“大校”	1000
877＊＊＊＊	正合宜	6655988.87	“中校”	“大校”	20000
018567000＊＊＊＊	鳄鱼捕食10号	6572238.45	“士兵”	“大校”	3000
007252602＊＊＊＊	传奇量化智丽壹	6467727.31	“士兵”	“大校”	3000
007250911＊＊＊＊	交易风云录	6343776.79	“士兵”	“大校”	3000
01301030＊＊＊＊	刘朗才气	6149279.8	“上校”	“大校”	1000
875＊＊＊＊	小呆瓜	6122952.02	“上校”	“大校”	10000
0123310＊＊＊＊	原错	5944390.43	“上校”	“大校”	1000
00102011＊＊＊＊	小账户2	5941419.55	“士兵”	“大校”	3000
005971＊＊＊＊	培元	5911900.37	“士兵”	“大校”	3000
000111800＊＊＊＊	能赢就好	5858309.57	“士兵”	“大校”	3000
012827＊＊＊＊	尹天仇520	5802909.89	“士兵”	“大校”	3000
780＊＊＊＊	斜风细雨	5801451.55	“上校”	“大校”	10000
00208909＊＊＊＊	风起长林	5766931.97	“上校”	“大校”	1000
00773080＊＊＊＊	鳄鱼捕食3号	5574868.47	“上校”	“大校”	1000
01781008＊＊＊＊	海宁顺然掘金1	5568130.43	“上校”	“大校”	1000
011699＊＊＊＊	瑞兰1号	5554945.95	“上校”	“大校”	1000
01358881＊＊＊＊	躬富牛	5515288.09	“士兵”	“大校”	3000
858＊＊＊＊	Youngest Son of Mr H	5294553.64	“上校”	“大校”	10000
010681＊＊＊＊	谦时复利	5084723.22	“上校”	“大校”	1000

续表

资产账号	参赛名	累计盈利额（元）	历史最高衔级	第十四届衔级	晋衔奖金（元）
001230＊＊＊＊	破茧成蝶 12	5080802.73	“上校”	“大校”	1000
002226＊＊＊＊	桑叠五谷丰登	4796840.82	“少校”	“上校”	1500
018567000＊＊＊＊	鳄鱼捕食 9 号	4657859.82	“士兵”	“上校”	2000
01071667＊＊＊＊	追梦候希白	4649024.25	“士兵”	“上校”	2000
770＊＊＊＊	庆航	4612070.69	“中校”	“上校”	10000
876＊＊＊＊	一马当先_ 保家卫国	4318796.88	“中校”	“上校”	10000
02061300＊＊＊＊	中舍钱江 1 号	4044770.55	“少校”	“上校”	1500
01297605＊＊＊＊	新世界·壹号	4025719.35	“士兵”	“上校”	2000
01669720＊＊＊＊	杭州波粒二象特罗 1 号私募证券投资基金	3940497.44	“中校”	“上校”	1000
01951118＊＊＊＊	OckhamRazor	3932756.47	“士兵”	“上校”	2000
000297＊＊＊＊	协成价值	3866294.73	“士兵”	“上校”	2000
0022070000＊＊＊＊	桐赢一号	3754186.83	“士兵”	“上校”	2000
796＊＊＊＊	套利对冲	3720431.31	“中校”	“上校”	10000
007252601＊＊＊＊	传奇量化轮换 2	3717452.49	“士兵”	“上校”	2000
00208900＊＊＊＊	惟岳	3581082.7	“少校”	“上校”	1500
870＊＊＊＊	雪雨星 2020	3481026.55	“士兵”	“上校”	20000
870＊＊＊＊	美岩投资	3471526.24	“中校”	“上校”	10000
00773022＊＊＊＊	靠天吃饭Ⅱ	3362239.12	“少校”	“上校”	1500
01358877＊＊＊＊	青梅	3348681.86	“中校”	“上校”	1000
000210＊＊＊＊	赚钱养俊俊	3311925.63	“少校”	“上校”	1500
0022067000＊＊＊＊	马克	3252288.48	“士兵”	“上校”	2000
00076307＊＊＊＊	lsd	3224005.95	“中校”	“上校”	1000
020588100＊＊＊＊	毛爷爷说我丑哦	3214113.85	“中校”	“上校”	1000
007252603＊＊＊＊	量化英雄联盟	3187631.97	“少校”	“上校”	1500
02102360＊＊＊＊	杭州滔	3168764.36	“士兵”	“上校”	2000
01301030＊＊＊＊	资本蜗牛	3164675.01	“士兵”	“上校”	2000
01298112＊＊＊＊	黯然离场	3152190.69	“士兵”	“上校”	2000
0177908000＊＊＊＊	博弈树量化 1 号私募基金	3152071.04	“中校”	“上校”	1000
000197700＊＊＊＊	京华龙稳健 7 号	3087284.64	“中校”	“上校”	1000

续表

资产账号	参赛名	累计盈利额（元）	历史最高衔级	第十四届衔级	晋衔奖金（元）
870＊＊＊＊	白昼流星—生生基金	3074809.52	“少校”	“上校”	15000
876＊＊＊＊	李颜	3022124.24	“中校”	“上校”	10000
01781071＊＊＊＊	进取1号	2989648.81	“少校”	“中校”	500
020588100＊＊＊＊	毛爷爷真说我丑	2922709.27	“少校”	“中校”	500
00089890＊＊＊＊	Levi大魔王	2876419.09	“士兵”	“中校”	1000
0123606＊＊＊＊	钱世金生	2873657.24	“士兵”	“中校”	1000
00075900＊＊＊＊	鸿观量化	2814655.3	“少校”	“中校”	500
020810010＊＊＊＊	山量新程	2805316.01	“少校”	“中校”	500
0022811800＊＊＊＊	南侠	2803903.95	“少校”	“中校”	500
01823050＊＊＊＊	橙色起航三号	2750490.39	“少校”	“中校”	500
880＊＊＊＊	中校_ 1791	2723706.65	“士兵”	“中校”	10000
010681＊＊＊＊	谦时复利2号	2718284.47	“士兵”	“中校”	1000
01370691＊＊＊＊	MT-trader	2664510.8	“士兵”	“中校”	1000
00079200＊＊＊＊	施小帅	2635518.16	“少校”	“中校”	500
002220＊＊＊＊	A计划	2591818.5	“士兵”	“中校”	1000
01370050＊＊＊＊	绿野	2563819.99	“少校”	“中校”	500
02281150＊＊＊＊	HCQuant2	2500870.29	“士兵”	“中校”	1000
00771093＊＊＊＊	探路人	2473827.81	“士兵”	“中校”	1000
017610800＊＊＊＊	王满仓1号	2441440.37	“士兵”	“中校”	1000
007252603＊＊＊＊	童话2号	2428768.09	“士兵”	“中校”	1000
02091680＊＊＊＊	温州人	2393809.67	“士兵”	“中校”	1000
007252605＊＊＊＊	Levi大魔王	2393485.2	“少校”	“中校”	500
01821818＊＊＊＊	牛头	2354814.25	“士兵”	“中校”	1000
01878100＊＊＊＊	瑞兰11号	2308553.54	“士兵”	“中校”	1000
000215＊＊＊＊	影歌2	2269896.5	“少校”	“中校”	500
01821110＊＊＊＊	山高水长60	2253435.4	“士兵”	“中校”	1000
007251100＊＊＊＊	电竞索罗斯	2247363.97	“少校”	“中校”	500
01365121＊＊＊＊	蝉	2246025.42	“少校”	“中校”	500
006066090020＊＊＊＊	乐享其成	2229993.77	“士兵”	“中校”	1000
01669521＊＊＊＊	鼎栋多策略6号	2108205.75	“士兵”	“中校”	1000
01010800＊＊＊＊	JackLi	2096138.49	“少校”	“中校”	500

续表

资产账号	参赛名	累计盈利额（元）	历史最高衔级	第十四届衔级	晋衔奖金（元）
00088321＊＊＊＊	至秦套利渤海	2082076.71	“士兵”	“中校”	1000
00773022＊＊＊＊	非职业赌徒2	2053503.62	“少校”	“中校”	500
00072710＊＊＊＊	乐乐卖期权	2043627.22	“士兵”	“中校”	1000
861＊＊＊＊	xielinyan1	2013805.88	“少校”	“中校”	5000
858＊＊＊＊	明天明天	2011841.73	“少校”	“中校”	5000
0106121＊＊＊＊	玮	2003553.4	“少校”	“中校”	500
02071330＊＊＊＊	套利一号	1995808.47	“士兵”	“少校”	500
000283＊＊＊＊	烙饼馒头	1991767.92	“士兵”	“少校”	500
012827＊＊＊＊	三哥	1903656.05	“士兵”	“少校”	500
0123301＊＊＊＊	cubicquant	1842661.05	“士兵”	“少校”	500
00076501＊＊＊＊	量化辉	1792079.06	“士兵”	“少校”	500
02275200＊＊＊＊	随便玩玩04188	1780385.82	“士兵”	“少校”	500
0123598＊＊＊＊	恒锐一号	1765884.13	“士兵”	“少校”	500
01821110＊＊＊＊	仁言利博001	1676661.97	“士兵”	“少校”	500
871＊＊＊＊	畅开心灵＊简一	1666502.79	“士兵”	“少校”	5000
007890018＊＊＊＊	觉醒者	1665262.07	“士兵”	“少校”	500
871＊＊＊＊	进衔奖	1660661.57	“士兵”	“少校”	5000
883＊＊＊＊	巴巴罗萨	1660623.11	“士兵”	“少校”	5000
01358588＊＊＊＊	无忧量化1	1623484.58	“士兵”	“少校”	500
000265＊＊＊＊	稳定的套利	1596009.01	“士兵”	“少校”	500
875＊＊＊＊	蘑菇加	1568322.48	“士兵”	“少校”	5000
000186＊＊＊＊	惊雷	1540512.74	“士兵”	“少校”	500
0177800510＊＊＊＊	传奇量化中性1	1511250.08	“士兵”	“少校”	500
871＊＊＊＊	颠倒红尘	1498864.77	“士兵”	“少校”	5000
00569910＊＊＊＊	枫叔	1489084.02	“士兵”	“少校”	500
00075900＊＊＊＊	佳业量化	1447439.79	“士兵”	“少校”	500
01730119＊＊＊＊	高频为王	1429361.34	“士兵”	“少校”	500
01528＊＊＊＊	合顺一号C	1413445.82	“士兵”	“少校”	500
00773030＊＊＊＊	拙速	1369542.65	“士兵”	“少校”	500
020588000＊＊＊＊	鼋石马修成长	1357320.98	“士兵”	“少校”	500
000285＊＊＊＊	敢死队馒two	1339660.71	“士兵”	“少校”	500

续表

资产账号	参赛名	累计盈利额（元）	历史最高衔级	第十四届衔级	晋衔奖金（元）
018690100＊＊＊＊	大浦投资2号	1337454.12	“士兵”	“少校”	500
0217880＊＊＊＊	张可欣300万	1333352.14	“士兵”	“少校”	500
708＊＊＊＊	lucky46	1320701.84	“士兵”	“少校”	5000
007890070＊＊＊＊	理财大师	1306969.9	“士兵”	“少校”	500
01322888＊＊＊＊	宝盈X5	1293583.59	“士兵”	“少校”	500
003869＊＊＊＊	伦铜投资2	1293514.93	“士兵”	“少校”	500
0007515＊＊＊＊	御林军	1286936.09	“士兵”	“少校”	500
875＊＊＊＊	你并不孤独	1283414.15	“士兵”	“少校”	5000
810＊＊＊＊	酒神一号	1271891.23	“士兵”	“少校”	5000
0196931＊＊＊＊	恒以致远	1264794.34	“士兵”	“少校”	500
880＊＊＊＊	心灵蜗牛1	1247929.7	“士兵”	“少校”	5000
01681250＊＊＊＊	dxm	1247546.97	“士兵”	“少校”	500
012828＊＊＊＊	广聚星合锦鲤5号	1242649.88	“士兵”	“少校”	500
010525＊＊＊＊	期海人生	1226423.93	“士兵”	“少校”	500
0198200＊＊＊＊	唐三藏999号	1197631.47	“士兵”	“少校”	500
858＊＊＊＊	feiie	1188267.48	“士兵”	“少校”	5000
0035500110＊＊＊＊	觉醒之路	1186009.5	“士兵”	“少校”	500
007890091＊＊＊＊	稳步攀升2号	1185051.31	“士兵”	“少校”	500
871＊＊＊＊	养基宽客	1176774.12	“士兵”	“少校”	5000
0197010＊＊＊＊	海龟T4	1164901.31	“士兵”	“少校”	500
881＊＊＊＊	稳健套利18号	1164014.99	“士兵”	“少校”	5000
00388621＊＊＊＊	伦铜投资	1137259.64	“士兵”	“少校”	500
015658＊＊＊＊	晨稳混合1号	1134913.68	“士兵”	“少校”	500
018690700＊＊＊＊	玩机车的老张	1118852.64	“士兵”	“少校”	500
01781101＊＊＊＊	贝卓越	1116907.29	“士兵”	“少校”	500
000110081＊＊＊＊	澄慧	1110647.09	“士兵”	“少校”	500
871＊＊＊＊	选手0038580	1110100.89	“士兵”	“少校”	5000
01669520＊＊＊＊	鼎栋投资	1107504.5	“士兵”	“少校”	500
0177800507＊＊＊＊	JackLi4761	1104515.35	“士兵”	“少校”	500
01370583＊＊＊＊	爱因斯坦	1102607.71	“士兵”	“少校”	500
007252609＊＊＊＊	扯淡一年	1102203.09	“士兵”	“少校”	500

续表

资产账号	参赛名	累计盈利额（元）	历史最高衔级	第十四届衔级	晋衔奖金（元）
858＊＊＊＊	zhangkeke	1100380.83	“少尉”	“少校”	5000
0181571＊＊＊＊	京华龙稳健8号	1091724.42	“士兵”	“少校”	500
00077000＊＊＊＊	我不是亏货01	1072624.05	“士兵”	“少校”	500
875＊＊＊＊	STONEGU	1066980.98	“士兵”	“少校”	5000
01361612＊＊＊＊	旭冕黑金一号	1059839.37	“士兵”	“少校”	500
01781100＊＊＊＊	执念太深（wanyu）	1046887.55	“士兵”	“少校”	500
001213＊＊＊＊	泰鹏	1040641.59	“士兵”	“少校”	500
020560122＊＊＊＊	徐宜军2	1040199.72	“士兵”	“少校”	500
870＊＊＊＊	6639	1038270.56	“士兵”	“少校”	5000
872＊＊＊＊	就是长不胖	1035067.82	“士兵”	“少校”	5000
00961060＊＊＊＊	大布偶猫	1027724.32	“士兵”	“少校”	500
013093729＊＊＊＊	木易孝	1023466.83	“士兵”	“少校”	500
870＊＊＊＊	高屋建瓴	1022373.71	“士兵”	“少校”	5000
01358873＊＊＊＊	诚新	1012106.08	“士兵”	“少校”	500
01071665＊＊＊＊	泰牛股指日内	1007047.79	“士兵”	“少校”	500
708＊＊＊＊	睿智资产	1001761.57	“士兵”	“少校”	5000

注：

1. 依据比赛规则，晋衔奖“累计盈利额”自2010年持续累计统计，颁发当年衔级较历史最高衔级晋升的选手，当年参赛时间不少于3个月方可参与。

2. 盈利额不低于1万元参评各类奖项。

3. 自第十三届比赛开始，所有参赛账户参与年度先锋勋章和高地军旗手奖项的评比，需满足初始本金不低于1000元。

4. 盟军选手所获奖金为常规军种的10%。

5. 大赛各级孵化类账户仅参与奖项排名，不领取奖金。

6. 奖金均为税前金额。

7. 上述为奖项公示，如有疑问，请致电4008-889-889。